मिथिलेश्व

जन्म : 31 दिसम्बर, 1950, बिहार के भोजपुर जिला के बैसाडीह गाँव में।

शिक्षा : एम.ए., पी-एच.डी. (हिन्दी)।

प्रकाशन : बाबूजी, बन्द रास्तों के बीच, दूसरा महाभारत, मेघना का निर्णय, मिथिलेश्वर की श्रेष्ठ कहानियाँ, गाँव के लोग, तिरिया जनम, विग्रह बाबू, हरिहर काका, जिन्दगी का एक दिन, छह महिलाएँ, माटी की महक, धरती गाँव की, एक में अनेक, प्रतिनिधि कहानियाँ, एक थे प्रो. बी. लाल, भोर होने से पहले, चर्चित कहानियाँ (कहानी-संग्रह); झुनिया, युद्धस्थल, प्रेम न बाड़ी ऊपजै (उपन्यास); सृजन की जमीन (निबन्ध-संग्रह); उस रात की बात, एक था पंकज (बालोपयोगी पुस्तकें)।

सम्मान : बाबूजी के लिए म.प्र. साहित्य परिषद् का 'अखिल भारतीय मुक्तिबोध पुरस्कार', बन्द रास्तों के बीच के लिए 'सोवियत लैण्ड नेहरू पुरस्कार', मेघना का निर्णय के लिए उ.प्र. हिन्दी संस्थान का 'यशपाल पुरस्कार', निखिल भारत बंग साहित्य सम्मेलन का 'अमृत पुरस्कार' तथा नागरी प्रचारिणी सभा का 'साहित्य मार्तण्ड सम्मान'।

सम्प्रति : अध्यापन, हिन्दी विभाग, वीर कुँवर सिंह विश्वविद्यालय, आरा (बिहार)।

सम्पर्क : महाराजा हाता, आरा-802301 (बिहार)

मिथिलेश्वर

प्रतिनिधि कहानियाँ

राजकमल पेपरबैक्स

राजकमल पेपरबैक्स में
पहला संस्करण : 1989
छठा संस्करण : 2024

राजकमल पेपरबैक्स : उत्कृष्ट साहित्य के जनसुलभ संस्करण

राजकमल प्रकाशन प्रा. लि.
1-बी, नेताजी सुभाष मार्ग, दरियागंज
नई दिल्ली-110 002
द्वारा प्रकाशित

शाखाएँ : अशोक राजपथ, साइंस कॉलेज के सामने, पटना-800 006
पहली मंजिल, दरबारी बिल्डिंग, महात्मा गांधी मार्ग, प्रयागराज-211 001
1, अनमोल सोराबजी संतुक लेन, धोबी तलाव, मरीन लाइंस, मुम्बई-400 002
वेबसाइट : www.rajkamalprakashan.com
ई-मेल : info@rajkamalprakashan.com

बी.के. ऑफसेट
नवीन शाहदरा, दिल्ली-110 032
द्वारा मुद्रित

मूल्य : ₹199

PRATINIDHI KAHANIYAN
Reprsentative Stories of Mithileshwar

ISBN : 978-81-7178-645-9

पिताश्री
स्व. प्रो. वंशरोपन लाल
को सादर!

क्रम

बाबूजी

मेरे गाँव में जब भी किसी की मृत्यु होती है, तीन-चार दिनों तक उसके बारे में खूब चर्चाएँ चलती हैं। हर गली, हर बैठक तथा हर दालान पर बातों का विषय वही मरनेवाला आदमी ही होता है। उसका दबा पड़ा इतिहास बातों-ही-बातों में उजागर हो जाता है। उसके जीवन के बिलकुल गुप्त और छिपे संदर्भ भी सामने आ जाते हैं। उसकी खामियाँ तथा खूबियाँ भी बेपर्दगी के साथ नज़र आने लगती हैं। तब मुझे लगता है जैसे मर जाने के बाद ही मेरा गाँव किसी आदमी का सही मूल्यांकन कर पाता है।

मेरे बाबूजी के साथ भी ऐसा ही हुआ है। वे जब तक जिंदा थे, गाँव के किसी एक आदमी से भी प्रशंसा नहीं पा सके थे। लेकिन अब, जबकि वे मर चुके हैं, हर बैठक और हर दालान पर उनकी ही चर्चा शुरू है। उनकी मृत्यु का आज चौथा दिन है। इन चार दिन के भीतर ही उनके संदर्भ में बहुत कुछ जानने-सुनने को मिला है मुझे। गाँव के बड़े-बूढ़ों ने उनके बचपन और शादी-ब्याह की चर्चा खूब जमकर की है। उनके हमउम्र दोस्तों ने उनके जीवन के महत्वपूर्ण पक्षों को उजागर किया है। और फिर मेरे सरीखे लड़कों ने तो वही कहा है, जो मैं जानता था। यानी कुल मिलाकर अधिकांश लोग उनके प्रशंसक ही हैं। लोगों का कहना है कि शराबी, वेश्यागामी चाहे वे जो भी थे, लेकिन गलत आदमी नहीं थे। कि किसी का कुछ भी नहीं बिगाड़ा था उन्होंने। कि वे ज़िंदगी ढकेलते हुए और ढोते हुए नहीं, बल्कि जीते हुए जी रहे थे। कि वे कभी झूठ नहीं बोलते थे। कि वे कोई भी काम छिपाकर करना पसंद नहीं करते थे। कि समस्याओं से उन्होंने कभी भी समझौता नहीं किया था। कि वे टूटना नहीं जानते थे। कि वे अपने ढंग के एक निराले आदमी थे... और इसी तरह की ढेर-सारी बातें, जो बहुत पहले ही से मेरे मन में थीं, पूरे गाँव में प्रचारित हो गयी हैं। काश, ये बातें बाबूजी की जिन्दगी में ही प्रचारित हुई होतीं, तो मैं उनके

लिए जरूर कुछ करता । परिवार द्वारा अपमानित और लांछित उनकी जिन्दगी की तकलीफों और आकांक्षाओं का सहयोगी और सहयात्री जरूर बन जाता । लेकिन मैं कुछ न कर सका, हालाँकि मेरे मन में बाबूजी के सही होने का अहसास बहुत पहले ही से जाग गया था । लेकिन मन के अन्दर जगे उस अहसास का समर्थन मुझे समय पर लोगों द्वारा नहीं मिला । और शायद इसीलिए अन्दर का जगा वह अहसास सिर्फ जगा ही रहा, कुछ कर न सका, जिसके लिए मुझे बहुत अफसोस है । अब इस अफसोस को दूर करने या फिर इसके दर्द को घटाने के लिए एकमात्र रास्ता बाबूजी की सही और पूरी जिंदगी आप पाठकों के सामने प्रस्तुत कर देना ही है । मुझे विश्वास है, बाबूजी को उनके सन्दर्भगत यथार्थ के साथ अगर सही रूप में मैं प्रस्तुत कर पाऊँगा, तो मेरे अन्दर का जानलेवा अफसोस जरूर कम हो जायेगा ।

लोगों के अनुसार बाबूजी का जन्म एक बहुत ही गरीब परिवार में हुआ था । पिता का प्यार बचपन में ही बाबूजी से छिन गया था । विधवा माँ ने कुटाई-पिसाई करके उनका लालन-पालन किया था । तेरह साल की उम्र होते-होते उन्होंने बकरियों का रोजगार प्रारम्भ किया था । पाँच-सात बकरियाँ खरीदकर वे ले आये थे और उन्हें पालने-पोसने लगे थे । गाँव के बाहर सड़कों पर, खेतों की मेड़ों पर, गड्ढों और बगीचों में वे सारे दिन बकरियाँ चराया करते थे । बकरियों के बच्चे कसाई खरीद लेते थे । इस रोजगार में बाबूजी को काफी बचत होती थी ।

बकरियों के रोजगार के बाद बाबूजी ने गाय और भैंसों का रोजगार आरम्भ किया था । तब उनकी उम्र बाईस साल की हो गयी थी और बकरियों के रोजगार से प्राप्त पूँजी ने उन्हें काफी उत्साही भी बना दिया था । दरवाजे पर दो-तीन गायें और तीन-चार भैंसें वे बराबर ही बाँधे रहते थे । गाँव के लोगों को भी उनका यह रोजगार पसन्द था । बकरियों के रोजगार से बाबूजी ने पूँजी तो जरूर इकट्ठा कर ली थी, लेकिन सामाजिक स्तर पर उन्हें सम्मान नहीं मिला था । और इस रोजगार ने उनकी वह कमी भी दूर कर दी । सामाजिक स्तर पर भी उन्हें काफी सम्मान मिला और आर्थिक दृष्टि से तो वे काफी अच्छे हो गये । अपने ढहते-गिरते घर की उन्होंने अच्छी तरह मरम्मत करवायी तथा गाँव में अपने नाम से एक बीघा जमीन भी खरीद ली । यह समय बाबूजी की जिन्दगी का सबसे महत्वपूर्ण समय था । अपनी टूटी-बिखरी स्थितियों को बटोरकर सामाजिक स्तर पर उन्होंने सम्मान ले लिया । लोग कहते हैं, बाबूजी की जिन्दगी की सबसे प्रमुख घटना उसी समय घटी । इलाके के सबसे धनी गृहस्थ

सुभगसिंह अपनी लड़की की शादी करने के लिए बाबूजी के पास आये। हालाँकि इससे पहले बाबूजी के पास कोई भी लड़कीवाला नहीं आया था और सुभगसिंह भी हर जगह दौड़कर थक गये थे; उनकी लड़की की शादी कहीं तय नहीं हुई थी। लोग कहते हैं, बाबूजी के पास कोई लड़कीवाला इसलिए नहीं आ रहा था कि बाबूजी की फटेहाल और बेढंगी स्थिति अभी एकदम छिपी नहीं थी और सुभगसिंह की लड़की की शादी इसलिए नहीं हो रही थी कि उनकी क्वाँरी लड़की को लांछन लग चुका था। यह बात बहुत अच्छी तरह बाबूजी भी जानते थे। फिर भी उन्होंने विरोध नहीं किया। चुपचाप शादी कर ली। आलोचना और फब्तियों ने उन्हें तनिक भी विचलित नहीं किया।

मुझे बाबूजी की शादी की वह घटना आज भी काफी प्रभावित करती है। सचमुच बाबूजी का वह पहला क्रांतिकारी कदम था। पर गाँव में तब उनके इस क्रांतिकारी कदम का एक भी समर्थक नहीं था। फिर भी बाबूजी न तो कहीं से टूटे थे और न हताश ही हुए थे। उनके सही होने का आभास मुझे वहीं से मिलने लगा था।

शादी के बाद से बाबूजी की जिन्दगी में अनेक नये-नये मोड़ आये थे। उनके अन्दर की दबी-सोयी ढेर-सारी प्रवृत्तियाँ जाग गयी थीं। उनकी जिन्दगी बड़ी अजीब तरह से बीतने लगी थी। तबला और हारमोनियम वे कहीं से खरीद लाये थे तथा अपने चंद संगीत-प्रेमियों के साथ गाने-बजाने लगे थे। वैसे नाच-गानों के शौकीन तो वे बचपन से ही थे। गाँव में या इलाके में जहाँ कहीं भी कोई नाच-पार्टी आती थी, बाबूजी वहाँ रात में जरूर मौजूद हो जाते थे।

जिन्दगी की डाँवाँडोल स्थितियों से मुक्ति मिलते ही नाच-गान की वह प्रवृत्ति बाबूजी के ऊपर एकदम हावी हो गयी। फिर देखते-ही-देखते तबले की थाप और हारमोनियम की आवाज से पूरा मुहल्ला झंकृत हो गया। माँ, बाबूजी के इस कार्य से नाराज रहने लगीं। किंतु उनकी नाराजगी का कोई भी प्रभाव बाबूजी पर नहीं पड़ा। नाच-गान के उनके इस माहौल में कहीं से भी कमी नहीं आयी, बल्कि बढ़ोत्तरी ही होती गयी। पहले तो माँ को सिर्फ तबले की थाप और हारमोनियम की आवाज ही सुनायी पड़ती थी, फिर बाद में किसी-किसी रात को घुँघरुओं की झमझम भी सुनायी पड़ने लगी थी। आगे चलकर दालान से आ रही शराब की बदबू भी माँ को मिलने लगी थी। माँ की नाराजगी गुस्से और आक्रोश के अन्तिम छोर पर पहुँच चुकी थी। धीरे-धीरे जब उनके लिए स्थितियाँ एकदम असह्य हो गयीं, तो वे एक रोज अपने बाल-बच्चों के साथ मायके चली गयीं। तब बड़े भैया, मँझले भैया, वासन्ती दीदी और मेरा जन्म हो

चुका था। हम भाई-बहन सभी एक-दूसरे से एक-दो साल के अन्तर में पैदा हुए थे। हमारा लालन-पालन मामा के घर ही होने लगा।

और बाबूजी ! उन्हें कोई तकलीफ नहीं। हमारे चले जाने से उन्हें सुख और सन्तोष ही मिला। उस घुँघरुओंवाली को, जिसे कभी-कभी ही बुलाते थे, बराबर साथ-साथ रखने लगे। दालान तक सीमित संगीत के माहौल को पूरे घर में बिखेर दिया।

आज मैं सोचता हूँ, तो मुझे लगता है, गलती माँ की भी थी। आखिर जब माँ की स्वतन्त्रता का हनन बाबूजी ने नहीं किया था, तो फिर माँ को क्या अधिकार था बाबूजी की स्वतन्त्रता का हनन करने का? खैर⋯जो भी हो, उस समय हमारे परिवार की कहानी दो भागों में बँट गयी। हम मामा के यहाँ किसी तरह गुज़र-बसर करने लगे और बाबूजी रास-रंग में मस्त अपने सरीखे चन्द लोगों के साथ जीने लगे थे।

दरअसल, अब तक बाबूजी के बारे में जितनी भी बातें हुईं, वे सिर्फ उनके धुँधले चेहरे को आप लोगों के सामने साफ करने के लिए ही हैं। बाबूजी की असली और सही कहानी तो अब शुरू हो रही है। मुझे अच्छी तरह याद है, यही कोई मई का महीना था। दिन शायद शुक्रवार था। समय लगभग साढ़े बारह बजे थे। ठीक इसी समय मामा के गाँव से हम अपने घर लौटे। तब हम काफी सयाने हो चुके थे। बड़े भैया और मँझले भैया पढ़-लिखकर नौकरी पकड़ चुके थे। बड़े भैया की शादी भी हो गयी थी। पास ही के एक हाई स्कूल में मामा ने कह-सुनकर उनको मास्टर रखवा दिया था। मँझले भैया भी कस्बे के पोस्टऑफिस में क्लर्क हो गये थे। वासन्ती दीदी, एकदम सयानी, शादी करने लायक हो गयी थीं। मैं भी मैट्रिक पास कर चुका था। लेकिन माँ ! वे असमय में ही एकदम बुड्ढियों-जैसी लगने लगी थीं। माँ के इसी असामयिक बुढ़ापे को देखकर ही मामा ने हमें अपने घर भेजा था—स्वतन्त्र रूप से इज्जत के साथ अपने घर को आबाद करने के लिए।

लेकिन यह क्या? जब हम दरवाजे पर पहुँचे, तब आँगन से आनेवाली झाँझ, ढोल, तबला, मंजीरा और हारमोनियम की आवाज के साथ घुँघरुओं की झमझम ने हमें भयभीत कर दिया। एक क्षण के लिए दरवाजे के पास ही स्तब्ध हम खड़े रहे। फिर किसी तरह घर के अन्दर घुसे। आँगन में पहुँचकर कुछ देर तक अवाक्, फटी-आँखों से आँगन का दृश्य हम देखते रहे। हमें अपनी आँखों पर विश्वास ही नहीं हो रहा था। एक उन्नीस-बीस साल की लड़की, जो बन-ठनकर नाच-गा रही थी, हमें देखते ही चुपचाप खड़ी हो गयी। उसके

इर्द-गिर्द बैठे हारमोनियम मास्टर, तबलची, मंजीरा वादक तथा अन्य समाजी भी साज बन्द कर हमें देखने लगे। हम बाबूजी को जल्द ही पहचान गये। वे तबले के पास बैठे थे। वे दूर से ही पहचान में आ रहे थे। पूरे समाजियों में उनका शरीर तगड़ा था। उनकी मूँछें बड़ी-बड़ी हो गयी थीं। उनके हाथों में पंजाबियों-जैसा कड़ा तथा गले में ताबीज साफ नजर आ रही थी। उनकी कमीज के बटन खुले थे तथा छाती में उगे काले-भूरे बाल स्पष्ट दीख रहे थे।

मुड़कर हमने आँगन के ओसारे में देखा। वहाँ भी कुछ लोग बैठे शराब पी रहे थे। उनके बीच में खाने की कोई चीज रखी थी, जिसे वे सब बारी-बारी से चख रहे थे और अपनी बगल में रखी बोतलों को ताबड़तोड़ खाली करते जा रहे थे।

आँगन का माहौल हमें अजीब लगा। पूरी तरह जायजा ले चुकने के बाद हम खुद एक-दूसरे को देखने लगे। फिर बड़े भैया हममें से थोड़ा आगे बढ़कर गम्भीर स्वर में बोले—"अब आप लोग यहाँ से जाइए, इस घर को आप लोगों ने रण्डीखाना और शराबखाना बना दिया है।"

"किस घर को?" बाबूजी ने कड़ी आवाज में पूछा।

"इस, मेरे घर को!" भैया ने पाँव पटकते हुए कड़ी आवाज में कहा।

इस बार बाबूजी उठ खड़े हुए और चौंकते हुए पूछा—"कौन हो तुम? मैं तो तुम्हें पहचानता भी नहीं।"

भैया गुस्से में आगबबूला हो उठे। 'आप-आप' वाली भाषा को छोड़कर तत्काल 'तुम' पर आ गये—"तुम मुझे नहीं पहचानोगे, लेकिन इनको तो पहचानोगे!" और भैया ने माँ को खींचकर आगे खड़ा कर दिया। जाने क्यों, बाबूजी हँस पड़े। फिर हँसते हुए ही कहा—"यह औरत कौन है? इसे मेरे सामने क्यों खड़ा कर रहे हो?"

"यह मेरी माँ हैं और तुम मेरे पिता हो।"

इस बार बाबूजी पुनः हँसे। फिर बोले—"तुम्हें गलतफहमी हो गयी है। न तो मेरा कोई लड़का है और न पत्नी।"

गुस्से के मारे भैया जलने लगे। उनकी आँखें लाल-लाल हो गयीं। गरजकर उन्होंने कहा—"तो क्या तुमने इनके साथ शादी नहीं की थी।"

"शादी! कैसी शादी?"

"तुम नशे में हो। हम सब तुम्हारी सन्तान हैं। एक लम्बे समय तक इनके साथ रहकर भी तुम इन्हें झुठला रहे हो।"

"नहीं। मैं इन्हें नहीं झुठला रहा हूँ। इनको मैं जानता हूँ। इनके साथ मैं

कुछ दिनों तक रहा था।"

"तब फिर इनकी इज्जत को बर्बाद कर तुमने इन्हें क्यों छोड़ा ?"

"इज्जत ! कैसी इज्जत ? किसकी इज्जत ? मैंने तो इनका कुछ भी नहीं बिगाड़ा है।"

भैया एक क्षण को चुप रह गये। फिर बोले–"क्या यह सच नहीं है कि अपनी पत्नी और बाल-बच्चों को छोड़कर तुम एक वेश्या के साथ रहने लगे हो ?"

"यह सच है। लेकिन इस सच्चाई से तुम्हें आपत्ति क्यों ?"

"मुझे आपत्ति इसीलिए है कि अपनी पत्नी और अपने बाल-बच्चों की जिम्मेदारी तुमने क्यों छोड़ी ?"

"जिम्मेदारी ! कैसी जिम्मेदारी ?" बाबूजी गुस्से से गरजे–"तुम बिलकुल बेवकूफ हो। मैं बार-बार तुमसे कह रहा हूँ कि न तो मेरी कोई पत्नी है और न बाल-बच्चे। हाँ, मर्द हूँ और इसीलिए कभी-कभी किसी औरत के साथ रह लेता हूँ।"

भैया बाबूजी की इस बात से अवाक् रह गये। फिर फटी-फटी आँखों से बाबूजी को देखने लगे–"और पत्नी ! तुम बार-बार जिस पत्नी की बात कर रहे हो, उसकी तरह की ढेर-सारी औरतों के साथ मैं रहा हूँ। संभव है, उन सबों को भी बच्चे पैदा हुए होंगे। तो क्या उन सबों का जंजाल भी मैं अपने माथे ही लिये फिरूँ ?"

"हाँ। अगर उनके जंजाल को अपने माथे नहीं लिये फिरोगे, तो फिर उनकी इज्जत को बर्बाद करने का तुम्हें क्या हक था ?"

इस बार बाबूजी गुस्से से एकदम लाल हो गये, चिल्लाकर बोले–"ए लौंडे, कसकर एक झापड़ दूँगा, बस तेरी सारी हेकड़ी दूर हो जायेगी। तू मेरी बात को समझने की कोशिश क्यों नहीं करता। तू बार-बार किस इज्जत की बात कर रहा है ? मैं कह रहा हूँ, मैं इज्जत-विज्जत कुछ नहीं जानता। मैं सिर्फ मर्द हूँ और इसीलिए कभी-कभी किसी औरत के साथ रह लेता हूँ। और जिस औरत के साथ रह लेता हूँ, उसके साथ कभी जोर-जबरदस्ती नहीं करता। मुझे उसके शरीर की आवश्यकता रहती है, तो उसे भी मेरे मर्द शरीर की चाह रहती है। हम साथ-साथ रहते हैं। साथ-साथ आनन्द उठाते हैं। फिर जंजाल मैं ही अपने माथे क्यों लिये फिरूँ ? भगवान ने मुझे हाथ-पाँव दिये हैं, तो औरत को लूला-लँगड़ा तो नहीं बनाया है। अपना भरण-पोषण वह खुद कर सकती है। दूसरों पर आश्रित होने का सवाल ही नहीं रहता।"

भैया बाबूजी की इस बात से एकदम निरुत्तर हो गये। कुछ भी कहने को नहीं रह गया उनके पास। चुपचाप टकटकी लगाए बाबूजी को देखते रहे। भैया की यह स्थिति मँझले भैया को एकदम खलने लगी। उनसे रहा नहीं गया। चट भैया से बोल उठे—"शराबियों से बात नहीं की जाती। वे बात के नहीं, लात की जात होते हैं।"

भैया को मँझले भैया की बात से काफी बल मिला। अपना तेवर एकदम बदलकर बाबूजी से बेलौस आवाज में बोले—"ये बताओ, अपने समाजियों को लेकर तुम यहाँ से निकलते हो या नहीं?"

"साले, मुझे धमकी दे रहे हो।" और बाबूजी तपाक से मुड़कर एक कमरे में जा घुसे। फिर तत्काल ही अपने चमचमाते हुए गँड़ासे को लेकर आँगन में आ गये। डर के मारे आँगन से निकलकर हम दालान की ओर चल पड़े। बाबूजी दालान पर भी आ गये। कन्धे पर गँड़ासा लेकर वे हमारे सामने खड़े हो गये। हम भयभीत, कातर दृष्टि से उन्हें देखने लगे। उनका विशालकाय शरीर काफी खूँखार दीखने लगा। लगा, जैसे एक ही बार में वे हम सबों को अपनी चपेट में ले लेंगे।

इससे पहले कि भैया कुछ बोलते, बाबूजी गरजे—"साले, तुम सब चले जाओ यहाँ से, अन्यथा तुम सबों को एक-एक कर काट फेकूँगा।"

हम दालान से उतरकर गली में आ गये। टोला-पड़ोस और गाँव-घर के तमाम लोग वहाँ जुट गये। एक अच्छी-खासी भीड़ वहाँ इकट्ठी हो गयी। हालाँकि हमने सुना कि पहली बार वहाँ इस तरह की भीड़ इकट्ठे हुई है। क्योंकि न तो कोई वहाँ आता था और न किसी ने बाबूजी से कभी बात ही की थी। लेकिन हमारे परिवार के लिए लोग चिन्तित दीखे। मैंने अनुमान लगाया, हमारे परिवार के लिए वे इसीलिए चिन्तित थे कि हमारे परिवार की तरह ही जिन्दगी जीना उन्हें पसन्द था। बाबूजी की तरह की जिन्दगी से हमारे परिवार को भी नफरत थी और उन लोगों को भी। शायद इसीलिए वे लोग हमारे परिवार के हमदर्द हो गये थे।

फिर काफी संख्या में लोग एकत्र होकर हमारे दालान पर जा चढ़े और बाबूजी को समझाने लगे कि अपने परिवार को उन्हें इस तरह नहीं दुत्कारना चाहिए। लेकिन बाबूजी ने किसी की एक न सुनी। गँड़ासा भाँजते हुए वे गरजते रहे कि न तो मेरा कोई परिवार है, न पत्नी और न बाल-बच्चे। मैं स्वतन्त्र हूँ। हर आदमी स्वतन्त्र है। मैं किसी का कुछ नहीं बिगाड़ता हूँ, फिर लोग मेरे बीच क्यों आते हैं?

और गाँव के कुछ लोग चुपके से थाने चले गये। पुलिस और दरोगा आ धमके, तब गाँव के लोग बाबूजी के सामने जा पहुँचे। दरोगाजी ने बाबूजी को काफी डाँट-फटकार लगायी तथा मारने-पीटने की धमकी देकर घर से निकाल उन्हें दालान में पहुँचा दिया। हालाँकि यह बात मुझे बहुत ही नागवार लगी। मैं सुन रहा था, दरोगा ने बाबूजी के किसी एक सवाल को भी उत्तरित नहीं किया था, बल्कि 'शराबी' कह-कह करके उनके हर सवाल को खारिज कर दिया था। मैंने अनुमान लगाया, बाबूजी के प्रति दरोगा की सख्ती सिर्फ इसलिए नहीं थी कि वे एक दरोगा थे, बल्कि इसलिए थी कि दरोगा की जिन्दगी भी हमारे परिवार और गाँववालों की तरह की ही जिन्दगी थी। बाबूजी-जैसी जिन्दगी से उन्हें भी नफरत थी।

बाबूजी घर छोड़कर दालान में कभी नहीं आते। किन्तु थाने से लेकर गाँव तक के किसी एक व्यक्ति द्वारा भी उन्हें समर्थन नहीं मिला। विवश-लाचार अपने समाजियों के साथ वे दालान में आ टिके।

उस रात, रात-भर हमारा परिवार सो नहीं सका। सबों को यही आशंका सताती रही कि बाबूजी कभी भी आकर कुछ कर सकते हैं। हालाँकि बाबूजी ने कुछ भी नहीं किया। मेरा परिवार बाबूजी के कुकृत्यों को उछालते हुए आपस में रात-भर उनको गालियाँ देता रहा। उनका विरोध करने के लिए अनेक तरह की साजिशों और षड्यन्त्रों की रचना करता रहा, और मुझे यह बात बहुत बुरी लगती रही। बाबूजी की कहीं कोई गलती नजर नहीं आयी थी मुझे। विचार इतने प्रौढ़ और जिन्दगी इतनी उन्मुक्त हो सकती है, मैंने स्वप्न में भी नहीं सोचा था। बाबूजी के सही होने का दूसरा अहसास उसी दिन मेरे मन में जगा था।

बाबूजी अपने समाजियों और सरो सामान के साथ दालान में आ टिके थे और घर पर हमारे परिवार का कब्जा हो चुका था। लेकिन न तो हमारे परिवार को ही सुख और सन्तोष था और न बाबूजी को ही। हमारा परिवार दुःखी इसलिए रहता था कि दालान पर शराबियों का जमघट लगा रहता था तथा बाबूजी दुःखी इसलिए रहते थे कि दालान की एक छोटी-सी कोठरी में उन्हें काफी कमी महसूस होती थी। अपने सभी समाजियों के साथ नाच-गान की महफिल वे लगा सकें, ऐसी व्यवस्था उस छोटी-सी कोठरी में नहीं हो पाती थी। वहुत मुश्किल से ही नाच-गान हो पाता था। फिर शाम-सुबह खाना बनाने और रात में सोने की तकलीफ भी उन्हें उठानी पड़ती थी।

ये दिन हमारे परिवार के काफी अशान्तिपूर्ण दिन थे। बड़े भैया और मँझले भैया बाबूजी को दालान से हटाने के लिए दिन-रात साजिशों में लगे रहते थे।

तथा माँ और वासन्ती दीदी टोला-पड़ोस में घूम-घूमकर बाबूजी के विरुद्ध जनमत तैयार करने में जुटी रहती थीं । और मैं ! मुझे यह कहने में हिचक नहीं कि चेतना के स्तर पर मैं बाबूजी से ही जुड़ा था । हालाँकि मेरे पूरे परिवार में घर भर को यह मनाही थी कि न तो कोई बाबूजी से बोले और न उनकी कोठरी में ही जाये । लेकिन घरवालों से लुक-छिपकर मैं बराबर उनकी कोठरी में जाता था और उनके समाजियों के बीच घण्टों बैठा रहता था । बाबूजी मुझे बराबर ही तबले के बोल और नटनियों के गीत सुनाया करते थे । मैं घूर-घूरकर घण्टों उन्हें देखा करता था । मुझे कभी भी यह नहीं लगता था कि पिता की आँखों से वे मुझे देख रहे हैं । अपने अन्य समाजियों के साथ जिस तरह का व्यवहार वे करते थे, हू-ब-हू वैसा कुछ ही मेरे साथ भी करते थे ।

मुझे अच्छी तरह याद है, बाबूजी को जब काफी तंगी महसूस होने लगी थी, तो वे एक अलग घर बनाने की योजना तैयार करने लगे थे । वे जानते थे, अलग घर बनाने के लिए उन्हें काफी पैसों की आवश्यकता पड़ेगी । इसीलिए वे एक नौटंकी पार्टी कायम करने में जुट गये ।

अपने नाम से खरीदी हुई जमीन तथा अपनी चारों भैंसों को बाबूजी ने एक ही साथ बेच डाला । फिर उनके पास काफी पैसे हो गये, और एक रोज अपने सभी सामान और समाजियों के साथ वे दालान छोड़कर चले गये । सुनने में आया, वे सबसे पहले कानपुर गये। वहाँ से बहुत अच्छी-अच्छी सात नाचनेवालियाँ वे भाड़े पर ले आये । फिर बनारस जाकर नौटंकी पार्टी का सभी सामान खरीद लाये । साल का अन्त आते-आते उनकी नौटंकी पार्टी तैयार हो गयी और चन्द रोज में ही उनकी नौटंकी पार्टी की धूम पूरे इलाके में फैल गयी ।

मुझे यह बात तब भी अजीब लगती थी और आज भी अजीब लगती है कि बाबूजी की नौटंकी पार्टी की प्रशंसा से मेरा परिवार क्यों जलने लगता था ? इलाके में जहाँ कहीं भी बाबूजी की नौटंकी पार्टी होती थी, उसकी खबर उड़-उड़कर हमारे घर तक आ जाती थी । फिर माँ, बड़े भैया, वासन्ती दीदी, भाभी और मँझले भैया अन्दर-ही-अन्दर काफी कुढ़ते और बाबूजी को गालियाँ बकने लगते थे । खैर... मुझे उनकी कोई परवाह नहीं, मैं तो उस अवसर की तलाश में ही रहने लगा था, जब बाबूजी की नौटंकी देखने का मौका हाथ लगे ।

मुझे इस बात को लेकर आज भी काफी अचरज होता है कि इतने कम दिनों में कोई नौटंकी पार्टी कैसे इतनी व्यापक सफलता प्राप्त कर सकती है ! काश, बाबूजी को मारा नहीं गया होता, तो उनकी नौटंकी पार्टी जरूर ही किसी बहुत बड़ी थियेटर कम्पनी में तब्दील हो जाती ।

मुझे उन लोगों के कथन आज भी याद हैं; जो बाबूजी की नौटंकी से प्रभावित होकर हर जगह कहा करते थे, कि उनकी नौटंकी पूरे भोजपुर जिले में एक नम्बर की नौटंकी थी, कि नौटंकी के मालिक बाबू ललनसिंह (मेरे बाबूजी) बड़े ही जीवटवाले मर्द थे, कि एक बड़ा-सा मुरेठा बाँधकर वे तबले के पास बराबर ही बैठे रहते थे, कि हर दो घण्टे के बीच शराब का गिलास उनके हाथ में आ जाता था, कि निश्चित समय से एक मिनट भी आगे-पीछे उनकी नौटंकी पार्टी नहीं चलती थी। कि बाबू ललनसिंह के एक इशारे पर नगाड़ची, हारमोनियम मास्टर तथा अन्य समाजी सुध-बुध खोकर लीन हो जाते थे, कि नाचनेवालियों की थिरकन और उनकी आवाज के साथ साज का सही मिलन हो पाता था, कि कहीं भी बाबू ललनसिंह की नौटंकी मार नहीं खाती थी, कि क्या मजाल कि जितने में उनकी नौटंकी पार्टी का साटा लिखा जाता हो, उससे एक पाई भी कोई कम दे दे; कि क्या मजाल कि बाबू ललनसिंह के सामने उनकी नटनियों से कोई ठिठोली कर दे आदि··· आदि।

मैं तब भी सोचता था और अब भी सोचता हूँ कि काश, परिवार का नियन्त्रण अगर मेरे ऊपर बहुत सख्ती के साथ नहीं होता, तो मैं बाबूजी की नौटंकी पार्टी में जरूर शामिल हो जाता। मुझे इस बात का पूरा विश्वास हो चला था कि बाबूजी के करीब रहकर मैं अपनी जिन्दगी और अपने अन्दर के मर्द को अच्छी तरह पहचान लूँगा। खैर··· आज मुझे यह बहुत अफसोस के साथ लिखना पड़ रहा है कि बाबूजी के साथ रहने का बहुत कम समय ही मुझे मिला है।

बाबूजी की कहानी का अब अन्त आ रहा है। उनके जीवन की सबसे प्रमुख घटना आपको इसी अन्त की कहानी में मिलेगी। दरअसल, उनकी कहानी का अभी, इतनी जल्दी अन्त नहीं आता, लेकिन उनकी मृत्यु आकस्मिक रूप से हो गयी। फिर लम्बी होनेवाली उनकी यह कहानी रुक गयी। पर मैं समझता हूँ, आप पाठक उनकी इस रुकी हुई कहानी से ही उनकी लम्बी कहानी की सम्भावना परिलक्षित कर लेंगे। और शायद बाबूजी की इस कहानी की सार्थकता भी इसी में है।

हाँ, तो बात वासन्ती दीदी की शादी से शुरू हुई थी। बड़े भैया ने वासन्ती दीदी के लिए एक लड़का ढूंढ़ लिया था। मगर शादी की बातचीत से पहले लड़के के घरवालों ने दीदी की तस्वीर माँगी थी। अतः भैया को दीदी की तस्वीर उतरवाने के लिए दीदी को लेकर आरा शहर जाना पड़ा था। शहर में अपने एक मित्र के यहाँ एक रात के लिए दीदी के साथ भैया को रुकना पड़ा था। भैया के

मित्र की रिश्तेदारी इलाके के सबसे धनी गृहस्थ रामभजनसिंह के यहाँ पड़ती थी। संयोग से रामभजनसिंह का लड़का भी उस रात भैया के मित्र के यहाँ ही आया था। दीदी के सौन्दर्य और व्यवहार से वह लड़का बहुत ही प्रभावित हुआ था। फिर सुबह दीदी से शादी करने की अपनी इच्छा उसने भैया के मित्र से व्यक्त की थी। भैया की खुशी की सीमा नहीं थी। वे कभी भी रामभजनसिंह के परिवार से रिश्ता नहीं जोड़ सकते थे। उतना सामर्थ्य ही नहीं था उनके पास। लेकिन यह तो भाग्य की बात थी। रामभजनसिंह पहले के बहुत बड़े जमींदार थे। जमींदारी चली जाने के बाद भी उनके पास दो सौ बीघे खेत शेष बचे थे।

फिर क्या था? भैया ने दीदी के लिए जिस लड़के को देखा था, उसे छोड़ दिया गया और दीदी की शादी रामभजनसिंह के लड़के से पक्की हो गयी। फिर जल्द ही बारात की तथा अन्य रस्मों की तिथियाँ भा निश्चित हो गयीं। लेकिन यह क्या? उतनी बड़ी खुशी मिलने के बाद भी अचानक मेरे परिवार की प्रसन्नता गुम हो गयी। यह बात बड़ी जोर-शोर के साथ मेरे घर से लेकर पूरे गाँव तक में फैल गयी कि रामभजनसिंह के लड़के की बारात में बाबू ललनसिंह की नौटंकी आ रही है।

मैं सच कहता हूँ, मुझे बहुत खुशी हुई थी। मैं तो काफी दिनों से इस प्रतीक्षा में था कि बाबूजी की नौटंकी देखने का मौका हाथ लगे। शायद इसीलिए बारात की इन्तजारी मैं काफी बेसब्री से करने लगा था। लेकिन सिर्फ मैं ही क्यों, पूरा गाँव भी तो यह इन्तजारी कर रहा था। और गाँव को तो एक नया मसाला भी मिल गया था। वे खूब मखौल उड़ाने लगे थे कि बेटी की शादी में बाप की नौटंकी आ रही है। गाँव के इस मखौल से मेरा परिवार अन्दर-ही-अन्दर घुटते हुए काफी चिन्तित रहने लगा था। भैया की आँखों से तो कई बार टपकते हुए आँसू भी मैंने देखे थे।

और फिर एक दिन वह समय भी आ गया था। हालाँकि वह समय आने से पहले भैया ने काफी तैयारी भी कर ली थी। भैया को विश्वास था कि गाँव के आदमी बाबूजी के सामने जरूर ही कुछ-न-कुछ बात उकसा ही देंगे। फिर बाबूजी अपने ढंग का लेक्चर झाड़ना शुरू कर देंगे। अत: वैसे समय बाबूजी का मुँह बन्द किया जा सके, इसके लिए भैया ने गाँव के चार-पाँच बदमाशों को काफी रुपये-पैसे देकर तैयार किया था।

मुझे वह शाम आज भी याद है। उतनी भारी संख्या में लोगों की भीड़ मेरे गाँव में कभी नहीं जुटी थी। बाबू ललनसिंह की नौटंकी के नाम पर पूरा इलाका ही उमड़कर आ गया था। भैया ने मुझे दो-तीन काम सौंपे थे। मैं जल्दी-जल्दी

उन कामों को निबटाकर शामियाने के एक कोने में जा बैठा था। शामियाना एकदम खचाखच भरा था। शामियाने से बाहर भी काफी लोग बैठे थे। नगाड़े की आवाज पूरे परिवेश में गूँज रही थी। बाबूजी का रोबीला चेहरा अलग से ही चमक रहा था। उनकी अंगुलियाँ तबले पर एकदम बिजली की तरह नाच रही थीं। तबले की थाप पर नर्तकियों के जिस्म का हर हिस्सा थिरक रहा था। अजीब आनन्द आ रहा था। और फिर मंच की सजावट और प्रस्तुतीकरण का ढंग भी एकदम निराला था। सचमुच बाबूजी की नौटंकी पूरे जिले में एक नम्बर की थी।

मैं देर तक नौटंकी देखता रहा था। नौटंकी की सबसे खूबसूरत और मशहूर नर्तकी जब स्टेज पर आयी थी, तो दर्शकों के बीच हंगामा मच गया था। बाबू रामभजनसिंह भी अपने जमाने के सबसे बड़े रंगबाज थे। उनसे रुका नहीं गया था। वे अपनी जेब से सौ का एक नोट निकालकर नाचनेवाली को दिखाने लगे थे।

दरअसल, हमारे यहाँ आज भी ऐसा होता है। बाराती नाचनेवालियों को रुपया दिखाते हैं, तो वे स्टेज से उतरकर उनके पास आती हैं। फिर करीब ही बैठकर दो-तीन गीत सुनाती हैं। गीतों से प्रभावित होकर बाराती हाथ का रुपया उन्हें दे देते हैं और नाचनेवालियाँ खुशी-खुशी स्टेज पर चली आती हैं।

उस दिन भी ऐसा ही हुआ था। वह नर्तकी स्टेज से उतरकर रामभजनसिंह के आगे बैठ गयी थी। रामभजनसिंह अपने दो-तीन साथियों के साथ उससे गीत सुनने और भद्दे-भद्दे मजाक करने लगे थे। काफी देर तक वे लोग उससे गन्दे-गन्दे मजाक करते रहे थे। लेकिन वह उन लोगों के उस गन्दे मजाक का प्रत्युत्तर नहीं दे रही थी, शायद इसीलिए उन लोगों ने उसे एक पैसा भी नहीं दिया। निराश होकर वह मुँह लटकाये स्टेज पर जा चढ़ी, और मैंने साफ देखा, ठीक इसी समय बाबूजी के चेहरे की त्यौरियाँ एकदम बदल गयीं। तबला छोड़कर वे स्टेज पर खड़े हो गये। फिर कड़ी आवाज में बोले—"ए बाबू साहब! पास बुलाकर मुजरेवाली को आपने बेइज्जत क्यों किया?"

बाबूजी की कड़ी आवाज पूरे वातावरण में फैल गयी। दर्शकों के बीच चारों ओर सन्नाटा छा गया। फिर तत्काल ही रामभजनसिंह तमतमाकर उठे और गुस्से में बोले—"बेइज्जत, कैसी बेइज्जती? रण्डी की इज्जत ही कहाँ होती है कि बेइज्जत का सवाल उठे?"

"आपको नहीं मालूम," बाबूजी गरजे—"आप अपने घर की जिन औरतों को इज्जतदार समझते हैं, उनसे ये रण्डियाँ हर मायने में सही और अच्छी हैं।"

रामभजनसिंह बाबूजी की इस बात से गुस्से के मारे एकदम फनफना गये। उनकी आँखों में जमींदारों का खून उतर आया। अँगारों-जैसी आँखों से वे बाबूजी को घूरने लगे। बाबूजी पुनः गरजे—"घूर-घूरकर क्या देख रहे हैं। आपके घर की औरतें पराश्रित हैं। वे कोई भी काम छिपाकर करती हैं। रोटी से लेकर अन्य चीजों तक के लिए आप पर आश्रित हैं। लेकिन ये औरतें पूरी आजाद हैं। खुद कमाती हैं और मजे से खाती हैं। अपनी किसी भी इच्छा के लिए किसी पर आश्रित नहीं रहतीं।"

"साले ! तुम्हें मालूम है कि तुम किससे बात कर रहे हो ?" रामभजनसिंह एकदम से कड़के।

"मुझे सब मालूम है। आप अपने घर के लाट हो सकते हैं, लेकिन लाट होने का मतलब यह नहीं है कि आप दूसरे को अपमानित करते चलें।"

पता नहीं कैसे, ठीक इसी समय भैया अपने आदमियों के साथ आ धमके। शायद किसी ने तत्काल ही खबर दे डाली थी। फिर क्या था, भैया ने आते ही हल्ला मचाया—"शराबी है...शराबी है...मारो साले को...मारो साले को।"

और मैंने अपनी नंगी आँखों से देखा, भैया के चार-पाँच आदमी और रामभजनसिंह के चार-पाँच आदमी लाठी लेकर एक ही साथ बाबूजी पर टूट पड़े। बाबूजी बीच में घिरे चारों ओर से लाठियों की मार सहते रहे। फिर एक आदमी के हाथ से लाठी छीनकर उन्होंने भी वार करना शुरू किया। लेकिन वे देर तक नहीं लड़ सके। जल्दी ही ढेर होकर स्टेज पर गिर गये। उनका माथा फट गया। उनका पूरा शरीर लाठियों की मार से धुन गया। उनके समाजी किसी तरह उन्हें टाँग-टूँगकर कस्बे के अस्पताल ले गये। हमारे परिवार को काफी खुशी हुई और रामभजनसिंह की शान भी रह गयी। फिर शादी खूब धूमधाम से हुई और सुबह वासन्ती दीदी की विदाई भी।

लेकिन यह क्या ? शादी के बाद तीसरे दिन ही बाबूजी के समाजी उन्हें अस्पताल से टाँगकर सेवा-सुश्रूषा के लिए दालान में ले आये। मैं तो समझ रहा था कि भैया इस बार उन्हें दालान में रहने भी नहीं देंगे। लेकिन बाबूजी की बड़ी-बड़ी आँखों से साक्षात्कार कर चुकने के बाद भैया ने सीधे मन से दालान की कुँजी समाजियों के हाथों में सौंप दी।

अब बाबूजी पुनः हमारे करीब आ ठहरे थे। लेकिन उनकी हालत बहुत ही ज्यादा शोचनीय हो गयी थी। वे चलने-फिरने लायक भी नहीं रह गये थे। एक खटिया पर चुपचाप पड़े रहते थे। उनके समाजी उनको दवा देते तथा सेवा-सुश्रूषा करते थे, लेकिन मुझे वे बहुत बड़े गद्दार लगे। वे देर तक बाबूजी

के ठीक होने की प्रतीक्षा नहीं कर सके। बाबूजी की दिनानुदिन बिगड़ती हालत को देखते हुए वे बाबूजी से कटते गये। फिर एक-एक कर वे सभी कट गये। बाबूजी की नौटंकी पार्टी टूट गयी। जिसको जो हाथ लगा, वह लेकर चम्पत हो गया।

मगर वह नाचनेवाली कहीं नहीं गयी। वह निरन्तर बाबूजी की सेवा करती रही। वह उनकी नौटंकी की सबसे मशहूर नर्तकी थी। पर पता नहीं क्यों, वह बाबूजी को छोड़कर चम्पत नहीं हुई। आज मैं यह सोचता हूँ, तो मुझे लगता है कि कहीं-न-कहीं उसके मन में भी बाबूजी के सही होने का अहसास जाग गया था। शायद इसीलिए वह अन्त तक उनसे जुड़ी रही थी।

दालान में बाबूजी की सेवा करती वह मशहूर नाचनेवाली कहीं से भी मशहूर नहीं लगती थी। बिलकुल साधारण औरतों की तरह ही लगा करती थी। पता नहीं, बाबूजी की स्थितियों ने उसे इस प्रकार का बना दिया था, या किसी अन्य समस्या ने, कुछ भी मालूम नहीं। वह हमारे परिवार के किसी सदस्य से तो बोलती भी नहीं थी।

फिर एक सुबह एकदम तड़के ही उसके रोने और सुबकने की आवाज हमारे कानों में आयी थी। हम किवाड़ खोलकर दालान पर आ गये थे। टोला-पड़ोस के लोग भी वहाँ जुटने लगे थे। हम काफी संख्या में दालान के अन्दर घुसे थे। हमने देखा था, बाबूजी मर चुके थे। उनका लम्बा-तगड़ा शरीर एक चादर से ढका था। उनकी खटिया के पैताने माथा झुकाकर बैठी वह नाचनेवाली फूट-फूटकर रो रही थी तथा उनके सिरहाने शराब की तीन बोतलें रखी थीं। दो बोतलें तो खाली थीं, लेकिन एक बोतल में आधी शराब बची थी। मैंने अनुमान लगाया, मरने से पहले बाबूजी ने इसी आधी बोतल शराब को पिया होगा।

खैर… जो भी हो, अब हमारे बीच बाबूजी नहीं हैं। वे सही थे या गलत थे, इसका अन्दाज भी आप लगा ही लेंगे। मुझे तो आपसे अब सिर्फ यही कहना है कि बाबूजी की आधी बोतल शराब अब भी मेरे पास बची हुई है। इसे लेकर मैं सोच में पड़ गया हूँ। कभी सोचता हूँ कि गटागट गले के अन्दर इसे उड़ेल दूँ। फिर सोचता हूँ कि नहीं, इस बोतल को ले जाकर सीधे भैया के माथे पर पटक दूँ। हालाँकि अभी तक कुछ भी नहीं किया है मैंने। लेकिन कुछ-न-कुछ तो मुझे करना ही है।

बन्द रास्तों के बीच

जगेसर की जिन्दगी में बहुत तेजी से परिवर्तन होते जा रहे थे। इस साल के बाद से वह किसी के यहाँ बनिहार नहीं रहेगा, ऐसा प्रचार उसने पूरे गाँव में कर दिया है। अपने बेटे बटेसर को तो उसने अभी से ही चरवाही के कार्य से हटा लिया है। अब उसका बेटा चरवाहा नहीं रहेगा। वह भी इस साल के बाद बनिहारी छोड़ देगा। अब उसके दिन पलटनेवाले हैं। भाग्य साथ देने जा रहा है। अब वह दूसरों की चाकरी नहीं करेगा। जल्द ही उसका अपना कारोबार होगा। आराम-चैन की जिन्दगी होगी। न किसी का अंकुश और न किसी का रोब-द़ाब।

अपनी मूँछों पर ताव देते हुए जगेसर मालिक के काम से निवृत्त होकर अपने घर की ओर चल पड़ा। अब उसकी चाल में पहले की तरह मुर्दानगी और मायूसी नहीं होती है। वह अकड़कर चलता है। उसे काम से निबटने के बाद पहले की तरह थकान भी महसूस नहीं होती है। उसके साथ ऐसा पिछले चार महीने से हो रहा है। जब से यह खबर गाँव में आयी है कि इस गाँव से होकर गुजरनेवाली कच्ची सड़क पक्की सड़क में तब्दील होने जा रही है, तब से जगेसर की निराश दुनिया खुशहाली में बदलने लगी है।

पहले वह मालिक के काम से लौटते हुए बुरी तरह थकान महसूस करता था। घर पहुँचकर सीधे अपनी खटिया पर पसर जाता था। उसके अंग दर्द से टूटते रहते थे। चिन्ता और तनाव से उसका माथा फटता रहता। उसे अपना भविष्य बिल्कुल अन्धकारमय दिखता था। रोशनी की कोई भी किरण नजर नहीं आती थी। जिन्दगी के प्रति कोई भी आकर्षण शेष नहीं बचा था। जिन्दगी लाश बन गयी थी, जिसे वह ढो रहा था। लेकिन गाँव से गुजरनेवाली कच्ची सड़क के पक्की में तब्दील होने की सूचना ने उसकी पूरी दुनिया को पलट दिया है। अब वह मालिक के काम से लौटते हुए मौज-मस्ती का अनुभव करता है। घर पहुँचकर सबसे पहले गुड़ की एक डली मुँह में डालकर एक लोटा पानी पीता

है। फिर घर से बाहर चबूतरे पर बैठकर बीड़ी सुलगाता है। अब वह चुपके-चुपके बीड़ी पीना पसन्द नहीं करता है। आसपास के अपने बनिहार-मित्रों को अपनी ओर से ही दो-चार बीड़ियाँ बढ़ा देता है।

अब उसके पास एक साफ-सुथरा भविष्य है। उसकी जिन्दगी के अँधियारे को दूर से आती हुई रोशनी की एक स्पष्ट किरण आलोकित कर रही है। वह साफ देख रहा है, वह रोशनी गाँव के कच्ची सड़क के किनारे स्थित उसकी छोटी-सी मड़ई से आ रही है।

वैसे जगेसर का मकान नन्ह टोली में है, जहाँ गाँव के प्रायः छोटी जातिवाले लोग कच्ची मिट्टी के मकान बनाकर रहते हैं। लेकिन इसके अतिरिक्त गाँव की कच्ची सड़क के किनारे जगेसर की अपनी एक छोटी-सी मड़ई भी है। लोग कहते हैं, यह जगेसर की पुश्तैनी मड़ई है। जगेसर के बाप-दादों के जमाने में भी यह मड़ई थी।

असल में जगेसर का घर बहुत छोटा है। वहाँ सिर्फ रहने और सोने की व्यवस्था ही है। माल-मवेशियों के रखने का कोई इन्तजाम नहीं है। इसीलिए उसके पुरखों ने माल-मवेशियों के लिए सड़क के किनारे एक मड़ई बना ली थी। तब आज की तरह जमीन की इतनी तंगिस नहीं थी। कहीं भी कोई रहने-सोने के लिए मड़ई बना लेता था।

आज यह मड़ई जगेसर के भाग्योदय का रूप ले चुकी है। पूरे गाँव में जगेसर की यह मड़ई ही एकमात्र ठहराव है, जो सड़क के किनारे स्थित है। जेठ की तपिस में इस सड़क से गुजरनेवाले राही-बटोही जगेसर की मड़ई के पास ही रुककर आराम करते हैं तथा उसके कुएँ का ठण्डा पानी पीते हैं। अब जबकि यह कच्ची सड़क, पक्की सड़क में तब्दील हो रही है, जगेसर भी अपनी मड़ई को चाय-पान तथा बीड़ी-सिगरेट की एक दूकान में तब्दील कर देगा। क्योंकि यह निश्चित है कि पक्की सड़क बन जाने के बाद इस सड़क से होकर बसों का आना-जाना शुरू हो जायेगा। चूँकि इस गाँव में जगेसर की मड़ई ही सड़क के किनारे का एकमात्र ठहराव है, इसीलिए बसें निश्चित रूप से उसकी मड़ई के पास ही इस गाँव में अपना ठहराव बनायेंगी···।

और जगेसर को कस्बे के गुरुचरण की याद आ जाती है। गुरुचरण उसके गाँव के पासवाले कस्बे में कहीं बाहर से आया था। उसके पास कोई भी पूँजी नहीं थी। वह पैसे-पैसे का मुहताज था। कस्बे में उसने मजदूरी से अपना काम प्रारम्भ किया। फिर थोड़ी-बहुत पूँजी हाथ पर आते ही उसने चाय-पान की एक गुमटी खड़ी कर दी। आज उसी गुमटी की बदौलत इस कस्बे में गुरुचरण ने

हजारों रुपये की इमारत खड़ी कर दी है।

शाम के धुँधलके में जगेसर अपने घर पहुँचता है। आज उसकी पत्नी दरवाजे में ही उसे मिलती है। शायद वह देर से खड़ी जगेसर की प्रतीक्षा कर रही थी। जगेसर देखता है, पत्नी का चेहरा आज बहुत ही हुलसित-पुलकित है। वह सोचता है, पत्नी की इस आकस्मिक प्रसन्नता का कारण क्या है? जरूर कोई नई बात होगी। उसके मन में उत्सुकता जागती है। 'बात क्या है?'—यह वह पूछना ही चाहता है कि उसकी पत्नी बोल उठती है—"सड़क की ओर से आ रहे हो?"

"नहीं।"

"तब तो तुमने नहीं देखा होगा?"

"क्या?"

"आज से सड़क पर मिट्टी पड़नी शुरू हो गयी है।"

"आँय!…!"—और खुशी के मारे जगेसर का मुँह खुला का खुला रह जाता है। प्यास लगने के बाद भी आज वह पत्नी से गुड़ की डली और लोटे का पानी नहीं माँगता। कहता है—"तब ज़रा ठहरो, सड़क से घूमकर आ रहा हूँ, तब पानी पिऊँगा।"—और वह छलाँग लगाते हुए सड़क पर आ जाता है। अब तक मिट्टी काटनेवाले मजदूर जा चुके होते हैं। वह देखता है, सचमुच सड़क पर मिट्टी पड़नी शुरू हो गयी है। सड़क के दोनों ओर के खेतों से मिट्टी काट-काटकर सड़क पर डाली गयी है। नई मिट्टी की सोंधी गन्ध उसकी नाक में भर जाती है। उसकी खुशी की सीमा नहीं रहती। वह देर तक सड़क पर पड़ी नई मिट्टी को निहारता रहता है। फिर धीरे-धीरे टहलते हुए अपनी मड़ई के पास चला आता है। बटेसर मड़ई में ही है। जब से चारवाही से मुक्त हुआ है तब से अक्सर मड़ई में ही रहता है। सिर्फ खाने-पीने भर के लिए घर को जाता है।

जगेसर मड़ई के चारों ओर घूमने लगता है। कहाँ से मड़ई को दूकान में बदला जायेगा, वह सपने बुनने लगता है। उसे अपने पुरखों पर बहुत गर्व हो आता है। सचमुच उसके पुरखे बहुत समझदार थे, अन्यथा आज उसकी दुःखद जिन्दगी में यह सुखद बदलाव कभी नहीं आता।

जब काफी देर बाद उसे ठण्ढक लगने लगती है, तब उसे अपने घर जाने की याद आती है। वह घर चला आता है। अब पत्नी उसे गुड़ की डली और लोटे का पानी देती है। पानी पी वह बाहर चबूतरे पर आ बैठता है। अपनी खुशी का इजहार करने के लिए वह अपने बनिहार-मित्रों को तलाशने लगता है। उसके

बनिहार मित्र तो जैसे उसी की प्रतीक्षा कर रहे थे। उसे देखते ही जुटने लगते हैं। वे अब जान चुके हैं, जगेसर अब पहलेवाला कंजूस नहीं रह गया है। अब जगेसर पूरा 'साहखर्च' हो गया है।

अपने पास आनेवाले हर बनिहार मित्र को बीड़ी बाँट चुकने के बाद जगेसर बात शुरू करता है। फिर देर तक बातें होती रहती हैं। आज अपने मित्रों से बतियाने में उसका मन ही नहीं भर रहा है। जब रात गहराने लगती है और बटेसर मड़ई से लौट आता है, तब जगेसर के चबूतरे का चौपाल खत्म होता है।

जगेसर और बटेसर अब घर आकर खाना खाने बैठते हैं। खाना वही है। कहीं से कोई नयापन नहीं है। लेकिन जगेसर को आज खाना बहुत ही उम्दा और स्वादिष्ट लगता है। वह खूब छककर खाता है। बटेसर को भी दीन-दुनिया की समस्याओं से 'निफिकिर' होकर खूब छककर खाने की सलाह देता है। सड़क बनते और दूकान खुलते ही वह बटेसर की शादी कर देगा, ऐसा आश्वासन वह बटेसर को देता है। उसकी पत्नी को यह आश्वासन बहुत अच्छा लगता है। बटेसर भी इस आश्वासन से फूला नहीं समाता।

खाना खाने के बाद जगेसर अपनी मोटी-सी चादर कन्धे पर लेता है। फिर दिराखे से बीड़ी और सलाई लेकर जेब में डालता है। अब समय बहुत बदल गया है। अब रात भी अपनी नहीं होती है। दिन-भर मालिक का काम करो और रात में उनके खलिहान में सोओ। मर-मरकर फसल उपजाओ। रात में चोरों से उसकी रक्षा करो। फिर सारी फसल मालिक के घर पहुँचा दो। मालिक आराम की जिन्दगी गुजारेंगे। गालियों से बात करेंगे। और बदले में उस जैसे बनिहारों को सिर्फ जीने-भर के लिए खाने का इन्तजाम कर देंगे। ताकि अगले साल तक वह मरने न पाये और पुनः फसल उगाकर चोरों से उसकी रक्षा कर, उनके घर पहुँचा दे। बनिहारों की वह यातनापूर्ण जिन्दगी अन्त तक नहीं बदलती है। इसी के बीच उनका जीना होता है और इसी जिन्दगी के बीच एक दिन वे यहाँ से रुख्सत हो जाते हैं। लेकिन उसके साथ यह सबकुछ नहीं होगा। उसके पुरखे बहुत चालाक थे। वे ईश्वर के भक्त थे। उन्हें 'आगे-पीछे' सबकुछ नजर आता था। उन्होंने जान-बूझकर सड़क के किनारे मड़ई बनाई थी। वे जानते थे कि एक दिन यह सड़क बनेगी और इस मड़ई का भाग्य ही पलट जायेगा।

जगेसर और बटेसर एक ही साथ घर से बाहर निकलते हैं। जगेसर अपने मालिक के खलिहान की ओर चल देता है और बटेसर अपनी मड़ई की ओर।

जगेसर तेजी से खलिहान की ओर बढ़ने लगता है। आज उसे काफी देर हो

गयी है । जाड़े की रात ! थोड़ी देर होते ही ठण्ढक लगने लगती है । वह कन्धे से चादर उतारकर अपने शरीर को ढँक लेता है । खलिहान में सोने के लिए खलिहान के एक कोने में उसने पुआल डाल दिया है और उसके चारों ओर बाँस की खपच्चियाँ खड़ा कर एक ओर से रास्ता छोड़ते हुए उसे भी पुआल से ढँक दिया है । वह घोंसलानुमा हो गया है । जाड़े से बचने के लिए प्रायः हर बनिहार इसी तरह के घोंसले बना लेते हैं । जब तक फसल खलिहान से उठकर मालिक के घर में नहीं चली जाती है तब तक बनिहारों को खलिहान में ही सोना पड़ता है । गाँव के हर टोले के खलिहान अलग-अलग ही होते हैं । लेकिन एक टोले के प्रायः सभी खलिहान एक ही पास रहते हैं । जगेसर के मालिक के पास ही उस टोले के और सात-आठ खलिहान हैं । जगेसर की तरह सभी खलिहानों में बनिहार ही सोते हैं । लेकिन आधी रात तक कोई सो नहीं पाता है । किसी एक ही खलिहान में आग जलाकर सभी बनिहार वहाँ जुट जाते । फिर उनका व्यक्तिगत सुख-दुःख गप्पों का रूप ले लेता है । आधी रात तक गप्पें लड़ाने के बाद वे वहाँ से हटते हैं और अपने-अपने घोंसलों में जाकर दुबक जाते हैं ।

जगेसर के पहुँचने के पहले ही आज उसके बगल के एक खलिहान में आग जल चुकी होती है और आसपास के सभी खलिहानों के बनिहार वहाँ जुट चुके होते हैं । जगेसर को उनकी बातें दूर से ही सुनाई पड़ती हैं । शायद उन्होंने गप्पें प्रारम्भ कर दी हैं । लेकिन जगेसर के पहुँचते ही वे सब खामोश हो जाते हैं । जब से जगेसर ने इस बात का ऐलान किया है कि इस साल के बाद से वह बनिहारी छोड़ देगा तब से गाँव के प्रायः सभी बनिहार उसे अपने से विशिष्ट समझने लगे हैं और उसकी इज्जत करने लगे हैं । पहले जगेसर की बातें हर बनिहार की बातों की तरह सार्वजनिक गप्पों का रूप लेकर खो जाती थीं । लेकिन अब उसकी हर बात का महत्व है । वह क्या कहता है, सभी बनिहार बड़े ध्यान से सुनते हैं और उस पर अमल करते हैं । जगेसर की तरह ही अपने भाग्य बदलने की कोशिश में वे प्रयत्नशील हैं ।

आग के किनारे विशेष जगह बनाकर बनिहार जगेसर को बैठाते हैं । उसके बैठने के बाद कुछ क्षणों के लिए खामोशी छा जाती है । फिर एक बनिहार खामोशी को तोड़ते हुए कहता है—"जगेसर भाई, आज से सड़क पर मिट्टी पड़नी शुरू हो गयी है ।"

"हाँ, यार । अब दुःख के दिन कटने ही वाले हैं । लगता है, ज़िन्दगी के अन्तिम समय में सुख बदा है ।"—जगेसर कहता है ।

"सुख ही मत कहो जगेसर । अब तुम खुद बनिहार रखने लायक हो

जाओगे। कस्बे के गुरुचरण साब के बारे में तो जानते हो न !"—एक दूसरा बनिहार कहता है। फिर एक तीसरा बनिहार गुरुचरण साब का किस्सा सुनाने लगता है। इसके बाद एक चौथा बनिहार कहता है—"सड़क बन जाने के बाद मैं भी बनिहारी छोड़ दूँगा। इसी सड़क पर इक्का चलाऊँगा।"

"अरे साले, इक्के से कहीं कोई अमीर हुआ है"—एक बनिहार उसकी बात को काटता है।

"अमीर न सही, स्वतन्त्र तो हूँगा न। बनिहार की तरह मालिक के रोब-दाब और अंकुश के बीच तो ज़िन्दगी नहीं न रहेगी"—वह अपनी बात की पुष्टि के लिए दलील देता है।

फिर इसके बाद उनकी बातें जगेसर की मड़ई के इर्द-गिर्द घूमने लगती हैं। वे अपने तरीके से जगेसर की मड़ई को दूकान में बदलने के रास्ते बताने लगते हैं। कोई कहता है, दीवार मजबूत और मोटी होनी चाहिए। कोई कहता है, दूकान का मुँह सड़क के सामने न होकर थोड़ा बगल में होना चाहिए। किसी के अनुसार खपड़ैल छप्पर के स्थान पर कराकट ठीक रहेगा। कोई दूकान के आगे कुर्सियों की सलाह देता है तो कोई बेंच रखने की बात कहता है।

इसी तरह रात देर गये तक उनकी बातें होती रहती हैं। रोज की तरह जब रात अधियाने को होती है, तब वे अपने-अपने घोंसलों की ओर जाने लगते हैं। उनकी चाल में निराशा तथा बदन में सुस्ती होती है। लेकिन जगेसर अब उन सबों से काफी भिन्न हो गया है। उसकी चाल की निराशा तथा बदन की सुस्ती खत्म हो गयी है। अब उसके पैरों में मजबूती आ गयी है। वह अपने घोंसले में घुसकर आराम की नींद सो रहता है।

इतवार के रोज बनिहारों को छुट्टी रहती है। हफ्ते में सिर्फ यही एक दिन बनिहारों को छुट्टी मिलती है। इस दिन उनसे कोई भी काम नहीं लिया जाता है। लेकिन वे बैठते ही कहाँ हैं ? किसी दूसरे का काम कर कुछ कमा लेने के फिराक में वे अपना आराम खो देते हैं। एक लम्बे समय तक जगेसर भी यही करता रहा था। लेकिन अब पिछले कुछ महीनों से हर इतवार को जगेसर अपने बेटे बटेसर के साथ अपनी मड़ई को दूकान बनाने में जुटा रहता है।

असल में ऊपर से सड़क को जल्द ही तैयार करने का आदेश दिया जा चुका है। शायद इसीलिए काम चौगुने रफ्तार से प्रारम्भ है। सड़क पर पड़ी नयी मिट्टी के ऊपर रोला चलाने के बाद मिट्टी गिराने का काम शुरू है। इधर ट्रक सड़क पर गिट्टियाँ और अन्य सामान गिराते हैं तथा पीछे से सड़क बनानेवाले

सड़क बनाते हुए आ रहे हैं।

जगेसर की मड़ई से एक मील की दूरी तक सड़क बनानेवाले आ चुके हैं। जगेसर अपने पूरे परिवार के साथ कई दफा जाकर बनती हुई आ रही नयी सड़क को देख आया है। उसे नयी सड़क, नयी सड़क नहीं, अपने भाग्य की कोई नयी लकीर जान पड़ी है। अब उसके घर रोज ही पूजा-पाठ होने लगा है। अपनी मड़ई तक नयी सड़क के आने की प्रतीक्षा वह बहुत बेसब्री से कर रहा है। उसकी मड़ई से आगे और दस मील तक यह कच्ची सड़क जाती है। फिर इसके बाद पहले से बनी हुई एक पक्की सड़क में यह मिल जाती है।

जगेसर ने यह तय किया है कि इस सड़क के तैयार होते ही वह अपनी दूकान तैयार कर लेगा तथा इस सड़क पर बसों के प्रारंभ होते ही वह अपनी दूकान की खरीद-बिक्री शुरू कर देगा। इसीलिए सड़क के साथ-साथ अपनी मड़ई को भी दूकान बनाने में जगेसर बहुत तेज़ी से लग गया है। सड़क के दोनों किनारों के गड्ढों से मिट्टी काट-काटकर जगेसर ने अपनी दूकान की दीवारें पूरी कर ली हैं। जगेसर तो सिर्फ़ इतवार को ही खटता है। लेकिन बटेसर अपने दूकान-निर्माण में रोज़ ही जुटा रहता है।

आज दीवारों पर 'धरन' चढ़ाना है। कल से छप्पर बनाने का काम लग जायेगा। चूँकि धरन की लकड़ी बहुत मोटी, लम्बी-तगड़ी और वजनी है, इसीलिए जगेसर ने अपने कई बनिहार-मित्रों को बुला लिया है।

'जय बजरंगबली' की आवाज के साथ जगेसर अपने बनिहार-मित्रों के साथ धरन को उठवाता है। उसके कुछ मित्र पहले ही दीवार पर चढ़ गये होते हैं। शेष मित्र नीचे से धरन को ठेलते हैं। काफी मेहनत के बाद धरन दीवारों पर बैठ पाता है।

अब जगेसर इत्मीनान की साँस लेता है। उसके मित्र भी नीचे बैठकर सुस्ताने लगते हैं। जगेसर को यह अवसर कुछ खर्च करने लायक लगता है। वह बटेसर को आज्ञा देकर ब्लैक से खरीदकर लाई गयी चीनी का शर्बत बनवाता है। फिर खूब प्रेम से अपने मित्रों को शर्बत पिलाता है। असल में, जब से उसका राशन कार्ड बना है तब से मालिक ने उसे अपने लिए रख लिया है, यह कहकर कि तुम बनिहार-चरवाह चीनी लेकर क्या करोगे ? उसके हिस्से की चीनी कोटा से मालिक खुद ले लेते हैं और अपनी जरूरत में उसे ब्लैक से चीनी खरीदनी पड़ती है।

शर्बत पिला चुकने के बाद जगेसर अपने मित्रों की ओर बीड़ी का बण्डल बढ़ाता है। बीड़ी सुलगाते हुए उसके मित्र उसकी वाहवाही करने लगते हैं।

अब शाम गहराने को होती है । इसी से उसके मित्र अपने-अपने घर की ओर चल देते हैं । उनके चले जाने के कुछ देर बाद जगेसर भी अपने घर की ओर बढ़ जाता है ।

कल मालिक से जगेसर की तकरार हो गयी थी । असल में इस गाँव में कुम्हार जाति के लोग नहीं रहते हैं । जगेसर अपनी दूकान की छप्पर कुम्हार जाति के लोगों से ही बनवाना चाहता है, क्योंकि वे छप्पर बनाने में सिद्धहस्त होते हैं । इसीलिए दो दिन पहले ही जगेसर अपने पड़ोसी गाँव सेदहाँ के कुम्हार जाति के लोगों से कहने चला गया था । लेकिन उधर से लौटने में उसे देर हो गयी थी । इधर उसके मालिक आगबबूला हो उसकी राह देख रहे थे । उसके आते ही गरज पड़े थे—''जगेसर, समय से काम करना हो तो काम करो, अन्यथा सूद समेत मेरे रुपये वापस लौटा दो । मैं कोई दूसरा बनिहार रख लूँगा । लगता है, सड़क क्या बन रही है, तुम लाट होते जा रहे हो ।''

''ठीक है । मैं आपके रुपये लौटा दूँगा ।''—जगेसर ने भी इस बार मुँहतोड़ जवाब दे दिया था ।

''साला कह रहा है लौटा दूँगा । इतनी गर्मी है तेरे अन्दर ? जा, अभी मेरे रुपये ला । देखता हूँ, कौन देता है तुमको रुपये ।''—मालिक एकदम से दहाड़ उठे थे । जगेसर दौड़ते हुए सावजी के घर जा पहुँचा था । हालाँकि इसके पहले भी सावजी के काफी कर्ज हैं उसके ऊपर । फिर भी वह सावजी के पास ही गया था । जानता था, सावजी को भी उसके भाग्य पलटने का विश्वास हो गया है । लेकिन सावजी ने तत्काल अपना हाथ खाली बताया था । एक-दो महीने के बाद उसे रुपये देने को उन्होंने कहा था । वह निराश-मन लिये मालिक के घर लौट आया था । गरजते हुए मालिक ने पूछा था—''लाया रुपये ?''

उसने कोई जवाब नहीं दिया था । आखिर वह क्या जवाब देता ? माथा झुकाए वह सबकुछ चुपचाप सुनता रहा था । मालिक देर तक उसे फटकारते और गरजते रहे थे—''साले गये थे रुपये लाने । लगता है, जैसे कमाकर कहीं रखे हों । दौलत जब तक नसीब में बदा नहीं होता है तब तक नहीं आता है । सड़क के किनारे दूकान बना लेने से अगर अमीर होना होता तो कौन नहीं हो जाता ...यह सड़क क्या बन रही है, इसका दिमाग सातवें आसमान पर चढ़ गया है... ।''

और तब से अब तक मालिक की ये बातें निरन्तर उसके कान में गूँज रही हैं । नहीं, अब और देर तक वह उनकी बातें नहीं सहेगा । सावजी से न सही, रामनारायण यादव और गणेश महतो से उधार लेकर वह मालिक के कर्ज को

चुकता कर देगा । लेकिन रामनारायण यादव और गणेश महतो से इससे पहले भी तो वह कर्ज ले चुका है । उनका सूद रोज बढ़ता ही जा रहा है । और फिर दूकान शुरू करते समय भी तो उनसे लेना ही है ।

अरे, वह कहाँ से कहाँ चला आया ? एकाएक वह रुक जाता है । सोचने के क्रम में उसे अपने घर की भी याद नहीं रहती है । वह अपने घर से काफी आगे चला आया है । उसे अपने ऊपर खीझ होती है । वह लौटकर अपने घर चल देता है ।

एक लम्बे समय बाद सड़क बन जाती है । इस बीच जगेसर भी अपनी मड़ई को दूकान बना चुका होता है । हालाँकि इस क्रम में उसे काफी दिक्कतें उठानी पड़ती हैं । वह कर्ज से लद जाता है । लेकिन उसे विश्वास है, शीघ्र ही वह अपने सारे कर्जों को चुकता कर देगा ।

सड़क उसकी दूकान से काफी आगे तक बन गयी है । अब और थोड़ी दूर बनना शेष रह गयी है । इसके बाद पहले से बनी हुई एक सड़क में यह मिल जायेगी । फिर बसों का आना-जाना शुरू हो जायेगा ।

अब जगेसर का चौपाल उसके घर के बाहर के चबूतरे पर नहीं, बल्कि इसी दूकान के पास लगता है । दूकान के आस-पास की जमीन खूब झाड़-बुहारकर जगेसर ने साफ कर ली है । उसके सभी बनिहार-मित्र काम से छूटते ही यहाँ आ जुटते हैं । फिर देर तक उनकी बैठक जमी रहती है ।

बैठक के बीच बैठा जगेसर रोज की भाँति आज भी अपने बनिहार-मित्रों के सामने बीड़ियों का बण्डल प्रस्तुत करता है । वे सभी बण्डल से एक-एक बीड़ी खींचकर सुलगाने लगते हैं। एक बनिहार जगेसर के लिए भी एक बीड़ी सुलगाकर उसे थमा देता है । अब उनकी बातें शुरू होती हैं । सबसे पहले वे अपने-अपने मालिक की बेरुखी और दुर्व्यवहार की चर्चा करते हैं । फिर अपने ऊपर बढ़ते जा रहे कर्जों की चिन्ता व्यक्त करते हैं । फिर अपने अन्धकारपूर्ण भविष्य के प्रति अपनी निराशा और अपना गुस्सा प्रकट करते हैं । इसके बाद रोज की भाँति जगेसर की दूकान और सड़क की चर्चा में वे लीन हो जाते हैं ।

काफी देर बाद सड़क से गुजरती हुई एक जीप जगेसर की दूकान के पास आकर रुक जाती है । हालाँकि जब से यह सड़क बन रही है, तब से इस सड़क से होकर बराबर ही ट्रकें और जीपें गुजरती रहती हैं लेकिन वह पहली जीप है जो जगेसर की दूकान के पास रुकी है ।

जगेसर अपने बनिहार मित्रों के साथ उठ खड़ा होता है और जीप को देखने

लगता है। जीप से चार-पाँच व्यक्ति उतरते हैं। फिर एक व्यक्ति आगे बढ़कर जगेसर की दूकान की ओर इशारा करते हुए पूछता है—"यह किसका घर है?"

"मेरा घर है हुजूर।"—जगेसर अपने बनिहार-मित्रों के बीच से सामने आ जाता है।

"यह घर तुमने यहाँ क्यों बनाया है?"

"सरकार, यह मेरा पुश्तैनी घर है। बाप-दादों के जमाने से ही यह घर यहाँ चला आ रहा है।"

"लेकिन यह सरकारी जमीन है। कान खोलकर सुन लो, आज के सातवें दिन बाद इस सड़क का उद्घाटन है। ऊपर से ऐसा आदेश आया है कि सड़क के दोनों किनारों के दस फीट सरकारी जमीन में कोई घर नहीं रहेगा।"

हठात् जगेसर को याद आ जाता है, सड़क बनते समय भी कुछ कर्मचारियों ने इस घर को हटाने की बात की थी। लेकिन कुछ ले-देकर जगेसर ने समझौता कर लिया था। पर इस बार कर्मचारी दूसरे थे।

"तब क्या होगा?"—जगेसर काँपने लगता है।

"होगा क्या? जल्दी से यह घर यहाँ से हटा लो, अन्यथा इसे ढाह दिया जायेगा।"—कर्मचारियों की आवाजें कड़ी और समझौते से परे थीं।

"नहीं···ऐसा नहीं होना चाहिए···।"—और एक चीख के साथ जगेसर धड़ाम से वहीं गिर पड़ता है। उसके बनिहार मित्र उसे टाँगकर घर ले आते हैं। फिर उसकी पत्नी और बटेसर उसकी सेवा में तल्लीन हो जाते हैं। वह पूरे दो दिनों तक बेहोश रहता है। सिर्फ़ हाथ-पैर पीटता रहता है। तीसरे दिन उसकी आँख खुलती है। लेकिन वह किसी से कुछ बोलता नहीं है। एकटक चुपचाप कमरे के छप्पर को निहारता रहता है। उसकी पत्नी और बटेसर उसके पास बैठे उसकी सुश्रूषा में लगे होते हैं। उसे तो जैसे काठ मार देती है। बगैर कुछ खाये-पिये वह निरन्तर अपने कमरे के छप्पर की ओर देखे जा रहा है। उसकी पत्नी और बटेसर जबरन उसके मुँह में दूध डालते हैं। और उसकी जिन्दगी के लिए ईश्वर से मिन्नतें मानते रहते हैं।

पूरे गाँव में इस बात का प्रचार हो गया है कि जगेसर का कण्ठ बन्द हो चुका है। वह अब चन्द क्षणों का मेहमान है। शायद इसीलिए जगेसर की पत्नी और बटेसर बुरी तरह चिन्तित हो गये हैं। उन्हें गाँव, सड़क और दूकान की कोई खबर नहीं है। वे चौबीसों घण्टे जगेसर को ही घेरे रहते हैं।

आज सातवें दिन बाद जगेसर को मालिक की आवाज सुनायी पड़ती है। मालिक उसके दरवाजे आये हैं। फिर अन्दर घर में जगेसर के पास भी आ जाते

हैं । फिर अपनी उसी गर्जती हुई आवाज में कहते हैं—"जगेसर, कह रहा था न, दौलत जिसके नसीब में बदा होता है उसी को मिलता है । सड़क के किनारे दूकान बना लेने से आदमी अमीर नहीं हो जाता है । आज सुबह तुम्हारी दूकान ढाह दी गयी है ।"

"नहीं···यह झूठ है···ऐसा कभी नहीं हो सकता··· ।"—एकाएक जगेसर के कण्ठ खुल जाते हैं और वह चिल्लाते हुए दूकान की ओर भागता है । उसकी पत्नी और बटेसर भी उसकी रक्षा के लिए पीछे से दौड़ते हैं । वहाँ पहुँचकर जगेसर पाता है कि सचमुच उसकी दूकान मलबे के रूप में परिवर्तित हो गयी है । वह मलबे के ढेर पर धड़ाम से गिर पड़ता है । उसकी पत्नी और बटेसर उसे सम्भालते हैं ।

सड़क पर तेजी से जीपें आ-जा रही हैं । कई जीपों से माईक की आवाज़ें भी आ रही हैं । शायद इस नई सड़क का उद्घाटन हो रहा है । लेकिन जगेसर को कोई भी आवाज अब साफ-साफ सुनायी नहीं पड़ रही है । उसकी आँखों के आगे भी अँधियारा छाने लगा है । एक बार वह आँख खोलकर देखता है, अब तक वहाँ लोगों की भीड़ लग चुकी होती है । लेकिन अब उससे किसी का भी चेहरा पहचाना नहीं जाता है । अपनी पत्नी और बटेसर के लाख सम्भालने के बावजूद भी अब वह खड़ा नहीं रह पाता है । उनके शरीर के ऊपर ही लुढ़क जाता है ।

दूसरा महाभारत

एक परिवार के आपसी झगड़े के कारण पूरा गाँव एक-दूसरे से गुँथ जायेगा, किसी को पता नहीं था। दरअसल, ऐसा कभी होता भी नहीं था। किसी परिवार के झगड़े को पूरा गाँव तटस्थ दर्शक की तरह देखता था और गलियों, बैठकों तथा मड़ैयों में चटखारें ले-लेकर मजा लेता था। लेकिन यह एक नयी घटना घट गयी। ऐसी घटनाएँ मेरे गाँव में नहीं के बराबर ही घटती हैं। मुझे याद है, बहुत पहले इसी तरह की एक घटना घटी थी। उस घटना पर 'पहली घटना' शीर्षक एक कहानी की रचना मैंने की थी। मेरे ख्याल से यह मेरे गाँव की दूसरी घटना है। लेकिन दूसरी घटना न देकर दूसरा महाभारत ही मैं इसका नाम देता हूँ, क्योंकि यह घटना कम, महाभारत ज्यादा है।

कहानी की शुरुआत मेरे परिवार से होती है। या इसे ही दूसरे शब्दों में यों कहें कि यह कहानी मेरे परिवार की अपनी कहानी है। इसीलिए अब सबसे पहले अपने परिवार का परिचय मैं आपको दे लेता हूँ। मेरे बाबूजी मर चुके हैं। उनको मरे हुए आठ साल हो गये। पिछले साल माँ भी गुजर चुकीं। मेरे कोई चाचा वगैरह हैं नहीं, इसलिए अब हम सिर्फ चार भाई बचे हैं। बड़े भैया, मँझले भैया और सँझले भैया की शादियाँ हो चुकी हैं। मैं सब में छोटा और कुँवारा बचा हूँ। मेरी कोई बहन नहीं है। भैया कहते हैं कि एक बहन थी जो मर गयी। बड़े भैया और मँझले भैया नौकरी करते हैं। वे लोग काफी पढ़े-लिखे हैं। बड़े भैया जमशेदपुर में काम करते हैं तथा मँझले भैया आरा स्टेट बैंक के कर्मचारी हैं। मँझले भैया गाँव पर ही रहते हैं। वे खेती-गृहस्थी करते हैं। वे खेती-गृहस्थी करने में बहुत निपुण हैं। वे हम सब भाइयों में तगड़े भी हैं। लेकिन मैं कुछ नहीं करता हूँ। कभी शहर रहने की इच्छा होती है तो बड़े भैया के पास जमशेदपुर चला जाता हूँ। फिर वहाँ से लौटकर कुछ दिनों के लिए आरा ठहरता हूँ। लेकिन जाने क्यों, आरा और जमशेदपुर में मैं सहज होकर रह नहीं पाता। लौटपीट कर मुझे अपने गाँव की ही शरण लेनी पड़ती है। अपनापन और पहचान-भरी

आत्मीयता मुझे सिर्फ गाँव में ही मिल पाती है । इसी से मेरा ज्यादा समय गाँव में ही बीतता है । पिछले कुछ दिनों से तो अब ऐसा हो गया है कि शहर न जाने के लिये मैं कसम खा चुका हूँ तथा सँझले भैया के साथ जिन्दगी-भर गाँव में ही संघर्ष करने के लिए प्रतिबद्ध हो चुका हूँ ।

दरअसल, बड़े भैया और मँझले भैया की नीयत इतनी खराब हो सकती है मैंने कभी नहीं सोचा था । सँझले भैया को भी इस बात का विश्वास नहीं था । लेकिन सँझली भाभी ने बहुत पहले ही इस बात से हमें अगाह कर दिया था । हालाँकि उस वक्त सँझली भाभी की बात हमें बहुत बुरी लगी थी । सँझले भैया ने उन्हें खूब फटकारा था । मैंने भी उन्हें डाँट लगायी थी । हमें लग रहा था कि हम चारों भाइयों के बीच फूट डालने की नीयत से ही यह ऐसा कर रही हैं । लेकिन थोड़े दिन के बाद ही उनकी भविष्यवाणी एकदम सही हो गयी । जैसा उन्होंने बताया था, बड़े भैया और मँझले भैया एकदम उसी रूप में आ गये । शुरू-शुरू में उन लोगों ने पत्रों द्वारा यह सूचना दी कि हम लोग अपनी जमीन का हिस्सा बेचना चाहते हैं । फिर वे एक दिन आ धमके । फिर बहुत ही मुलायम लहजे में उन लोगों ने सँझले भैया से कहा—''शहर में मकान बनवाने के लिए हम लोग अपने खेत का हिस्सा बेचना चाहते हैं ।''

सँझले भैया ने एकदम निर्भीकता से जवाब दिया—''हिस्सा ? कैसा हिस्सा ? बाबू ने तो पहले ही तय कर दिया था कि आप लोग नौकरी करेंगे और हम लोग खेती ।''

''लेकिन इसका मतलब यह तो नहीं हुआ कि खेत में हमारा हिस्सा नहीं है ?''

''हाँ, इसका मतलब यही हुआ । जब खेत में आप लोगों का हिस्सा है, तो आप लोगों की नौकरी में भी हम लोगों का हिस्सा है ।''

इस बार बड़े और मँझले भैया एकदम फनफना उठे । गुस्से में चिल्लाते बोले—''देखता हूँ, कौन मारता है हम लोगों के हिस्से को ? पहले तो थोड़ा-बहुत बेचने का इरादा था । अब हम लोग अपना पूरा-पूरा हिस्सा बेचेंगे ।''

और आज मुझे लगता है कि सँझले भैया के साथ बड़े और मँझले भैया की बातचीत ने ही मेरे गाँव को महाभारत का युद्ध-स्थल बना दिया था ।

सुनिए, मैं आपको पूरी कहानी अच्छी तरह सुना रहा हूँ । बात बहुत पहले की है । उस समय बाबू जिन्दा थे और हम सभी भाई बहुत छोटे-छोटे थे । हम भाइयों पर बाबू को बहुत गर्व था । दरअसल, बाबू अपने पिता की एकमात्र

सन्तान थे। अकेले होने का दुःखद एहसास वे एक लम्बे समय तक भुगतते रहे थे। तमाम गर्दिशों और तकलीफों के बीच भी वे कभी अपनी विपरीत परिस्थितियों पर विचार नहीं करते थे। उन्हें दुःख था तो सिर्फ इसी का कि वे अकेले हैं। वे अक्सर ही गाँव के अपने मित्रों के सामने यह कह उठते थे कि काश ! मैं दो भाई होता तो मुझे इस तरह तकलीफ नहीं उठानी पड़ती। अकेला आदमी बेंचारा होता ही है। और शायद इसीलिए हम चारों भाई जब दो-दो साल के अन्तर में पैदा हुए तो बाबू को अपार प्रसन्नता हुई थी। बाबू ने हमारे बचपन में ही अपने मन में एक योजना तैयार कर ली। फिर शीघ्र ही वे अपनी योजना को कार्य-रूप में परिणित करने लगे। उनकी योजना यही थी कि बड़े और मँझले भैया को नौकरी करायी जाये तथा सँझले भैया और मुझ को खेती। मुझे लगता है, बाबू घटिया आदमी थे। मुझे उन पर बहुत गुस्सा आता है। आज मुझे सँझले भैया की बात ही अच्छी लगती है। सँझले भैया ठीक ही कहते हैं 'बाबू बेवकूफ था। वह जिन्दगी-भर अनुभवहीन ही रहा। उसे दुनियादारी का कोई ज्ञान नहीं था' खैर··· । जो भी हो··· अब बाबू हैं नहीं। हम लोगों के बीच एक वाहियात समझौता कराकर वे चले गये। उनके समझौते की दीवार इतनी हलकी और पुलपुली थी कि उनकी मृत्यु के बाद पाँच साल की भी वह प्रतीक्षा नहीं कर सकी। भरभराकर गिर पड़ी। फिर आगे चलकर वही गिरी हुई दीवार मेरे गाँव में महाभारत के लिए जमीन तैयार करने का कारण बनी।

गाँव-घर के लोग कहते हैं कि बड़े भैया और मँझले भैया की तरह लालन-पालन भी हम लोगों का नहीं हुआ है। चूँकि बाबू की शादी के काफी समय बाद बड़े भैया का जन्म हुआ था इसीलिए विशेष संरक्षण और सुविधाओं के बीच उनका जीवन बीता था। फिर यही सौभाग्य मँझले भैया को भी प्राप्त हुआ था। लेकिन सँझले भैया तक पुत्र-जन्म की खुशी गुम हो चुकी थी। उनके लालन-पालन में विशेष सावधानी नहीं बरती गयी। और मेरे साथ तो कोई तौर-तरीका ही नहीं अपनाया गया। यों ही किसी तरह मेरा बचपन गुजर गया। लेकिन इस सबके बावजूद भी यह एक अजूबी बात है कि बचपन से लेकर अब तक बड़े और मँझले भैया शारीरिक रूप से कमजोर हैं और सँझले भैया हम सब में तगड़े हैं। सँझले भैया के शरीर का ही कुछ प्रभाव मेरे ऊपर है। मुझे लगता है, हम दोनों भाइयों को खेती में उतारने के लिए हमारा तगड़ा शरीर भी बाबू की नजर में था। हमारे तगड़े शरीर को बाबू किसान बनाना चाहते थे। लेकिन काश ! बाबू का नजरिया साफ होता और वे हमें मात्र किसान ही नहीं बल्कि सही किसान बनाने की बात सोचते तो इस तरह की स्थिति कभी नहीं आती।

मिडिल स्कूल की पढ़ाई समाप्त होने के बाद बाबू ने मेरा नाम सदा के लिए कटवा दिया था । सँझले भैया के साथ भी यही हुआ था । मिडिल के बाद उनको भी बैठना पड़ा था । चूँकि बाबू की यह पूर्व निश्चित योजना थी कि हम दोनों भाइयों को खेती में जुटाना था, इसी से बाबू हमारी पढ़ाई में तनिक भी दिलचस्पी नहीं लेते थे । आज मुझे लगता है, यही कारण था कि हम दोनों भाई अपने वर्ग में सबसे कमजोर और भोंदू छात्र थे । लेकिन बाबू हमारी कमजोरी और भोंदूपन के कारणों पर कभी गौर नहीं करते थे । हमारी कमजोरी और भोंदूपन से ही तो उनकी योजना को बल मिला था । वे हर जगह यह कहने लगे थे, 'मेरे दोनों छोटे लड़के पढ़ने-लिखने में बहुत कमजोर हैं । अच्छा रहेगा कि वे खेती ही करें । दो भाई पढ़-लिखकर शहर में नौकरी करेंगे तथा दो भाई गाँव पर का खेत-बघार आबाद रखेंगे ।

मुझे अच्छी तरह याद है, बड़े भैया जब कॉलेज में चले गये थे और मँझले भैया हाई स्कूल में, तो वे एक ही साथ शहर में रहकर पढ़ने लगे थे । हफ्ते में सिर्फ एक दिन शनिवार की शाम को वे आते थे और सोमवार की सुबह चले जाते थे । उनकी जिन्दगी हम लोगों को राजकुमारों की तरह की जिन्दगी लगती थी । वे जब भी गाँव आते थे, ढेर सारे सामान ले जाते थे । उनके लिए शुद्ध घी खरीदकर रखा रहता था । माँ उनके लिए भुंजे भी तैयार रखती थी । वे सिर्फ एक-दो रात के लिए ही आते थे । लेकिन वे जिस रात घर पर ठहरते थे, उस रात हमारे यहाँ भुंजिया और बजका जरूर पकते थे । उन दिनों बड़े भैया और मँझले भैया के गाँव आने से हमें इसलिए ज्यादा खुशी होती थी कि हमें अच्छा भोजन करने का अवसर प्राप्त होता था । लेकिन इस सबके बावजूद हमारे मन में ईर्ष्या और द्वेष तनिक भी नहीं था । हमारे मन में तो बड़े और मँझले भैया के प्रति और अधिक स्नेह बढ़ता जा रहा था । हमें लग रहा था कि हमारे दो भाई अफसरों के बच्चों की तरह पल रहे हैं तथा पढ़ रहे हैं । वे पढ़-लिखकर अफसर ही बनेंगे । फिर परिवार के हम सभी आराम की जिन्दगी गुजारेंगे । और मुझे लगता है कि यही बात बाबू भी सोच रहे थे । लेकिन हमारी उम्र बहुत छोटी थी और बाबू की उम्र बहुत बड़ी । फिर हमारा सोचना एक कैसे था ? और मुझे लगता है कि उस समय बाबू अपने समय से बहुत पीछे थे । शायद यही कारण है कि बाबू का सोचना उस समय एक बच्चे के सोचने से मेल खाता था । मुझे अब इस बात का पूरा यकीन हो गया कि बाबू नम्बर एक के स्वार्थी और ढुलमुल प्रकृतिवाले व्यक्ति थे । वे हर दर्जे के अवसरवादी और सुविधाभोगी थे । जिन्दगी जीने का कोई भी तजुर्बा और आपसी सम्बन्धों की कोई भी व्याख्या उनके पास नहीं थी ।

मुझे भली भाँति याद है, पर्व-त्योहारों के अतिरिक्त हम दोनों भाइयों के अक्सर नये कपड़े नहीं ही सिलाये जाते थे। बड़े भैया और मँझले भैया के उतारे हुए कपड़े ही हमें मिलते थे। बाबू को हमें नये कपड़े सिलवाने की आवश्यकता ही महसूस नहीं होती थी। आखिर नये कपड़े पहनकर हम कहाँ जाते? हमारी दुनिया तो खेत और घर के बीच कैद हो गयी थी। बड़े और मँझले भैया के उतारे हुए कपड़े क्या नये नहीं होते थे? वे हमारे लिये तो नये ही होते थे। हमारे गँवई मित्रों में किसी के पास भी उतने अच्छे कपड़े नहीं थे। बाबू को भी वे कपड़े अच्छे लगते थे। उन कपड़ों की शहरी सिलाई हमारे देहाती शरीर में बाबू को खूब फबती थी। लेकिन आज मैं सोचता हूँ तो मुझे लगता है कि बाबू हद दर्जे के स्वार्थी और कमीने थे। उन्होंने जीवन-भर जो कुछ किया, सिर्फ अपने लिए। हमारे लिये उन्होंने कुछ भी नहीं किया। हमारे से मेरा यहाँ अभिप्राय सिर्फ सँझले भैया और अपने से है। बड़े भैया और मँझले भैया से नहीं। बड़े भैया और मँझले भैया के लिए तो बाबू ने बहुत कुछ किया है। लेकिन इसका मतलब यह नहीं कि बाबू बेईमान पिता थे। पिता के रूप में बाबू ने कभी भी बड़े और मँझले भैया से कम स्नेह हमें नहीं दिया है। दरअसल, उनकी वैचारिकता ही ढुलमुल थी। उनका बनाया विचार बिल्कुल सतही और गलत था। आज मैं उनका मूल्यांकन करता हूँ तो मुझे लगता है कि वे तत्कालिकता से प्रभावित थे। चीजों को व्यापक फलक पर देखने और सम्बन्धों को एक नयी अर्थवत्ता देने की शक्ति उनमें नहीं थी। इसीलिए वे एक सही बाप होते हुए भी एक सही आदमी नहीं थे।

खैर... जो भी हो, आज मैं सोचता हूँ तो मुझे लगता है बाबू ने जिन्दगी बहुत आराम से गुजारी थी। बाबू के अन्तिम दिनों में बड़े भैया, मँझले भैया कायदे से नौकरी करने लगे थे। सँझले भैया के ऊपर भी खेती का भूत खूब जोर-शोर के साथ संवार हो गया था। बाबू बड़े और मँझले भैया के नौकरी के पैसे को खूब जतन से रखते थे तथा सँझले भैया द्वारा हर साल अधिक पैदा किये जानेवाले अनाज के सुख को खूब इतमीनान से भोगते थे। उन्हीं दिनों बाबू ने बड़े और मँझले भैया की शादियाँ भी एक ही साल की थीं। फिर एक साल बाद सँझले भैया की शादी भी उन्होंने करनी चाही। लेकिन इसी बीच बाबू अस्वस्थ रहने लगे। फिर भी उन्होंने सँझले भैया की शादी तय कर दी। पर वे सँझले भैया की शादी कर नहीं सके। हमारे बीच से गुजर गये। उनके गुजर जाने के बाद सँझले भैया की शादी में काफी अड़चन पैदा हुई। बड़े भैया और मँझले भैया वहाँ शादी करने के लिए तैयार ही नहीं हो रहे थे। उनका कहना था कि वह लड़की ठीक

नहीं है । अपशकुन का बोधक है । उसकी शादी की बात तय होते ही बाबू मर गये । पता नहीं वह घर आयेगी तो क्या होगा ? लेकिन सँझले भैया ने बड़े भैया और मँझले भैया की बात नहीं मानी । सँझले भैया को रूढ़ियों में तनिक भी विश्वास नहीं है । शकुन और अपशकुन को उन्होंने कभी भी विचारणीय विषय नहीं समझा है । उन्होंने उसी लड़की के साथ शादी की जिससे बाबू ने तय की थी । फिर बाद में बड़े भैया और मँझले भैया भी मान गये । असल में सँझले भैया की हर बात शुरू में काटी जाती है । लेकिन जब वे अपनी बात पर अडिग रहते हैं और कायदे से दलील देते हैं तो न चाहते हुए भी मेरे परिवारवालों को उनकी बात माननी ही पड़ती है ।

मेरे घर परिवार की यह कहानी अब तेजी से आगे की ओर बढ़ रही है । हालाँकि अब तक मैंने कहानी की शुरुआत भी नहीं की है । अब तक तो मैं अपने घर के लोगों, उनकी समस्याओं और उनके समझौते से ही आपका परिचय कराता रहा हूँ । लेकिन अब कहानी की मुख्य बातों को मैं आपके सामने प्रस्तुत कर रहा हूँ ।

हाँ, तो मैं कह रहा था कि बाबू हमारे परिवार में एक वाहियात समझौता करा कर चले गये । उनके चले जाने के बाद मेरे परिवार की घटनाएँ काफी तेज हो गयीं तथा सम्बन्ध पेचीदे होने लगे । शुरू-शुरू में बड़े और मँझले भैया ने अपनी-अपनी पत्नियों को गाँव में ही छोड़ दिया था । लेकिन कुछ दिनों के बाद ही उनकी पत्नियों ने पता नहीं अपने-अपने पत्रों में क्या लिखा कि बड़े और मँझले भैया आये और उन्हें लेकर शहर चले गये । फिर एक लम्बे अर्से तक उनके कोई पत्र नहीं आये । होली से कुछ पहले उनके पत्र यह सूचना लेकर आये कि एक महीने की छुट्टी में हम लोग सपरिवार गाँव आ रहे हैं । फिर वे लोग सपरिवार गाँव आये और छुट्टी बिताकर सपरिवार ही चले गये । जाते वक्त अपने ले जा सकने भर चावल और गेहूँ बड़े और मँझले भैया लेते गये । इसी तरह वे सिर्फ पर्व-त्योहारों की छुट्टियों में ही गाँव आते और जाते वक्त घर से काफी अनाज ले जाते । धीरे-धीरे हमें यह महसूस होने लगा कि उनकी नौकरी से हमें कोई फायदा नहीं । बाबू के मरने के बाद से उनकी नौकरी का एक पैसा भी घर पर नहीं आया था, बल्कि उल्टे घर का आधा से अधिक अनाज वे ले जाने लगे थे । और इसके साथ-साथ सम्बन्धों में खिचाव और दूरियाँ भी आ गयी थीं । बड़े भैया और मँझले भैया को हम दोनों भाइयों से कोई मतलब नहीं रह गया था । ये सिर्फ अनाज ले जाने तथा खेत-बघार पर अपना कब्जा कायम रखने के लिए ही गाँव आते थे । लेकिन खेत-बघार के बारे में भी वे रुचि नहीं

लेते थे। उन्होंने कभी यह जानने की कोशिश नहीं की थी कि खेत की बढ़ी हुई मालगुजारी कैसे दी जाती है ? कि रोज बढ़ते हुए पनीवट के रेट को सँझले भैया कैसे चुकाते हैं ? कि ब्लैक में खाद कहाँ से आता है ? कि खेत की ढह चली मोटी पगडण्डियों की मरम्मत करायी गयी है या नहीं ? और इसके साथ-साथ उन्होंने कभी यह भी समझने की कोशिश नहीं की कि सँझली भाभी को कौन-सी बीमारी है ? कि वे दिन पर दिन दुबली क्यों होती जा रही हैं ? कि सँझले भैया अनाज के एक छोटे हिस्से पर ही यह सबकुछ कैसे सँभालते जा रहे हैं ? घर-गृहस्थी, खेती-बारी, कपड़े-लत्ते, दवा-दारू और भोजन-पानी का इन्तजाम सँझले भैया कैसे कर लेते हैं ? इस पर बड़े और मँझले भैया ने कभी गौर नहीं किया था। उन्होंने कभी गौर नहीं किया था कि बरसात की काली अँधेरी रात और जेठ की चिलचिलाती धूप में खेत की पगडण्डियों पर साँप-बिच्छू और आँधी-पानी के बीच जोखिम झेलते हुए सँझले भैया कैसे अनाज पैदा करते हैं ?

मुझे ठीक-ठीक याद है, मेरे घर पर तनाव की शुरुआत सँझली भाभी की टूटन और अपमानित स्थितियों के चलते हुई थी। मैंने और सँझले भैया ने कभी भी अपमान बोध महसूस नहीं किया था। बड़े और मँझले भैया का विशिष्ट रहन-सहन और उच्चस्तरीय जीवन हमें कभी भी नहीं खटकता था। दरअसल, बाबू ने हमारा निर्माण ही ऐसा कर दिया था। हम शुरू से ही सबकुछ देखने और सहने के अभ्यस्त हो गये थे। लेकिन सँझली भाभी से नहीं सहा गया था। वे बुरी तरह टूट गयी थीं। आज मुझे लगता है कि उनकी टूटन ने ही हमारे अन्दर विद्रोह और बगावत को जन्म देना शुरू किया था।

मुझे एक-एक घटना याद आ रही है। एक बार होली के दिन की बात है। सभी लोग नये कपड़े पहन रहे थे। पता नहीं कहाँ से सँझले भैया ने मुझको नये कपड़े सिलवा दिये थे ? अपने को तथा सँझली भाभी को उन्होंने कुछ भी नहीं सिलवाया था ? और इधर बड़े और मँझले भैया तो हम लोगों से एकदम बेखबर ही थे, हालाँकि वे अपनी पत्नियों के साथ गाँव में ही थे। उनकी पत्नियाँ एकदम नये और रंग-बिरंगे कपड़ों में तैयार थीं। लेकिन बात इतनी ही होती तो कुछ नहीं था। पर हुआ यह कि बड़े और मँझले भैया की पत्नियों ने आपस में हँस-हँसकर बतियाते हुए सँझली भाभी के ऊपर व्यंग्य और ताने कसना शुरू कर दिया था। सँझली भाभी का उदास और पीला चेहरा और अधिक गहरा उठा था। शाम होते-होते तो बातें उनके लिए एकदम असह्य हो गयी थीं। वे अपने कमरे में गिरकर बुरी तरह रोने लगी थीं। उसी दिन पहली दफा मैंने देखा

था कि सँझले भैया की आँखें लाल-लाल हुई हैं और उनके चेहरे की त्योरियाँ एकदम बदल गयी हैं? आज मुझे लगता है कि दूसरे महाभारत के एक महत्वपूर्ण पात्र के रूप में सँझले भैया की मानसिकता उसी दिन सृजित हुई थी।

यह बात मुझे बराबर नागवार लगती थी कि बड़ी भाभी और मँझली भाभी की नजर में सँझली भाभी का कोई महत्त्व नहीं था। वे कभी खुलकर और आत्मीय ढंग से सँझली भाभी से बात नहीं करती थीं। वे छुट्टियों में जब भी गाँव आती थीं, सँझली भाभी की सहजता खत्म हो जाती थी। वे उदास-उदास, उखड़ी-उखड़ी और अपने को हीन भावना से ग्रासित महसूस करती थीं। बड़ी भाभी और मँझली भाभी सँझली भाभी के सामने कोई काम नहीं करती थीं। घर का सारा काम सँझली भाभी को अकेले ही निबटाना पड़ता था। लेकिन इससे सँझली भाभी को कोई तकलीफ नहीं होती थी। वे वैसे भी बड़ी और मँझली भाभी से छोटी थीं। और बड़ी और मँझली भाभी तो चन्द दिनों के लिए ही गाँव आती थीं। लेकिन बात इतनी ही नहीं थी। बड़ी और मँझली भाभी शहर से गाँव आते वक्त अपने लिए ढेर-सारा सामान लेकर आती थीं। तरह-तरह के तेल, अच्छी-अच्छी चोटियाँ, अनेक प्रकार के स्नो-पाउडर, बिन्दी तथा लिपस्टिक की खुशबूदार शीशियाँ आदि। और इन चीजों का विधिपूर्वक इस्तेमाल कर बड़ी और मँझली भाभी, सँझली भाभी के सामने इतराते और ऐंठते हुए चलती थीं। यह बात सँझली भाभी को बहुत अखरती थी। उनका चेहरा उतर-उतर जाता था। और मैं सच कहता हूँ, यह बात मुझे भी अखरती थी। मेरा ख्याल है, सँझले भैया को भी यह बात बहुत कचोटती होगी। मुझे बड़े और मँझले भैया पर बहुत गुस्सा आता था। आखिर जब वे जानते थे कि सँझले भैया नौकरी नहीं करते हैं और उनकी पत्नी घर पर है तब अपनी पत्नियों के लिए सामान खरीदते वक्त उन्हें सँझली भाभी के लिए भी कुछ-न-कुछ खरीद ही लेना चाहिए था। लेकिन वे कभी कुछ नहीं खरीदते थे। और ताज्जुब की बात तो यह कि वे सँझली भाभी के उतरे हुए चेहरे को देखकर कभी कुछ समझने की कोशिश भी नहीं करते थे। जानबूझकर इस घटना की ओर से अनभिज्ञ बने रहते थे। लेकिन उनकी यह ओढ़ी हुई अनभिज्ञता हमें तीर की तरह लगती थी और अन्दर-ही-अन्दर हम जलने और सुलगने लगे थे।

आज मैं यह सोचता हूँ कि बड़े और मँझले भैया हम लोगों से कटे हुए रहकर भी आपस में काफी गहरायी से क्यों जुड़े रहते हैं? मैं उनके इस जुड़ाव के कारणों पर घंटों सोचता रहता हूँ। मुझे लगता है कि वैचारिक, व्यावहारिक और जीवनगत समानता के चलते ही वे एक-दूसरे से जुड़े रहते हैं। दरअसल,

आदमी किसी से भी इन्हीं तीन कारणों के चलते ही जुड़ता है । मेरे और सँझले भैया का जुड़ाव भी इन्हीं तीन कारणों से ही हुआ है ।

अब दूसरे महाभारत की कहानी अपने लक्ष्य की ओर जा रही है । मैं आपको इस नये महाभारत के स्थल, इसकी समस्या और इसके पात्रों से परिचय करा चुका हूँ । आइए, अब इस रणभूमि में इस नये महाभारत का असली दृश्य देखिए ।

हाँ, तो बात बड़े और मँझले भैया के पत्रों से प्रारम्भ हुई थी । बड़े और मँझले भैया गाँव से चावल कम मिलने के कारण नाराज होकर गये थे । लेकिन उनकी नाराजगी गलत थी । उस साल इस कदर सूखा ही पड़ा था कि फसल कम हुई थी । सँझले भैया उन लोगों को चावल दें तो कहाँ से दें ? उन्होंने स्पष्ट कह दिया था, 'इस साल आप लोग थोड़ा चावल ले जाइए । बाकी चावल खरीद लीजियेगा । सूखा की वजह से इस साल अच्छी फसल नहीं हो पाई है ।'

लेकिन बड़े और मँझले भैया ने सँझले भैया की बात पर तनिक भी विचार नहीं किया था । उन्हें लगा था कि हम लोगों को चावल देने के डर से ही इसने चावल बेच दिया है । वे नाराज होकर शहर चले गये थे । फिर कुछ दिनों के बाद ही गुस्से से भरे हुए उनके पत्र आये थे । उन्होंने साफ लिखा था कि शहर में जमीन खरीदकर मकान बनवाने के लिए हम लोग गाँव के अपने खेत का हिस्सा बेचना चाहते हैं ।

शुरू-शुरू में डाकिया ने बड़े और मँझले भैया के पत्रों को मुझे ही दिया था । उन्हें पढ़ने के बाद मैं धक् से रह गया था । मेरी इच्छा हुई थी कि उन पत्रों को फाड़कर फेंक दूँ, क्योंकि उस समय तक सँझले भैया के प्रति मेरे मन में अगाध श्रद्धा पैदा हो चुकी थी । मेरा ख्याल था कि सँझले भैया इस पत्र से काफी दु:खी हो जायेंगे, उनकी चिन्ताएँ बुरी तरह बढ़ जायेंगी । लेकिन ऐसा कुछ भी नहीं हुआ । ताज्जुब की बात तो यह कि सँझले भैया उस पत्र को पढ़कर दहाड़ उठे । गरजकर उन्होंने कहा—'खेत को किसी भी सूरत में बेचने नहीं दूँगा । देखूँगा, वे खेत को कैसे बेचते हैं । उन सालों को अब खेत की पगडण्डियों पर भी नहीं चढ़ने दूँगा ।'

और धीरे-धीरे, बातों-बातों में ही यह खबर पूरे गाँव तक पसर गयी थी । गाँववालों को एक घटना याद आ गयी थी । कुछ ऐसे ही कारणों से मेरे गाँव में एक अत्यन्त दर्दनाक घटना घट चुकी थी । वह घटना आज से दस साल पहले की है । सीचरन और गणेशी दो भाई थे । सीचरन फौज में नौकरी करता था और गणेशी गाँव पर खेती-बारी । दोनों भाइयों में अद्‌भुत मेल-मिलाप था ।

गाँव के लोग यह उदाहरण दिया करते थे कि भाई हों तो सीचरन और गणेशी की तरह । लेकिन पता नहीं सीचरन और गणेशी की शादियों के बाद उन्हें क्या हो गया कि उन दोनों के बीच तनाव और खिंचाव ने जन्म ले लिया । फिर जल्द ही अलगाव की बात भी सामने आ गयी । सीचरन अपने खेत के हिस्से को बेचने की बात चलाने लगा था । गणेशी फेर में पड़ गया । वे दिन उसके सबसे अधिक चिन्ताग्रस्त दिन थे । वह चौबिसों घण्टे उदास रहने लगा । गाँव के लोगों को तो मजा आ रहा था । वे तटस्थ दर्शक की भाँति तमाशा देख रहे थे । आगे क्या होगा, इसकी उन्हें प्रतीक्षा थी । गणेशी शरीर से भी काफी कमजोर था । उससे अब कोई दूसरा रोजगार होनेवाला नहीं था । उसके कुल जमा चार बीघे खेत थे । लेकिन अब सीचरन दो बीघे खेत को बेच रहा था । सिर्फ दो बीघे में अपने परिवार की जीविका चला सकने में गणेशी असमर्थ था । उसका यह दुर्भाग्य था कि शादी के दो साल बाद ही एक बच्ची ने उस घर में जन्म ले लिया था और उसकी पत्नी पुन: गर्भवती हो गयी थी ।

यह मेरी आँखों की देखी हुई घटना है । आज भी इस घटना की याद आते ही रोंगटे खड़े हो जाते हैं । जिस दिन सीचरन ने अपने खेत का बैनामा किया था, उसी रात गाँव से बाहर, अपने खेत के किनारे महुआ के पेड़ से गले में फन्दा लगाकर गणेशी झूल गया था । सुबह जब लोगों ने देखा था तो समूचे गाँव में हाहाकार मच गयी थी । गाँव के बड़े-बूढ़े, बच्चे और औरतों का वहाँ जमघट लग गया था । गणेशी की लम्बी जीभ बाहर निकल आयी थी । उसकी बाहर की ओर निकल आयी आँखें एकदम बड़ी-बड़ी, सफेद और डरावनी लग रही थीं । वह दृश्य एक साथ खौफनाक और हृदय विदारक था । गणेशी की पत्नी अपनी छोटी बच्ची के साथ दहाड़ें मार-मारकर रो रही थी ।

और मैं सच कहता हूँ, मैंने स्पष्ट लक्ष्य किया था, तटस्थ दर्शक की भाँति तमाशा देखनेवाले लोग एकाएक गमगीन हो गये थे । उनकी मुट्ठियाँ भिंच गयी थीं तथा चेहरे पर आक्रोश की रेखाएँ उभर आयी थीं । खासकर गणेशी की तरह की जिन्दगी जीनेवाले लोगों के अन्दर हाहाकार मच गयी थी। कहीं-न-कहीं से एक सुलगती-बुझती चिनगारी उनके अन्दर धूँ-धूँ करने लगी थी । आज मुझे लगता है कि वही आग दूसरे महाभारत में तेज आँधी का झोंका पाकर धधकती ज्वाला बन उठी थी । क्योंकि मैं अपने गाँव के लोगों को जानता हूँ । वे बातों से कम, घटनाओं से ही ज्यादा प्रभावित होते हैं । बातों का असर उनके ऊपर उतना नहीं होता है, जितना घटनाओं का। एक बार किसी जबर्दस्त घटना के घट चुकने के बाद उनकी आँखों के आगे से भ्रम का पर्दा हट

जाता है। फिर उन्हें किसी भी तरह समझाने की कोई जरूरत नहीं पड़ती है।

हाँ, तो हुआ यह था कि बड़े और मँझले भैया के पत्र का विरोध एक स्वर से गाँव में शुरू हो गया था। मेरी तरह, सँझले भैया की तरह तथा गणेशी की तरह की जिन्दगी जीनेवाले लोग एकदम गुस्से में आ गये थे। लेकिन गाँव का एक वर्ग हमारे विरोध में भी खड़ा हो गया था। वह वर्ग संख्या में बहुत कम था, लेकिन बड़े और मँझले भैया की तरह सुविधाभोगी था। उस वर्ग में गाँव के सबसे धनी-मानी गृहस्थ थे। उन्हें खेती-बघारी से कोई मतलब नहीं था। वे अपना खेत 'मनी पर बन्दोबस्त' कर देते थे। 'मनी पर बंदोबस्त' करने का मतलब हमारे यहाँ यह होता है कि गरीब किसानों को खेती करने के लिए खेत दे दिया जाता है, इस शर्त पर कि एक बीघे में इतना अनाज उसको देना है। इसी प्रकार वे बगैर खेती-बारी के झमेले में फँसे हुए गरीब किसानों से अनाज वसूल-वसूल कर राज भोगते रहते हैं।

मुझे पूरी तरह याद है, बड़े और मँझले भैया के गाँव आने से पहले ही मेरे यहाँ महाभारत की संरचना हो चुकी थी। गाँव दो वर्गों में बँट गया था। एक वर्ग इस पक्ष में था कि बड़े और मँझले भैया का खेत में हिस्सा है। उन्हें हिस्सा मिलना चाहिए। लेकिन दूसरा वर्ग इस पक्ष में था कि नहीं, उन्हें हिस्सा नहीं मिलना चाहिए। अब वे हिस्से के हकदार नहीं हैं। बातें एकदम गहमागहमी के साथ होती थीं तथा धीरे-धीरे आक्रोश की जमीन पर उतरती जाती थीं। गाँव की गलियों, बैठकों तथा मड़ैयों में मुख्य रूप से चर्चित विषय भी यही हो गया था। कई जगह गाली-गलौज तथा मार-पीट की धमकियाँ भी दी जाने लगी थीं। सबों के अन्दर खून खौल रहा था। सबों को सिर्फ बड़े और मँझले भैया के आने की प्रतीक्षा थी। यह तय हो चुका था कि बड़े और मँझले भैया के आते ही भयानक रूप से युद्ध छिड़ जायेगा।

और जैसा कि विदित था, वही हुआ। बड़े और मँझले भैया के आने पर सँझले भैया ने साफ कह दिया कि इस खेत में आप लोगों का हिस्सा नहीं है। वे लोग तमतमा गये। गुस्से में आकर वे थाना-पुलिस और अदालत की शरण लेने के लिए चल पड़े। लेकिन गाँव के उनके वर्ग के लोगों ने उन्हें रोक लिया और कहा, 'यह झगड़ा सिर्फ आपका नहीं है। कल हम लोगों के साथ भी यही हो सकता है। इसी से हम लोग आपकी मदद करना चाह रहे हैं। आप थाना और अदालत मत जाइए। वहाँ जाकर आप क्या कर लीजियेगा? मान लीजिए कि आपकी डिग्री हो गयी, तो फिर खेत पर कब्जा करने के लिए तो आप आइयेगा

न ? पुलिस तो आपकी खेती नहीं करायेगी । इसी से यहीं सबकुछ निबटा लेना ठीक होगा ।' और बड़े और मँझले भैया को भी बात समझ में आ गयी । वे तो वैसे ही गुस्से से जल रहे थे । अपने लोगों द्वारा बल मिल जाने पर धधकने लगे । बस, दोनों ओर से तैयारियाँ शुरू हो गयीं ।

बात अभी हाल की ही है । नवम्बर के आखिरी सप्ताह की । खेतों में धान की फसलें पक चुकी थीं । कहीं-कहीं कटनी भी लग गयी थी । मेरे खेतों में भी धान की फसलें खूब लगी थीं । बड़े और मँझले भैया के वर्ग के लोगों ने यह तय किया कि आधे खेत की फसलों को वे कटवा लें और आधी फसलें सँझले भैया के लिए छोड़ दें । मेरे वर्ग के लोगों ने यह तय किया कि उनको फसल का एक दाना भी छूने नहीं देंगे । जिस दिन खेत में कटनी लगवाने के लिए बड़े और मँझले भैया के वर्ग ने तय किया, उस रात समूचा गाँव सो नहीं सका । रात-भर दोनों वर्गों में लोगों की जुटानें होती रहीं । रातों-रात हथियार भी इकट्ठे कर लिये गये और सारी रात मार-काट की बातें होती रहीं । आज मैं सोचता हूँ तो मुझे अजीब लगता है कि उस दिन मेरा गाँव उस रूप में कैसे आ गया था ? लोगों के अन्दर अपनी वर्गीय चेतना इस तीव्र रूप में कैसे जाग गयी थी । और मुझे लगता है, कि कहीं-न-कहीं गणेशी ने यह सबकुछ किया है । अपने गले में फंदा डालकर गणेशी ने गाँव के लोगों की मानसिकता को एक नया मोड़ दे दिया था । इसीलिए आज मुझे गणेशी का बलिदान निरर्थक नहीं लगता है ।

और जैसा कि होना था, वही हुआ । सुबह तड़के ही दोनों वर्ग के लोग हमारे खेत के पास पहुँच गये । सँझले भैया और हमारे साथ के लोगों ने दूसरे वर्गवालों से चिल्लाकर कहा—"खेत के पास से हट जाओ । कटनी लगवाओगे तो यहाँ लाशें बिछ जायेंगी ।"

बड़े और मँझले भैया के वर्गवालों ने भी गरजकर जवाब दिया—"कटनी लगेगी । जिस माई के लाल की हिम्मत हो वह आकर रोके । एक-एक कर सबों को उड़ा दिया जायेगा ।"

फिर इसी तरह की धमकियाँ और पैंतरेबाजियाँ कुछ देर तक चलीं । इसके बाद एकाएक सारा वातावरण बदल गया । रात में साफ करके रखी गयी बन्दूकें तथा दूसरे हथियार चमक उठे । हमारे सातों बीघे खेत की फसलें धूल मिट्टी और खून में सन गयीं । गाँव-घर और इलाके के बड़े-बुजुर्ग कहते हैं, इतनी बड़ी और घनघोर लड़ाई पहले कभी नहीं हुई थी । हमारे वर्ग के इक्कीस आदमी तथा बड़े और मँझले भैया वाले वर्ग के अट्ठारह आदमी घटनास्थल पर ही

लाश बन गये। और घायल आदमियों की संख्या तो अनगिनती थी। आज हमारे गाँव में पन्चानबे प्रतिशत आदमियों के शरीर पर उस युद्ध का कोई-न-कोई चिह्न आप जरूर देख सकते हैं।

अब मुझे आगे की कहानी बताने की कोई जरूरत नहीं है। मेरा ख्याल है, अब आप समझ ही जायेंगे कि आगे क्या हुआ ? कि पुलिस कब आई ? कि पुलिस ने कितने लोगों को हिरासत में लिया ? कि कितने दिनों तक मेरे गाँव पर पुलिस छायी रही… आदि-आदि।

अब तो आपसे मैं सिर्फ यही कहना चाहता हूँ कि मेरे गाँव में घटा यह महाभारत मेरे इलाके के दूसरे गाँवों में भी विस्तार पाने लगा है।

मेघना का निर्णय

पिछले दो-तीन दिनों से मेघना बेचैन है। इस बेचैनी के दरम्यान न तो वह मजदूरी करने शहर ही जा सका और न अपने गाँव में ही कुछ कर सका। अपने घर के बगल शिवाले के चबूतरे पर पड़ा रहा। झोंपड़ीनुमा उसके घर में इतनी अधिक जगह नहीं है कि वह आराम से किसी कमरे में पड़ा रहे। इसलिए शिवाले के चबूतरे को ही अपना स्थायी अड्डा बना लिया है। हालाँकि बहुत पहले गाँव के बाबू लोगों ने शिवाले के चबूतरे पर रहने के लिए उसे मना किया था। लेकिन जब गाँव में और कई शिवाले बन गये तथा छोटी जाति के मुहल्लेवाले इस शिवाले पर बाबू लोगों ने आना-जाना छोड़ दिया, तब से यह शिवाला बिल्कुल उसका अपना हो गया है। वह रात में भी शिवाले के चबूतरे पर ही सोता है। दिन में जब कहीं काम पर नहीं जाता, उसी चबूतरे पर लेटा होता है। उसकी पत्नी खाने के वक्त घर से आवाज लगाकर उसे बुला लेती है लेकिन पिछले दो-तीन दिनों से वह अच्छी तरह कुछ खा भी नहीं सका। पत्नी उसे समझाती है कि चिन्ता-फिकर छोड़कर फिर से कमाओ-खाओ। गाँव के बाबू लोगों की बातों का 'इरखा' मत करो। गाँव बाबू लोगों का है। वे गाँव के मालिक हैं। अगर तुम्हें डाँट-फटकार और गाली ही दे दी तो क्या हुआ ? वे बड़े लोग हैं। पुश्तों से इस गाँव पर उनका शासन चला आ रहा है। उनसे टकराने की बात मत सोचो। पानी में रहकर मगर से बैर ठीक नहीं होगा।

लेकिन मेघना पत्नी की बात को चाहते हुए भी चेतना के स्तर पर स्वीकार नहीं कर पाया। उसने स्वप्न में भी नहीं सोचा था कि बाबू तेगासिंह और गाँव के अन्य बाबू लोग उसके साथ इस तरह पेश आयेंगे। आखिर जब उसने उन लोगों का कुछ भी नहीं बिगाड़ा है तब वे लोग उसके बीच क्यों आ पड़े हैं ? वह शहर में मजदूरी करने जाता है। उसे कितना दबाया-सताया जाता है। उसके साथ कितने अत्याचार-अनाचार होते हैं, लेकिन कभी तो बाबू लोग उसकी

सहायता नहीं करते। पर जब अपने हक के लिए वह शहर में लड़ाई कर बैठा है तो ये लोग उसके बीच क्यों आ पड़े हैं ? शहर के उसके झगड़े से इन लोगों का क्या मतलब ? माथा पीटकर रह जाता है मेघना। वह सोचने लगता है, उसे क्या करना चाहिए ? देर तक सोचने के बाद भी उसे कुछ समझ नहीं आता।

मेघना का गाँव आरा शहर से बहुत नजदीक है, पास ही के कुल्हड़िया स्टेशन से गाड़ी पकड़कर आया जाता है। मेघना अपने मजदूर मित्रों के साथ सुबह के तड़के ही आरा चला जाता था। फिर दिन-भर मजदूरी करने के बाद रातवाली गाड़ी से अपने गाँव लौट आता था। लेकिन एक ऐसी घटना घटी कि अब दो-तीन दिनों से वह नहीं जा पा रहा है। अन्य मजदूर पूर्वतः ही शहर चले जाते हैं। कभी-कभी मेघना को अपने साथवाले मजदूरों पर गुस्सा आता है। वह सोचता है कि कोई भी घटना घटती है तब मजदूर आपस में सोच-विचार क्यों नहीं करते हैं ? पशुओं की तरह किसी भी घटना को इतनी जल्दी भूल कैसे जाते हैं ? फिर उसे लगता है कि मजदूरों का कोई दोष नहीं। वे क्या करें ? जिसके घर दिन-भर की मजदूरी के बाद शाम को चूल्हा जलता हो, वे एक दिन के लिए भी काम-धाम छोड़कर सोच-विचार कैसे करें ? उसे तो अभी चार-पाँच दिन भी काम छोड़े नहीं हुए, लेकिन इस बीच उसके घर की हालत कितनी खराब हो गयी ! अगर और तीन-चार दिनों तक वह बैठा रह गया तो फिर खैर नहीं।

मेघना चबूतरे पर बैठता है। अपने अँगोछे को झाड़कर कन्धे पर रखता है। कमर की ढीली धोती को कसता है और चबूतरे से नीचे उतरकर कुल्हड़िया स्टेशन की ओर चल पड़ता है। एकांत में बैठकर वहीं सोचेगा। रातवाली गाड़ी से जब उसके गाँव के मजदूर लौटेंगे तब वह उनके साथ ही लौटेगा तथा रस्ते में उनके निर्णय जानेगा कि उन लोगों ने उस घटना पर अभी तक कुछ सोचा कि नहीं ? उसे एक बार फिर अपने गाँव के मजदूरों पर गुस्सा आ गया। कभी आपस में मिल-जुलकर सोचते-विचारते नहीं। फिर उसे पहले की तरह ही लगा कि नहीं, मजदूरों का कोई कसूर नहीं, उन्हें समय ही कहाँ मिलता है ? सारा दिन तो वे काम पर रहते हैं। शाम को रोटी के लिए काम उनके लिए जरूरी है। फिर रात में वे देर से लौटते हैं। उस पर भी काफी थके-मांदे होते हैं। कहीं मिल-जुलकर सोचने-विचारने का समय ही कहाँ है उनके पास ? इसलिए आज खुद ही उनके पास जा रहा है। चुपचाप अकेले घुटते रहने से मिल-जुलकर कोई निर्णय लेना उसे ठीक जान पड़ता है।

मेघना का गाँव चार सौ घरों की एक बड़ी बस्ती है । उसके गाँव में प्रायः तीन सौ घर बाबू लोगों के हैं तथा सौ घर उसके जैसे मजदूरों के । पहले की तरह बाबू लोगों में सिर्फ बड़ी जाति के लोग ही नहीं, बल्कि उसकी बिरादरी के भी कुछ लोग हैं तथा मजदूरों में सिर्फ छोटी जाति के लोग ही नहीं, बल्कि बड़ी जाति के भी कुछ लोग हैं । यह बात मेघना को आज तक नहीं मालूम हो सकी कि उसकी जाति के बाबू बने लोग बड़ी जाति के बाबुओं के साथ भाईचारा की भावना स्थापित कर सके हैं या नहीं ? लेकिन यह बात तो वह जानता है कि बड़ी जाति के मजदूर बने लोग मजदूरों के साथ भाईचारे की भावना स्थापित नहीं कर सके । जब तक मजदूरी करते हैं, साथ रहते हैं । बाकी समय में ऊँची जाति की भावना से लैस छोटी जाति के मजदूरों को हेय दृष्टि से देखते हैं । और यही बात मेघना की समझ में नहीं आती । जब मजदूर ही हो गया तब फिर ऊँची जाति और नीची जाति क्या ? मजदूर मजदूर होता है ।

काफी समय पहले मेघना अपने गाँव में कमाता था । किसी बाबू साहब का बनिहार बनकर, किसी का चरवाह बनकर, किसी का खेत ठीका-बटाई पर लेकर या छिट-फुट रूप से इधर-उधर काम कर । लेकिन पटना की बाढ़ ने उसके गाँव में इतने मजदूरों को भर दिया कि सबों को काम मिलना मुश्किल हो गया । चूँकि उसके गाँव के बाबुओं की संख्या अधिक थी, इसलिए बाहर के बेघर-बार हुए मजदूर कम मजदूरी में ही उसके गाँव के बाबुओं के यहाँ बनिहार, चरवाह और हलवाह बन गये । तभी से मेघना के गाँव के मजदूरों का एक झुण्ड शहर की ओर जाने लगा है । शहर में प्रायः सालों-भर कुछ-न-कुछ काम मिल जाता है ।

कुल्हड़िया से आरा जाते समय ट्रेन में एक दिन मेघना ने कुछ लोगों को पटना की बाढ़ के बारे में बतियाते हुए सुना था । वे काफी पढ़े-लिखे लोग थे । आपस में बतियाते हुए यह कह रहे थे कि पटना को बचाने के लिए जान-बूझकर उसके आसपास के इलाकों को डुबो दिया गया । आखिर पटना को बचाना भी तो जरूरी था । पटना बिहार की राजधानी है । वहाँ बड़े-बड़े अफसर, वकील, इंजीनियर, सेठ और नेता रहते हैं । उनकी जान की कीमत किसानों की जान की कीमत से अधिक है । उन्हें बचाना जरूरी था । वे जिन्दा रहेंगे तो राजकाज चलायेंगे । किसान तो मूर्ख होते हैं, वे रहें या न रहें ! एक मरेगा तो फिर कहीं-न-कहीं से एक दूसरा उसकी जगह पर आ ही जायेगा ।

मेघना बहुत कम पढ़ा लिखा है । वह केवल चिट्ठी-पत्री बाँचना-भर ही जानता है । लेकिन उस दिन ट्रेन में उन पढ़े-लिखे लोगों की बातों ने उसे

समझदार बना दिया । वह चार-पाँच दिनों तक घण्टों डूबकर उन लोगों की बातों पर सोचता रहा । उसे बराबर लगता कि उन लोगों की बातें गलत और अन्यायपूर्ण हैं । यह सरासर बेईमानी और अत्याचार है । और उसी दिन से मेघना ने बड़े-छोटे लोगों के महत्त्व को समझना शुरू किया और फिर धीरे-धीरे वह इतना समझ गया कि उससे कुछ भी छिपा नहीं रह सका । यह उसकी समझदारी का ही परिणाम था कि गाँव के मजदूरों ने उसे अपना अगुआ मान लिया । शहर में उसके गाँव के किसी भी मजदूर के साथ कोई भी वारदात होती, सबसे पहले मेघना को खबर की जाती । फिर वह जैसी राय देता, उस हिसाब से आगे काम किया जाता । हालाँकि मेघना ने कभी यह कोशिश नहीं की थी कि मजदूरों का वह अगुआ बने । मजदूरों के पक्ष में किये उसके कार्यों ने स्वतः उसे इस रूप में खड़ा कर दिया था । उसके गाँव के बड़े-बूढ़े और बच्चे मजदूर तक ने निर्विवाद रूप से उसे अपना हितैषी मानना शुरू कर दिया था ।

मेघना को वह दिन अच्छी तरह याद है, जिस दिन वह पहली दफा मजदूरी की तलाश में शहर की ओर निकला था । उस दिन उसके साथ सिर्फ चार व्यक्ति थे । कुल मिलाकर पाँच की संख्या में आरा उतरे थे । तब शहर भी उनके लिए नया-नया था । वे स्टेशन से चौक जानेवाली सड़क को पकड़ सीधे गोपाली चौक चले गये । फिर उससे आगे धर्मन चौक, फिर वहीं से मुड़कर चित्रटोली रोड होते कचहरी चले आये । इसके बाद रमना मैदान से गुजरते हुए शहीद भवन और महाराजा कॉलेज को लाँघते हुए कतिरा आ पहुँचे । हालाँकि इस बीच जगह-जगह उन्होंने काम के लिए पूछताछ की । लेकिन कहीं उन्हें काम नहीं मिला । शहर उनके लिए अपरिचित साबित हुआ । शहर की स्थितियों और शहर के लोगों ने दुःखद रूप से उन्हें आश्चर्यचकित और विस्फारित किया । दिन के तीसरे पहर में अपने गमछे की पोटली का सत्तू खाकर स्टेशन के नल का पानी उन सबों ने पिया । फिर शाम गहराने पर उदास मन और थके पाँव वे अपने गाँव वापस चल पड़े । रातवाली गाड़ी से वे लौट रहे थे । गाड़ी में ही कोइलवर के पास का एक मजदूर उन्हें मिला । परिचय और बातों के सिलसिले में उसने बताया कि सुबह एकदम तड़के आरा स्टेशन के पुरबारी गुमटी पर एक हेड मिस्त्री काम बाँटते हैं । वहाँ समय पर पहुँचने पर काम मिल जायेगा ।

दूसरी सुबह मेघना अपने साथियों के साथ एकदम भोर में ही आरा आ पहुँचा । फिर पुरबारी गुमटी पर जाकर हेड मिस्त्री को तलाशने लगा । वहाँ उसे बहुत सारे मजदूर मिले । मजदूरों ने ही उसे बताया कि हेड मिस्त्री साढे सात

बजे आयेंगे और आठ बजते-बजते सबों में काम बाँटकर चले जायेंगे। मजदूरों से पता चला कि हेड मिस्त्री शहर के बहुत बड़े मिस्त्री हैं। सैकड़ों मजदूर और मिस्त्री उनके अन्दर खटते हैं। शहर की पचासों बिल्डिगों के निर्माण का जिम्मा हेड मिस्त्री ने लिया है। वे सालों-भर काम देते हैं।

मेघना अपने साथियों के साथ सड़क के एक किनारे बैठकर हेड मिस्त्री की प्रतीक्षा करने लगा। वे ठीक सात बजे आ पहुँचे। बगुले की पंखों की तरह बिल्कुल सफेद कमीज पजामे में वे थे। उनके हाथ में सिगरेट जल रही थी। वे मोटर साइकिल से आये थे। उनके आते ही मजदूरों में सरगर्मी फैल गयी। एक चाय की दूकान के सामने की कुर्सी पर बैठकर उन्होंने रजिस्टर खोल दिया तथा नाम पुकार-पुकारकर मजदूरों को बुलाने लगे और खास-खास जगहों में भेजने लगे। करीब आठ बजते-बजते उन्होंने सभी मजदूरों को भेज दिया। इससे पहले कि वे वहाँ से जाते, मेघना और उसके साथियों को देखते ही वे पहचान गये। जैसे मजदूरों को पहचानने के लिए उनकी आँखें अभ्यस्त हो गयी हों। बिना मेघना और उसके साथियों के कुछ कहे उन्होंने पूछा—"काम चाहिए?"

"हाँ" एक ही साथ मेघना और उसके सभी साथियों ने जवाब दिया।

"कहाँ से आये हो?"

"भदवर से"—इस बार सिर्फ मेघना ने ही जवाब दिया।

"अच्छा, कुल्हड़िया स्टेशन के पास से।"

"हाँ।"

"रोज समय पर आ जाओगे?"

"हाँ।"

"यहाँ एक-दो दिन काम करनेवालों को काम नहीं दिया जाता। बराबर काम करनेवालों को काम मिलता है।"

"हम लोग बराबर आयेंगे। कभी नागा न होगा।"

"अच्छा ठीक है।" इसके बाद हेड मिस्त्री ने रजिस्टर पर बारी-बारी से सबों का नाम लिख लिया। फिर लेट आये एक मजदूर के साथ उन सबों को एक खास स्थान पर भेज दिया। वहाँ पहुँचकर मेघना और उसके साथियों ने देखा कि एक बहुत बड़ी बिल्डिग को तोड़कर नये सिरे से उसे बनाया जा रहा है। उसमें अनेकों मिस्त्री और मजदूर लगे हैं। उन्हें वहाँ पहुँचते ही काम पर लगा दिया गया। सीमेण्ट और बालू का मसाला बनाना तथा ईंटों को पानी में भिगोकर, मसाला और ईंटा दीवाल जोड़नेवाली मिस्त्री के पास पहुँचाने का काम उन्हें सौंपा गया। वे बहुत उत्साह और लगन के साथ अपने काम में लग गये।

लेकिन पुराने मजदूरों की तरह अपने से मसाला बनाने में वे चूक जाते। जब मिस्त्री बताता कि इतना टीन बालू में इतनी टीन सीमेण्ट फेंटकर बनाओ, तब वे बनाते। इस पर भी कुदाल और बेलचे से पुराने मजदूरों की तरह अपने से मसाला बनाने में वे मार खा जाते। चूँकि गाँव में एक लम्बे समय से खेती-गृहस्थी के कामों में ही वे जुड़े रहे थे इसलिए ईंट-मसाले का काम उन्हें अटपटा-सा लग रहा था। पुराने मजदूर और मिस्त्री जल्द ही यह समझ गये कि वे पहली दफा काम पर आये हैं फिर मिस्त्री और मजदूरों ने मेघना और उसके साथियों के ऊपर व्यंग और फब्तियाँ कसना शुरू किया—'नयी-नयी बहुरिया आती है तो ऐसे ही झिझकती-लजाती है। बाकी धीरे-धीरे सब सीख जाती है।'

लेकिन मेघना और उसके साथियों ने उस व्यंग का कोई जवाब नहीं दिया। वे चुपचाप अपने काम में लगे रहे। उसकी चुप्पी बहुत सार्थक हुई। मिस्त्री और मजदूरों ने उन्हें अपने काम में स्वीकार कर लिया। फिर दोपहर को एक घण्टे के लिए खाने की छुट्टी हुई। सभी मजदूर आँगन के नल के चारों ओर बैठकर घर से लाये अपना खाना खाने लगे। मेघना और उसके साथियों ने भी अपने अँगोछे में लपेटकर लाये अपने खाने को खोलकर सामने रख लिया। फिर वे खाने लगे। खाते वक्त मेघना ने एक बार नजर घुमाकर पुराने मजदूरों के खाने की ओर देखा कि कहीं वे उससे अच्छा खाना तो नहीं लाये हैं। लेकिन उसे यह देखकर आश्चर्य हुआ कि सबों के खाने में प्रायः एक जैसे पदार्थ ही हैं—मक्के या बाजरे की रोटी, जौ और खेसारी का सत्तू और आटे की लिट्टी, साथ ही प्याज के टुकड़े, हरी मिर्च और नमक तथा सूखे अचार आदि। मेघना को पुराने मजदूरों का अपने ही जैसा खाना देखकर साफ लग गया कि वे उसी तरह बाढ़ और अकाल के मारे हैं। परेशानियों और समस्याओं ने उन्हें मजदूरी करने के लिए विवश कर दिया है। फिर मन-ही-मन मेघना को सभी मजदूरों पर बहुत दया आयी। उसने अपने मन के अन्दर-ही-अन्दर उसी दिन मजदूरों के साथ भाईचारे की भावना स्थापित कर ली।

खाना खाते वक्त ही मेघना और उसके साथियों से पुराने मजदूरों ने नाम पता पूछा। फिर एक-दूसरे से परिचित हो गये। इसके बाद रोज की तरह पुराने मजदूर और मिस्त्रियों ने उस मकान और उसके मालिक को लेकर बातें शुरू कीं। उनकी बात सुनकर मेघना चौंक गया। उसे यह जानकर काफी आश्चर्य हुआ कि वह मकान मालिक बराबर अपने मकान को बनवाता और तुड़वाता है। जब भी कहीं से कोई नया मकान देखकर आता है, अपने मकान को तुड़वाकर उसी के अनुसार बनवाने लगता है। पिछले पच्चीस सालों से उसके

मकान में लगातार काम चल रहा है। यह तेरहवीं बार उसका मकान तोड़कर नया बनाया जा रहा है। वह शहर का एक बहुत बड़ा सेठ है। उसके कई बिजनेस हैं। पैसों की उसे कोई कमी नहीं।

मेघना उस मकान मालिक के बारे में जानकर काफी हैरत में पड़ गया। वह तो अपने गाँव के बाबुओं को ही अमीर आदमी समझता था। लेकिन उस मकान मालिक की जानकारी के बाद उसे अपनी छोटी समझ पर बहुत गुस्सा आया। उसे पहली दफा लगा कि शहर के सेठों की तुलना में गाँव के बाबुओं का कोई स्थान नहीं।

शाम के साढ़े पाँच बजे मेघना और उसके साथियों को छुट्टी मिली। अन्य सभी मजदूर उनसे पहले ही जा चुके थे। चूँकि वे नये-नये थे इसीलिए बेलचा, तगाड़ी और कुदाल आदि सामानों को उन्हें ही साफ करना पड़ा। अक्सर जो भी नये-नये मजदूर आते थे उन्हें ही ये काम करने पड़ते थे।

काम से लौटते वक्त मेघना और उसके साथियों ने हेड मिस्त्री की जानकारी प्राप्त की। उन्हें पता चला कि हेड मिस्त्री पुनः उसी गुमटी पर ही मिलेंगे। वे तेजी से उस गुमटी पर जा पहुँचे। उनके वहाँ पहुँचने से पहले ही मिस्त्री वहाँ पहुँच चुके थे तथा मजदूरों को पैसे बाँट रहे थे। वे भी हेड मिस्त्री के सामने जा खड़े हुए। हेड मिस्त्री ने उन्हें देखते ही कहा—''आज पैसे नहीं मिलेंगे। यहाँ रोज-रोज पैसे नहीं मिलते। एक हफ्ते पर पैसे मिलते हैं।''

मेघना और उसके साथियों ने जवाब नहीं दिया। वे भौंचक्के हुए एक-दूसरे का मुँह ताकते रहे। हेड मिस्त्री ने उनकी स्थिति समझ ली। फिर कहा—''ठीक है, मैं आज तुम लोगों को पैसे दे देता हूँ। लेकिन कल से हफ्ते बाद माँगना।''

इसके बाद हेड मिस्त्री ने रोज के हिसाब से मेघना और उसके साथियों को मजदूरी दे दी। वे शहर की अपनी पहली कमाई पा काफी खुश हो गये। खाने-पीने की कुछ आवश्यक सामग्री खरीद रातवाली गाड़ी से हँसते-गाते अपने गाँव लौट चले।

उस दिन के बाद से मेघना और उसके साथी रोज नियमतः काम पर जाने लगे। फिर धीरे-धीरे उनकी संख्या बढ़ने लगी। पाँच से दस, दस से पन्द्रह, पन्द्रह से बीस, और इसी तरह एक छोटे समय के भीतर ही उसके गाँव के मजदूरों का एक झुण्ड शहर जाने लगा।

शुरू-शुरू मेघना के मन में हेड मिस्त्री के प्रति काफी श्रद्धा जागी थी कि हेड मिस्त्री बहुत अच्छे आदमी हैं। मजदूरों के हमदर्द हैं। वे सैकड़ों मजदूरों को

रोज काम देते हैं। भगवान उन्हें सही सलामत रखें। लेकिन हेड मिस्त्री का असली रूप जानने के बाद उसे हेड मिस्त्री से घृणा हो गयी। हेड मिस्त्री मजदूरों का हमदर्द नहीं, बल्कि दुश्मन है। वह मजदूरों का खून चूसनेवाला है। मकान मालिक, मजदूर और मिस्त्री भेजने तथा अपनी निगरानी में मकान बनवाने के एवज में हेड मिस्त्री को काफी पैसे देते हैं। पूरे शहर में मिला-जुलाकर हेड मिस्त्री की करीब तीन हजार रुपये माहवारी पड़ जाते हैं। लेकिन हेड मिस्त्री का इससे भी पेट नहीं भरता। जिन मजदूरों के चलते उसे इतने रुपये मिलते हैं, उन मजदूरों की मजदूरी में से भी वह एक रुपया काट लेता है। और सबकुछ जानते हुए भी मजदूर कुछ नहीं बोलते हैं। आखिर वे कैसे बोलें? हेड मिस्त्री रोज उन्हें काम जो देता है।

हेड मिस्त्री की दूसरी ज्यादती मेघना को यह मालूम हुई कि वह सभी मजदूरों को समान दृष्टि से नहीं देखता है। अक्सर होता यह है कि जब कोई मजदूर काम करते-करते पुराना पड़ जाता है तथा काम करने में काफी तेज-तर्रार होता है तब उसे मजदूर से मिस्त्री बना दिया जाता है। उसकी मजदूरी सीधे दुगनी हो जाती है। साथ ही उसकी इज्ज़त बढ़ जाती है। शहर से लेकर गाँव तक वह मिस्त्री जी के आदरपूर्ण सम्बोधन से पुकारा जाने लगता है। लेकिन हेड मिस्त्री ईमानदार और वास्तव में मिस्त्री बनने के योग्य मजदूरों को मिस्त्री नहीं बनाता। वह बराबर वैसे ही मजदूरों को मिस्त्री बनाता है जो खुशामदपरस्त होते हैं, जो हेड मिस्त्री को घूस देते हैं, जो हेड मिस्त्री के बँगले पर अपने गाँव से सब्जी और दूध-दही पहुँचाते हैं, जो हेड मिस्त्री के आगे-पीछे पालतू कुत्ते की तरह दुम हिलाते रहते हैं।

जब हेड मिस्त्री के अन्दर काम करते हुए मेघना को पूरे आठ महीने हो गये तब मज़दूर से मिस्त्री बनने की चाह उसके मन में भी जागी। हालाँकि यह चाह अपने आप उसके मन में ही नहीं जागी थी, बल्कि उसके साथ काम करनेवाले मजदूरों ने उसकी कार्य-कुशलता देखकर यह चाह उसके मन में जगायी थी। एक-दो मकान मालिकों ने भी उसे कहा था कि अब वह मिस्त्री बन जाय। मिस्त्री का सब काम तो वह जान गया। लेकिन हेड मिस्त्री ने उसके प्रस्ताव को बहुत बेरहमी से ठुकरा दिया। जबकि उसके बाद आये कुछ मजदूरों को, जिन्हें कायदे से मजदूरी करना भी नहीं आता था, हेड मिस्त्री ने मिस्त्री बना दिया। हेड मिस्त्री के इस अन्याय और पक्षपात ने मेघना को कहीं भीतर तक झकझोर दिया। उसने उसी समय तय कर लिया कि वह अब और अधिक दिनों तक हेड मिस्त्री के नीचे काम नहीं करेगा। अपने गाँव के अन्य मजदूरों को भी उसने यह

बात बतायी । फिर मेघना और उसके गाँव के सभी मजदूर मन-ही-मन स्वतन्त्र रूप से काम करने के लिए जगह तलाशने लगे । चूँकि अब वे शहर के लिए नये नहीं रह गये थे, इसलिए कहीं भी आने-जाने और पूछ-ताछ करने में उन्हें संतोष ही मिलता था कि स्वतन्त्र रूप से काम करने के लिए वे तैयारी कर रहे हैं ।

और सचमुच एक दिन उनकी तैयारी सार्थक सिद्ध हुई । मेघना ने वैसे कई मुहल्ले का पता लगा लिया, जिनमें काफी नये मकान बन रहे थे । वहाँ प्रत्येक मजदूर को रोज के हिसाब से मजदूरी दी जाती थी । बस, फिर क्या था ? मेघना ने गाँव के सभी मजदूरों के साथ चुपके से एक दिन हेड मिस्त्री को छोड़ दिया । हालाँकि इसके लिए उन्हें काफी घाटा सहना पड़ा । हेड मिस्त्री कभी किसी मजदूर की पूरी मजदूरी चुकता नहीं करता था । हर मजदूर की दो या तीन दिन की मजदूरी वह बराबर अपनी मुट्ठी में रखता था, ताकि कोई मजदूर भागने न पाये । मेघना और उसके साथियों की भी दो दिन की मजदूरी हेड मिस्त्री की मुट्ठी में थी । लेकिन अपनी स्वतन्त्रता के लिए वे इस मजदूरी को बाज गये । अब कोई उनकी मजदूरी में से कमीशन नहीं लेगा । अब कोई मिस्त्री बनने से उन्हें नहीं रोकेगा । अब रोज-रोज उन्हें मजदूरी मिलेगी । इस स्वतन्त्रता को अपनाने के लिए दो दिन की मजदूरी उन्होंने आसानी से त्याग दी ।

बस, उसी दिन से मेघना और गाँव के मजदूर स्वतन्त्र हो गये । वे अपनी मर्जी के हिसाब से काम करने लगे । रोज सुबह काम पर जाते और शाम को मालिक से मजदूरी लेकर गाँव लौट आते । अब उन्हें बहुत शान्ति और इत्मीनान महसूस होता । चूँकि इस काम का एकमात्र श्रेय मेघना को था, इसीलिए उसके गाँव के सभी मजदूरों ने निर्विवाद रूप से उसे अपना अगुआ स्वीकार कर लिया ।

मेघना के मजदूर चाहे जहाँ काम करते, दोपहर को खाना खाते वक्त जरूर मिलते । चूँकि उनकी संख्या बहुत अधिक थी इसीलिए एक जगह न रहकर कई जगहों में उन्हें बटना पड़ता । लेकिन इससे कोई फर्क नहीं पड़ता । मेघना की एक आवाज पर उसके गाँव के सभी मजदूर हाजिर हो जाते । वह जो कहता, सब आँख मूँदकर उसकी बात मान लेते । सबों के अन्दर यह धारणा दृढ़ हो गयी थी कि मेघना चाहे जो भी करेगा, उनकी प्रगति और फायदे के लिए ही करेगा । उन्हें धोखा कभी नहीं देगा ।

मेघना और उसके गाँव के मजदूरों के लिए वे समय बहुत अनुकूल समय थे । उनके आपसी संगठन ने उन्हें काफी मजबूत और उत्साही बना दिया था । वे जी तोड़कर कमाते थे और अपने हक के लिए मालिक से लड़ बैठते थे ।

हालाँकि ऐसा अवसर बहुत कम ही आता थां। क्योंकि कोई-कोई मालिक ही उन्हें मजदूरी देते समय इधर-उधर करते थे। आमतौर पर तो सभी मालिक बिना हुज्जत मजदूरी चुका देते थे। अगर कोई मालिक बहुत ही ज्यादती पर उतर जाते, तो मेघना उनसे निपट लेता। हाथ जोड़कर बातचीत कर, डरा-धमकाकर, जिस तरह हो मेघना उनसे हिसाब-किताब चुकता कर ही लेता। मेघना की चतुरता और समझदारी से उसके गाँव के सभी मजदूरों को काफी खुशी होती। उन्हें इस बात का गर्व था कि मेघना उनके साथ कभी भी मनमानी और ज्यादती नहीं होने देगा। अब वे ठगे और लूटे नहीं जायेंगे।

एक लम्बे समय तक मेघना और उसके गाँव के मजदूर इसी तरह स्वतन्त्र रूप से कमाते-खाते रहे। हालाँकि यह बात अलग है कि इस मजदूरी से वे कभी आराम-चैन की जिन्दगी नहीं बिता पाये। मुश्किल से सिर्फ दोनों जून की रोटी ही जुटा पाते। फिर भी उन्हें इस बात का सन्तोष था कि वे अपनी मन-मर्जी के मुताबिक कमा-खा रहे हैं। किसी के सामने हाथ पसारकर गिड़गिड़ाते नहीं हैं।

ऐसे में ही अचानक रेल बाबू को लेकर एक ऐसी घटना घट गयी कि मेघना सहित उसके गाँव के सभी मजदूर चिन्ताओं में पड़ गये। अन्य मजदूरों ने तो उस घटना के बाद भी काम पर जाना बन्द नहीं किया। लेकिन मेघना को उस घटना ने इस कदर क्षत-विक्षत और बेचैन कर दिया कि पिछले तीन-चार दिनों से वह काम पर भी नहीं जा सका। जिस बात की उसे तनिक भी सम्भावना नहीं थी, वही बात हो गयी। शहर से लेकर गाँव तक उन्हें घेर लिया गया। अब वे अपने हक और मजदूरी के लिए किसी मालिक से नहीं लड़ सकते। समूह बनाकर अपने जीविकोपार्जन की समस्या हल नहीं कर सकते। दिन-भर मजदूरी करने के बाद मालिक से दया की भीख की तरह पैसे माँगने होंगे। मालिक से जवाब-तलब नहीं करना होगा। अगर मालिक पैसे नहीं देंगे तो माथा झुकाकर वहाँ से चला आना होगा। उनसे लड़ाई नहीं करनी होगी।

मेघना को अगर शुरू में ही यह मालूम होता कि इस तरह की स्थिति उत्पन्न होगी तो वह रेल बाबू के काम पर कभी नहीं जाता। रेल बाबू से उसका कोई भी परिचय नहीं था। रेल बाबू का बँगला भी शहर की भीड़भाड़ से अलग था। वह पहला दिन था, जब मेघना अपने एक मजदूर साथी जगुआ के साथ उस बँगले की ओर काम की खोज में निकला था। वहाँ आने पर उन्हें पता चला कि वह बँगला रेलवे के एक बहुत बड़े अफसर का बँगला है। उस बँगले के अन्दर साग-सब्जी और फूल-पत्ती लगाने लायक काफी परती जमीन मेघना

और जगुआ ने देखी। चूँकि मौसम फूल-पत्ती और साग-सब्जियों के बोआई का चल रहा था, इसीलिए उस बँगले में उन्हें काम मिल गया। बँगले के मालिक का नाम और पद इतना टेढ़ा-मेढ़ा था कि वे सही-सही उसका उच्चारण नहीं कर सकते थे, इसीलिए रेल बाबू के नाम से ही वे उन्हें सम्बोधित करने लगे।

उस दिन दिन-भर काम करने के बाद जब शाम को अपनी मजदूरी माँगने के लिए वे रेल बाबू के सामने उपस्थित हुए तो वे बोले—''अभी और दो-तीन दिनों का काम है। कल काम पर आना तो पैसा ले लेना।''

मेघना ने कहा—''हम रोज काम करते हैं और रोज मजदूरी ले लेते हैं। इसी मजदूरी से हमें राशन-पानी का इन्तजाम करना पड़ता है।''

''ठीक है। लेकिन आज-भर सब्र करो। मैं कह रहा हूँ न कि कल तुम लोगों की मजदूरी दे दूँगा।''

इसके बाद मेघना ने जगुआ की ओर देखा और जगुआ ने मेघना की ओर। फिर वे दोनों वहाँ से लौट आये। दूसरे दिन वे पुनः वहाँ जा पहुँचे। फिर दिन-भर रेल बाबू के उस बँगले में अथक परिश्रम करते के बाद शाम को मजदूरी के लिए उनके सामने उपस्थित हुए। इस बार रेल बाबू अपने बैठक से निकलकर उन दोनों के साथ अपने बँगले की जमीन का मुआयना करने लगे। फिर बोले—''अब तो सब जमीन तैयार हो गयी है। सिर्फ कल-भर का काम रह गया है। मैं फूलों की बियड़ी (गाँछी) और सब्जियों के बीज बाजार से मँगवाकर रखूँगा। कल तुम लोग आकर इसका काम पूरा कर देना।''

''ठीक है। लेकिन आज हम लोगों की मजदूरी मिल जानी चाहिए।''

''अब एक ही साथ पूरा ले लेना। थोड़ा-थोड़ा लेकर क्या करोगे?''

''नहीं साहब, हम लोगों का काम नहीं चलेगा। कल ही हम लोग कितने दिक्कत से राशन-पानी जुटा पाये थे।''

''आज-भर और कहीं से जुटा लेना। कल तुम लोगों का सब दे दूँगा।''

''नहीं साहब, यह नहीं होगा।''

''तो लो ये पाँच रुपये। इसी में बाँटकर दोनों आदमी काम चला लेना। कल तुम लोगों का जोड़-जाड़कर पूरा साफ कर दूँगा।''

रेल बाबू की यह बात मेघना को ठीक नहीं लगी। उसने उनके पाँच रुपये लौटा दिये और कहा—''इसे रख लीजिए। कल ही हम लोगों को दीजियेगा।''

इसके बाद वे अपने गाँव लौट चले। रास्ते में मेघना ने जगुआ से कहा कि यह आदमी तो हेड मिस्त्री का भी बाप मालूम पड़ता है। लेकिन अब सिर्फ कल-भर का ही तो काम है। कल के बाद वे इधर नहीं आयेंगे। दो दिन खटे हैं

तो एक दिन और खटकर अपना पूरा पैसा ले लें।

तीसरे दिन वे नियत समय पर वहाँ पहुँचे। रेल बाबू ने बियड़ी और बीज मँगवाकर रखा था। हालाँकि एक दिन से कुछ अधिक का काम था। लेकिन मेघना और जगुआ ने शाम तक पूरी जमीन की बोआई कर दी। फिर अपनी मजदूरी के लिए रेल बाबू के सामने वे जा खड़े हुए। रेल बाबू ने बीस रुपये उनके सामने बढ़ाये। मेघना ने रुपये गिनकर उन्हें वापस कर दिया। कहा—''यह तो कम हैं।''

''कम नहीं हैं। दूसरे मजदूर पन्द्रह रुपये में ही इस पूरी जमीन की बोआई का ठीका माँग रहे थे, लेकिन मैंने नहीं दिया। तुम लोगों को अधिक दे रहा हूँ।''

''लेकिन आपने तो रोज के हिसाब से हमें तय किया था।''

''तय करने से क्या हुआ? जितना काम करोगे उतना ही पैसा लोगे न।''

''हम लोगों ने अधिक का काम किया है। लेकिन आप ये बीस रुपये दे रहे हैं।''

''मुझे अन्धा न बनाओ। मैं रेलवे में रोज़ हजारों मजदूरों को खटाता हूँ। मुझे सब पता है, कितने का काम तुम लोगों ने किया है?''

''लेकिन हम लोग रोज के हिसाब से कम नहीं लेंगे। शुरू में ही आपने हमें क्यों नहीं कह दिया था?''

''तुम लोग इस तरह से बढ़-बढ़कर बात मत करो। तुम्हें पता है, किससे बात कर रहे हो?''—रेल बाबू कुछ गर्माये।

''साहब आप कोई हों, हमें इससे क्या मतलब। हमने खून-पसीना एक कर काम किया है। हम अपनी उचित मजदूरी लेंगे ही।''—मेघना भी तन गया।

''जाओ, मैं तुम्हें एक पैसा भी नहीं दूँगा।'' रेल बाबू गरज पड़े।

मेघना जगुआ के साथ वहाँ से लौट चला। लौटते हुए उसने अपनी दहाड़ रेल बाबू को सुना दी—''हम भीख नहीं माँग रहे हैं। जब काम करने की शक्ति हमारी भुजाओं में है, तो मजदूरी वसूल करने की शक्ति भी है। हम आपसे पाई-पाई वसूल कर लेंगे।''

रेल बाबू ने गरजते हुए उसकी बात का जवाब दिया—''जाओ-जाओ, तुम्हारे जैसे सैकड़ों मजदूरों को मैं रोज चराता हूँ। उल्टा-सीधा बकने की कोशिश करोगे तो सीधे अन्दर भिजवा दूँगा। जेल की चक्की चलानी पड़ेगी।''

इसके बाद पाँव पटकते हुए मेघना और जगुआ वहाँ से चले गये। रेल बाबू गुस्से में अनाप-सनाप बकते हुए बरामदे में टहलते रहे।

उस दिन चूँकि शाम गहरा गयी थी, इसीलिए मेघना और जगुआ रोज की भाँति गाँव लौट गये । लेकिन रास्ते में ही अपने गाँव के मजदूरों से मेघना ने सारी योजना तय कर ली । फिर अगले दिन दोपहर को तीस मजदूरों के साथ मेघना रेल बाबू के बँगले पर जा पहुँचा । उस समय रेल बाबू दोपहर का खाना खाकर आराम कर रहे थे । मेघना ने आवाज लगाकर उन्हें पुकारा । रेल बाबू ने बैठक की खिड़की खोलकर देखा, मेघना के साथ मजदूरों की एक लम्बी-चौड़ी भीड़ थी । वे हैरत में पड़ गये । फिर खिड़की के अन्दर से ही बोले—''क्या काम है ?''

''हमारी मजदूरी दे दीजिए''—मेघना ने सामने आकर कहा ।

''तो तुम इतने मजदूरों को इसीलिए लेकर आये हो ?''

''क्या करूँ, सीधे मन से तो आप दे नहीं रहे थे ।''

''तो तुम्हारे इस डराने-धमकाने से दे दूँगा । पहले तो देने को सोचा भी था लेकिन अब एक पैसा नहीं दूँगा । मेरे अन्तर्गत रोज हजारों मजदूर हड़ताल करते हैं । मुझे इसका गम नहीं है । सीधे मन से मेरे हाते से बाहर निकल जाओ ।''

''बिना मजदूरी लिये हम नहीं निकलेंगे, अपनी मजदूरी-भर सामान यहाँ से लेकर ही जायेंगे । देखता हूँ आप कैसे नहीं देते हैं मजदूरी ।''

''तुम लुटेरे हो । गुण्डे हो । मैं पुलिस बुलाकर तुम्हें गिरफ्तार करवाता हूँ ।''

मेघना ने इस बार कोई जवाब नहीं दिया । उसे साफ नजर आ रहा था । रेल बाबू पुलिस स्टेशन में फोन कर रहे थे । उसने मुड़कर अपने साथियों की ओर देखा । जाने क्या था उसकी नजर में कि उसके साथी रेल बाबू को भद्दी-भद्दी गालियाँ बकते हुए उनका दरवाजा पीटने लगे । रेल बाबू ने उन्हें डराने के लिए बन्दूक से झूठी फायर किया । एक क्षण के लिए वे जरूर डर गये । लेकिन पुनः दरवाजा पीटने लगे । इसी समय दूर से आती पुलिस की गाड़ी उन्हें दीख गयी । वे टुकड़ों-टुकड़ों में बँटकर वहाँ से भाग चले । भागने से पहले मेघना ने रेल बाबू को सुनाकर कहा—''देखता हूँ, कब तक पुलिस रक्षा करती है ?''

इसके बाद मेघना अपने साथियों के साथ गाँव चला आया । फिर यह तय हुआ कि चार दिन के बाद हमला बोला जायेगा तथा मजदूरी-भर सामान वहाँ से लेकर भाग आया जायेगा । लेकिन यह सारी सोचावट गलत हो गयी । रेल बाबू की सोचावट और योजना उनसे कहीं अधिक तगड़ी साबित हुई । रेल बाबू ने उन्हें आसानी से अपने कब्जे में कर लिया ।

अभी हाल की ही बात है । चार-पाँच दिन पहले की ही । रेल बाबू के बँगले

पर हमला करने के लिए मेघना अपने साथियों के साथ तैयारी कर ही रहा था कि अचानक रेल बाबू उसके गाँव आ धमके। दरअसल, रेल बाबू ने सोचा कि आखिर वे पुलिस की कब-कब सहायता लें ? साँप का बिल पता लगाकर उसकी सूराख ही बन्द कर दें, ताकि वह उसी में मर जाये। इसीलिए रेल बाबू ने मेघना और उसके साथियों की जानकारी लेते-लेते उनके गाँव का पता लगा लिया। फिर एक सुबह एकदम नीम अँधेरे ही वे उनके गाँव आ धमके। उन्होंने मेघना और उसके साथियों का नाम भी पता लगा लिया था। गाँव आने पर सबसे पहले गाँव के बाबुओं से उन्होंने मुलाकात की। दरअसल, वे अपने साथ एक ऐसे आदमी को लेते आये थे, जो उस गाँव के बाबुओं का पूर्व परिचित था। उस गाँव के बाबू लोग रेल बाबू का परिचय जान तथा उनकी परेशानी सुन अपने गाँव के मजदूरों पर आगबबूला हो उठे। बाबू तेगासिंह के दालान पर बैठक लगी। गाँव के प्रायः सभी बाबू लोग यह सुनकर कि रेलवे के एक बहुत बड़े अफसर उनके गाँव आये हैं, उनकी अगवानी में जुटने लगे। उधर तेगासिंह और गाँव के कुछ प्रमुख बाबुओं ने अपने नौकरों को भेजकर गाँव से शहर जानेवाले सभी मजदूरों को तेगासिंह की बैठक पर हाजिर होने का आर्डर दे दिया।

मेघना रोज की भाँति अपने मजदूर साथियों के साथ शहर जाने के लिए निकला ही था कि ऐसे मौके पर बाबू तेगासिंह के दालान पर उपस्थित होने का आर्डर उसे मिला। बात क्या है, वह कुछ भी समझ नहीं पाया ! उसे आर्डर देनेवाला नौकर बिना कुछ भी बताये आगे बढ़ गया। उसके अन्य मजदूर साथियों को भी कुछ मालूम नहीं हो सका। मेघना तथा उनके साथियों को लगा कि उनको आर्डर देनेवाले नौकरों को पूरी बात बताने के लिए मना कर दिया गया है। खैर···

मेघना और उसके साथी जब बाबू तेगासिंह के दालान पर पहुँचे, तब यह देखकर उन्हें भयंकर आश्चर्य हुआ कि बड़ टोली के बाबुओं से घिरे रेल बाबू, तेगासिंह के दालान पर मसनद के सहारे बैठे हैं। अपने गाँव में अचानक इस तरह रेल बाबू को आये देख मेघना भौंचक रह गया। उसके सभी साथी भी हैरत में पड़ गये। अभी कुछ सोच भी नहीं पाये थे कि तेगासिंह ने रेल बाबू से पूछा—"साहब, पहचानिए तो इनमें कौन-कौन थे ?"

रेल बाबू ने मेघना और जगुआ की ओर इशारा करते हुए बताया—"पहले तो ये ही दोनों आये थे। लेकिन बाद में गाली-गलौज करते हुए ये (वहाँ उपस्थित मजदूरों) सभी आये।"

"अच्छा तो सालों की यह हिम्मत !—" तेगासिंह गरजे। इसके बाद

रंगुनराय बोले—"क्यों रे मेघना । तू सब गाँव की इज्ज़त लेने पर ही पड़ गया है । इन साहब के डेरे पर तुम सब क्यों गाली-गलौज करने गये थे ?"

"हम अपनी मजदूरी माँगने गये थे"—मेघना ने कहा ।

इससे पहले कि रंगुनराय बोलें, जोरावरसिंह बीच में कूद पड़े—"साले ईमानदार बनते हो । साहब को झूठा बना रहे हो, शहर जाकर बड़े आदमियों के साथ बदमाशी करते हो । घर से बाहर निकलना बन्द कर दिया जायेगा । घुट-घुटकर साले मर जाओगे ।"

"इस तरह डाँटने से काम नहीं चलेगा"—तेगासिंह जोरावरसिंह से आगे बढ़ते हुए गरजे—"मँगा लो रस्सी और सालों को बाँधकर यहीं धूप में पार दो । ये साले गुट बनाकर बड़े आदमियों से लड़ने लगे हैं ।"

"नहीं, इन्हें बाँधिये मत, छोड़ दीजिए ।" रेल बाबू ने खड़ा हात हुए कहा ।

मेघना ने माथा घुमाकर अपने साथियों की ओर देखा । सभी उसे माथा झुकाए काँपते से जान पड़े । उसने भी माथा झुका लिया । बचपन से ही जिनके सामने वे बराबर माथा झुकाये रहे, अब एकाएक कैसे उठा लें ? गाँव बाबू लोगों का है । वे लोग गाँव के मालिक हैं । उनके विरुद्ध बोलने का साहस वे कैसे करें ? उनकी मर्जी के खिलाफ चलने पर गाँव में उनका रहना मुहाल हो जायेगा ।

मेघना और उसके साथी बन्दियों की तरह माथा झुकाये खड़े रहे । अंततः बाबू तेगासिंह ने उन्हें यह कहकर मुक्त किया कि इस बार छोड़ दिया जा रहा है । लेकिन अगली बार से अगर फिर कोई ऐसी खबर मिली तो तुम लोग जानोगे और तुम्हारा हाल जानेगा । फिर तुम्हें एक दिन के लिए भी गाँव में रहने नहीं दिया जायेगा ।

और मेघना उसी दिन से बेचैन है । रेल बाबू की घटना से उत्पन्न इन बातों ने मेघना को बेचैनी के चरम क्षणों में ला दिया है । वह गहरे सोच में डूबा कोई रास्ता निकाल रहा है । जब तक इन स्थितियों से निस्तार पाने के लिए वह कोई निर्णय नहीं लेगा, कैसे मजदूरी करेगा ? दिन-भर जी तोड़कर खटने के बाद वह भीख की तरह पैसे क्यों माँगेगा ? क्यों उनकी शहर की आवाज गाँव में दबायी जायेगी ? आखिर उनके साथ यह ज्यादती क्यों होगी ? और इस ज्यादती को चुपचाप वे कब तक सहते रहेंगे ?

कुल्हड़िया स्टेशन पर सुबह से बैठे-बैठे मेघना ने शाम कर दिया । कई गाड़ियाँ आयीं और चली गयीं । लेकिन उसे तो रातवाली गाड़ी की प्रतीक्षा है । रोज की भाँति रातवाली गाड़ी से उसके मजदूर साथी लौटेंगे । वह आज सबों को रोककर

उनका निर्णय पूछेगा ? अभी तक उन्होंने कोई निर्णय लिया कि नहीं ? सवाल सिर्फ एक रेल बाबू का नहीं है। अपने हक और रोटी के लिए उन सब लोगों के बारे में उन्हें सोचना है, जो रोड़े बनकर सामने उपस्थित हो जाते हैं।

पिछले दो-तीन दिनों की बेचैनी के उपरान्त मेघना ने आज रास्ता तय कर लिया। उसने सोच लिया कि आज वह सीधे अपने मजदूर साथियों से कह देगा कि अब गाँव के बाबुओं से भी टकराना होगा। बात सिर्फ शहर की हो तो कोई बात नहीं थी। लेकिन शहर के मालिक के साथ गाँव के बाबू भी मिल गये हैं। हम गाँव के बाबुओं के बनिहार, चरवाह तो नहीं कि वे अपना रोब हमें दिखायेंगे। हम उनकी जमीन पर नहीं बसे हैं। उनसे हमारा कुछ लेना-देना भी नहीं है, वे लाख मनमानी करते हैं, तब भी हम उनके बीच नहीं जाते हैं। फिर वे हमारे बीच क्यों आते हैं ?⋯हमें जान की बाजी लगाकर भी उनका जवाब देना होगा, नहीं तो वे हर बार इसी तरह शहर के मालिकों से मिलकर हमें दबाते रहेंगे।

मेघना को लगा कि उसकी बात सभी मजदूर साथी स्वीकार करेंगे। फिर भी शुरू में चिन्ताओं में पड़ जायेंगे। गाँव के बाबुओं के विरुद्ध खड़ा होनेवाली बात उन्हें कुछ भयभीत करेगी। वे अपनी चिन्ता व्यक्त करते हुए कहेंगे कि गाँव के बाबुओं से टकराने पर उन्हें चोर-बदमाश कहकर जेलों में बन्द करवा दिया जायेगा। उनके बाल-बच्चों को तकलीफ होगी। उनकी घरवाली को बेइज्जत किया जायेगा, आदि।

मेघना को लगा कि सचमुच यह एक अहम सवाल है। फिर उसने सोचा कि वह अपने मजदूर साथियों को समझायेगा कि कौन-सी उनकी इज्ज़त बची है जो बाद में चली जायेगी ? उनके बाल-बच्चों को कौन-सी तकलीफ नहीं हैं जो बाद में होंगी ? उन्हें जेल भेजकर किस मुसीबत में डाला जायेगा, जिस मुसीबत में आज उन्हें नहीं डाला जा रहा है ? उनके सामने एकमात्र रास्ता है अपने हक के लिए बाबुओं से टकराना। उनसे टकराने के बाद बाबू लोग भी तो आराम से नहीं रहेंगे। उनका सुख-चैन भी खत्म हो जायेगा। फिर वे शहर के मालिकों से मिलकर उन्हें दबाने से भय भी तो खायेंगे। जब एक छोटी-सी चींटी पाँव पड़ने पर अपनी शक्ति-भर काटने से नहीं बाज आती, तब हम फिर मनुष्य होकर क्यों चुपचाप सहेंगे ?

मेघना को लगा कि उसकी इस बात पर उसके सभी साथी तैयार हो जायेंगे। अगर कुछ तैयार न भी होंगे तो भी कोई फर्क नहीं पड़ेगा। कुछ समय

के बाद जब लड़ाई छिड़ जायेगी, उन्हें भी तैयार होना पड़ेगा। बिना इसके और दूसरा कोई रास्ता भी तो नहीं ?

मेघना देह झाड़कर खड़ा हो गया। पिछले दो-तीन दिनों के बाद आज पहली दफा उसने भरपूर शान्ति महसूस की। अपने बदन को एक झटका दे वह रेलवे लाइन के उस पार जा खड़ा हुआ। उसने देखा, सिग्नल हो गया था। अब गाड़ी आने ही वाली थी। वह माथा उठाकर उस तरफ देखने लगा, जिधर से गाड़ी आ रही थी।

तिरिया जनम

गाँव की रात । प्रथम चरण में ही सन्नाटा । शहर में जहाँ दस बजने से पहले किसी को रात होने का आभास ही नहीं होता, वहीं गाँव में सात-आठ बजते-बजते लोग खा-पीकर सो जाते हैं। अपवादस्वरूप कुछ विद्यार्थी लालटेन जलाकर ज़रूर पढ़ रहे होते हैं । लेकिन उससे रात के सन्नाटे में कोई फर्क नहीं पड़ता ।

सुनयना अपने कमरे में अकेली बैठी है । आज पति ने फिर उसे पीटा है । कमर और पीठ पर काफी चोट लगी है । वैसे तो सुनयना काफी समय से अपने पति की मार सहती आ रही है । लेकिन आज की मार की पीड़ा उसके लिए सबसे गहरी है । उसकी जवानी में ही पति ने दूसरी शादी कर ली है । आज ही तो उसके पति की नई पत्नी आई है । और वह अपने भाग्य पर आठ-आठ आँसू बहा रही है ।

प्रारम्भ में सुनयना को लगता था कि दोष उसके पति का है । उसका पति कुविचारी और निर्दयी है । बात-बात पर हाथ चला देता है । फिर उसे लगता कि सास का दोष है । वे ही लगा-बुझा देती हैं । फिर ननद को दोष देती । कभी अपने माँ-बाप को ही दोषी ठहराने लगती कि ऐसे घर में उन लोगों ने उसकी शादी क्यों की ? लेकिन काफी समय बीत जाने के बाद अब सारी बातें उसके सामने स्पष्ट हो गई हैं । वह जान गई है दोष किसी और का नहीं, उसके स्वयं का है । उसने नारी जनम पाया है, यही उसका सबसे बड़ा कसूर है । वह देख रही है, दो-चार औरतों को छोड़कर गाँव की शेष सारी औरतों की स्थिति उसी की तरह है । यह बात अलग है कि किसी के साथ समस्या कुछ है तो किसी के साथ कुछ । लेकिन नारी होने का दण्ड सब अपनी-अपनी तरह से भुगत रही हैं ।

सुनयना को अच्छी तरह याद है, बचपन में लिखने-पढ़ने की उसकी बड़ी इच्छा थी । स्लेट-पेन्सिल के लिए वह अपने बड़े भाइयों से झगड़ पड़ती थी । अपने हमउम्र बच्चों के साथ स्कूल जाना उसे बहुत भला लगता था । उसके

भाई स्कूल जाने के बहाने घर से निकलते और गली में छिपकर कंची खेलने लगते। लेकिन वह नियमित स्कूल जाती। पेन्सिल से स्लेट पर अक्षरों की दुनिया से वह परिचित होती तथा बच्चों की अपनी पुस्तिका में बाघ, भालू, सिंह, बानर, ऊँट आदि की तसवीरें देखकर आश्चर्यचकित हो जाती। अक्षरों और चित्रों की दुनिया उसे बहुत मनोरम लगती। वह तन्मय हो उस दुनिया का रहस्य जानने के लिए जी-जान से जुट जाती। शाम को दालान पर लालटेन के सामने जब बाबा सवाल पूछते तो उसके भाई अपना चेहरा छुपाने लगते। लेकिन वह बाबा के सवालों का जवाब धड़ाधड़ देती। एक से सौ तक गिनती करती। कोई भी पहाड़ा बाबा पूछते, मुँहज़बानी सुना देती। बच्चों की अपनी पुस्तिका बाबा के सामने ही बाँचकर दिखा देती। यह देखकर टोला-पड़ोस के लोग उसके बाबा से कहते—'बलभदरसिंह…छोकरों से बिटिया तेज है…पढ़ने-लिखने में बहुत काबिल निकलेगी…इसे ऊपर तक पढ़ाना…'

लेकिन अपर प्राइमरी स्कूल पास करने के बाद उसकी पढ़ाई बंद हो गयी। गाँव में अपर प्राइमरी स्कूल तक की ही पढ़ाई की व्यवस्था है। मिडिल स्कूल और हाई स्कूल के लिए गाँव से दो मील दूर हसन बाज़ार कस्बे में जाना पड़ता है। गाँव के लड़के जाते हैं; लेकिन लड़कियों को नहीं जाने दिया जाता। सुनयना ने अपने बाबा से बहुत ज़िद की थी कि भाइयों के साथ वह भी मिडिल स्कूल में पढ़ने जायेगी, लेकिन उसके बाबा ने कहा था—'लड़कियों का अधिक पढ़ना-लिखना ठीक नहीं होता, नौकरी तो उन्हें करनी है नहीं। घर-बार सँभालना है। चिट्ठी-पत्री लिखना-बाँचना जान गयी हो, बस यह काफी है।'' माँ-बाप ने भी यही कहा था। सुनयना को अपने घरवालों की इस बात से बहुत तकलीफ हुई थी। लेकिन यह देखकर कि गाँव की प्रायः सभी लड़कियों की पढ़ाई बंद कर दी गयी थी, सुनयना ने इसे अपनी नियति मानकर स्वीकार कर लिया। उसके बाबा और घरवालों की राय गाँव के लोगों की राय से बिलकुल मिलती-जुलती थी। अपवादस्वरूप गाँव की एक लड़की कस्बे में पढ़ने जाती थी। उसके पिता शहर में नौकरी करते थे। लेकिन उस लड़की के बारे में गाँव के लोगों की अच्छी धारणा नहीं थी। लोगों के अनुसार वह शहरी थी। पढ़-लिखकर मर्दों के साथ नौकरी करेगी! उसकी कोई इज्ज़त-आबरू नहीं, आदि-आदि।

सुनयना को आज लगता है कि उसके घरवालों ने पढ़ाई-लिखाई से उसे वंचित कर परकटे पक्षी की तरह एक घर के अन्दर फुदकने और छटपटाने के लिए छोड़ दिया है। आज वह पढ़ी-लिखी होती तो उसकी यह दुर्गति कदापि न

होती। कोई नौकरी पकड़कर इस नारकीय जीवन से वह मुक्ति पा लेती। अपने मामा के गाँव में भुनेसर पाण्डे की पतोहू को उसने नौकरी करते देखा है। सुनयना ने महसूस किया है कि भुनेसर पाण्डे की पतोहू की स्थिति उस गाँव की अन्य नारियों से भिन्न है। अन्य नारियों की तरह नारी होने के चलते वह तुच्छ और हेय नहीं। उसके बाप ने उसे पढ़ा-लिखाकर मर्दों की बराबरी में खड़ा कर दिया है। काश, सुनयना के घरवालों ने भी उसे पढ़ाया होता! कितना अच्छा होता अगर उसकी तरह के किसान परिवारों की सभी लड़कियों को लड़कों की ही तरह पढ़ाया-लिखाया जाता। गाँव के लोग कहते हैं कि लड़कियों को तो दूसरों के घर जाना है। पढ़ा-लिखाकर क्या किया जायेगा? यानी सीधे-सीधे अपने फायदे की बात। अपने खून के साथ कितना घृणित बर्ताव!

सुनयना को लगता है कि इस गलाजत-भरी ज़िन्दगी से छुटकारा पाने के लिए उसके सामने अब सिर्फ एक ही रास्ता है—मज़दूर औरतों की तरह खेत-खलिहानों में जाकर काम करना। लेकिन फिर उसे लगता है कि उसके मायके और ससुराल दोनों जगह के लोगों को यह बात गवारा नहीं होगी। बड़े घर की बेटी खेतों में काम करे, यह लोग कैसे सह पायेंगे? हत्यारों को पैसे देकर उसे रास्ते से हटवा देंगे। अपनी इज्ज़त बर्बाद नहीं होने देंगे। हालाँकि सुनयना को अपने परिवार जैसे लोगों (जिनकी संख्या गाँवों में सबसे अधिक है) की बातें विचित्र लगती हैं। ये लोग मुश्किल से अपना गुज़र-बसर चलाते हैं, लेकिन अपने को बड़ा कहने में कितना गर्व महसूस करते हैं। छोटा और गरीब कहने पर तो मार-पीट कर बैठते हैं।

रात गुज़रती जा रही है। सभी लोग अपने-अपने कमरे में सोये हैं। दालान के कमरे में सुनयना के ससुर सुनयना के छोटे देवर के साथ हैं। आँगन के बड़ेवाले कमरे में उसकी सास अपनी अनब्याही बेटी (सुनयना की ननद) के साथ है। और आँगन के कुएँ के बगलवाले कमरे में उसका पति सुहागरात मना रहा है—दूसरी सुहागरात। उस कमरे में पहले सुनयना रहती थी। उस कमरे की ज़मीन और दीवार को 'गोर की मिट्टी' और गोबर से लीप-पोतकर सुनयना ने उसे अन्य कमरों से विशिष्ट बना दिया था। लेकिन उस नयी औरत के आने के बाद सुनयना को, उस कमरे से निकालकर इस उपेक्षित कमरे में कर दिया गया है। इस कमरे में घर की फालतू और बेकार चीज़ें रखी जाती थीं। इसी कमरे में एक चारपाई डालकर सुनयना के रहने की व्यवस्था कर दी गयी है।

सुनयना ने आज खाना भी नहीं खाया है। आखिर वह कैसे खाये? कोई पशु तो वह है नहीं कि दो डंडा लगाकर खाने पर जुटा दिया जाये। दुर्व्यवहार और

मार के बाद खाने की इच्छा रहती ही कहाँ है ? पिछले दिनों भी वह कई-कई रात बिना खाये ही रह गयी है। प्रारम्भ में वह पत्र लिखकर अपने बाबा को या बाबूजी को बुलाती थी। फिर अपना सारा दुख उनसे कहती थी—रो-रोकर अपने ऊपर होनेवाले अत्याचार, अनाचार और ज्यादतियों की कहानियाँ सुनाया करती थी। लेकिन इससे पहले कि उसके बाबा या बाबूजी उसके सास-ससुर को समझाते, वे उल्टे उन्हें निर्देश देना शुरू कर देते थे—"अपनी बिटिया को समझा दीजिए... इसने तो आकर हमारा घर बिगाड़ दिया... किसके साथ कैसा व्यवहार किया जाता है, इसे आप लोगों ने कुछ नहीं सिखाया है... इसका 'आँगछ' भी शुभ नहीं है... इसके आने के बाद हमारे परिवार में, सिर्फ परेशानियाँ-ही-परेशानियाँ पैदा हो रही हैं... कितनी 'आस' लगाकर हम लोगों ने पतोह उतारा था कि आने के बाद यह करेगी, वह करेगी... ऐसे रहेगी! वैसे रहेगी! लेकिन इसने तो सारी आशाओं पर ही पानी फेर दिया..."

बाबा और बाबूजी ने एक-दो बार साहस करके सुनयना के सास और ससुर को उसके प्रति सहानुभूतिपूर्वक व्यवहार करने के लिए कहा था कि "सुनयना अभी बच्ची है... धीरे-धीरे सब सीख जायेगी... इसे आप लोग अपनी बेटी ही समझें..." लेकिन उसकी उल्टी प्रतिक्रिया हुई थी। सुनयना के सास-ससुर ने उसके बाबा-बाबूजी को खूब खरी-खोटी सुनायी थी। उसके बाद तो उसके बाबा-बाबूजी ने उसे ही समझाना शुरू कर दिया था—"अब यही तुम्हारा घर है, बेटी! पति के मन में रहो। सास-ससुर की सेवा करो। हम लोगों ने तुम्हारी शादी कर दी। तुम्हारी किस्मत में सुख लिखा होगा तो सुख मिलेगा और दुःख लिखा होगा तो दुख। इसे अब कौन दूर कर सकता है?"

लेकिन बराबर सोचती है सुनयना, क्या बाबूजी, बाबा का दायित्व यहीं समाप्त हो जाता है? अगर भैया लोगों के साथ यह स्थिति होती तो क्या बाबा-बाबूजी इस तरह महटिया जाते? फिर उसे लगता है कि सिर्फ बाबा-बाबूजी ही क्यों, सारे गाँव की तो यही कहानी है। लड़का-लड़की दो होते हैं। लड़कों की तुलना में लड़कियों पर विचार करना मूर्खता है। लड़कियाँ परायी चीज़ होती हैं। शादी करके उन्हें उनके घर भेज दो। उनकी तकदीर में होगा तो सुख करेंगी, नहीं तो दुख। इसमें दूसरे का क्या दोष?

सुनयना को याद है, उसके बाबा कहा करते थे कि शास्त्र में लिखा है—पुत्री के जन्म होने पर धरती एक बित्ता नीचे धँस जाती है और पुत्र के जन्म के अवसर पर एक बित्ता ऊपर उठ आती है।

गाँवों में महिलाओं द्वारा गाया जानेवाला यह लोकगीत सुनयना को अभी तक याद है :

'जाहू हम जनिती धियवा कोंखी रे जनमिहे ।
पिहितों में मरिच झराई रे ।
मरिच के झाके-झुके धियवा मरि जाइति,
छुटि जाइते गरुवा सन्ताप रे ।'

सुनयना को लगता है कि उसका सबसे बड़ा कसूर यही है कि अपने मायके और ससुराल की अन्य महिलाओं की तरह नारी की हीन और विवश स्थिति को वह सहज रूप से स्वीकार नहीं कर पाती है । हालाँकि उसने कई बार यह सोचा है कि सबकुछ सह-सुनकर उसे भी आम औरतों की तरह आचरण अपना लेना चाहिए । लेकिन यह उसके वश से बाहर की बात हो जाती है । उसके मन के अंदर किसी कोने से विद्रोह की आग सुलगने लगती है । लेकिन अनुकूल परिस्थिति न पाकर वह आग स्वयं उसी को जलाती रहती है ।

सभी लोग गाढ़ी नींद सो गये हैं । लेकिन सुनयना की आँखों में नींद कहाँ ? उसकी आँखों के सामने तो अपनी गुज़री ज़िन्दगी के दृश्य एक-एक कर आते जा रहे हैं । बचपन बीतने के बाद माँ ने सुनयना को रसोई बनाना, कपड़े सीना, धान कूटना आदि सिखाना शुरू कर दिया था । सुनयना की शादी जहाँ हो, वहाँ से कोई शिकायत न आये, इसके लिए माँ गृह-कार्य में उसे पूरी तरह निपुण बनाने में लगी थी । रसोई बनाते हुए अगर कोई चीज़ जल जाती या किसी का स्वाद अच्छा नहीं आता तो माँ कहती—''जहाँ जाओगी वहाँ के लोग क्या कहेंगे ? कहेंगे कि इसकी माँ ने इसे खाना बनाना भी नहीं सिखाया है...''

कपड़े सीते वक्त अगर सुनयना के हाथ में सुई चुभ जाती तो वह तुनककर फेंक देती । लेकिन माँ उसे समझाती—''अगर सास का लहँगा फट जायेगा तो फिर कैसे सियोगी ? सभी कहेंगे कि इसे कपड़े सीना भी नहीं आता...''

धान कूटते हुए वह ऊब जाती और थक जाती । ढेकी से उतरकर अलग हट जाती । तब माँ उसे फिर समझाती—''गृहस्थ (किसान) के यहाँ जन्मी हो तो किसी गृहस्थ के यहाँ ही जाओगी । धान-पान का काम तो करना ही होगा । इससे छुटकारा कहाँ ?''

सुनयना समझ नहीं पाती कि जहाँ उसे जाना है वहाँ एक कुशल नौकर के रूप में ही वह क्यों जायेगी ? उसे यह करना है, वह करना है । क्या शादी इसी के लिए होती है ? लेकिन यह देखकर अंदर-ही-अंदर इस यथार्थ से वह समझौता कर लेती कि गाँव की सभी लड़कियों को उनकी माताएँ यही शिक्षा दे रही हैं ।

वह एक अकेली तो नहीं, जिसके साथ यह घटना घट रही है।

जैसे-जैसे सुनयना की उम्र बढ़ती गयी थी, वैसे-वैसे लड़के-लड़कियों के बीच भेद-भाव की बातें उसे समझ आने लगी थीं। बचपन में वह भाइयों की बराबरी करने के लिए लड़ने-झगड़ने लगती थी। लेकिन बड़ी होने के बाद वह समझ गयी कि लड़के आकाश कुसुम होते हैं और लड़कियाँ पाँव की धूल।

सुनयना देख रही थी कि लड़कियों के बीमार होने पर उतनी तत्परता नहीं बरती जाती थी, जबकि लड़कों के बीमार होने पर भाग-दौड़ शुरू हो जाती थी। लोगों की यह धारणा है कि लड़कियाँ कठजीवी होती हैं। जल्दी मरती नहीं। एक कहावत है :

"अनब्याही बेटी मरै, सारे दुख छुटि जाय।"

सुनयना के भाई स्कूल की पढ़ाई समाप्त कर कालेज जाने लगे थे। उनकी दुनिया विस्तृत होती जा रही थी। लेकिन सुनयना को सीमाओं में बाँधा जा रहा था। जैसे-जैसे सुनयना के शरीर के उभार परिलक्षित होते जा रहे थे, उसके चारों तरफ वर्जनाओं की दीवार खड़ी की जाने लगी थी, कि अब गाँव में उसे कम निकलना है, कि अब अपने शरीर को तोप-ढाँककर रखना है, कि गाँव के मर्दों के सामने अब बेझिझक होकर नहीं जाना है, आदि।

खाने-पीने, ओढ़ने-पहनने, रहने-सहने और सुख-सुविधाओं के तमाम मामलों में सुनयना और उसके भाइयों के बीच काफी फर्क पैदा कर दिया गया था। सुनयना के भाइयों के बदन पर नये कपड़े होते थे। पाँव में पालिश किये हुए जूते। बाल में खुशबूदार तेल। उन्हें देखकर बाबा और बाबूजी का सीना गर्व से फूल जाता था। तिलक-दहेज के लिए मोल-भाव शुरू हो गये थे। बाबा ने खूँटी गाड़ दिया था (प्रतिबद्ध होकर ऐलान करना) कि बड़े लड़के का पन्द्रह हज़ार तिलक लूँगा और छोटे लड़के का बारह हज़ार। दोनों में से किसी के लिए भी एक पैसा कम नहीं होगा।

सुनयना देख रही थी, जिस तरह जानवरों (गाय, बैल, भैंस आदि) को धो-पोंछकर, सींग में घी घसकर, गले में घण्टी बाँधकर मेले में ऊँची राशि हथियाने के लिए मोल-भाव किया जाता है, उसी तरह सुनयना के बाबा और बाबूजी उसके भाइयों को सजा-सँवारकर मोल-भाव कर रहे थे। लेकिन सुनयना की स्थिति इसके बिलकुल विपरीत थी। उसके लिए तो कोई लड़का खरीदना था। इसीलिए भाइयों की तुलना में उस पर विचार करने का सवाल ही नहीं उठता था। एक तरफ फायदा जुड़ा था, दूसरी तरफ घाटा।

सुनयना के लिए वर की तलाश शुरू हो गयी थी। सुनयना की तीव्र बुद्धि

और भिन्न स्वभाव को देखकर मामा उसकी शादी शहर के किसी पढ़े-लिखे परिवार में करना चाहते थे। लेकिन बाबा और बाबूजी अपने जैसे गृहस्थ (किसान) परिवार के पक्ष में थे। मामा ने शहर में दो-तीन जगह बात चलायी थी। मामा सुनयना को पूरा स्नेह देते थे। वे चाहते थे कि सुनयना की शादी किसी वैसे परिवार में हो जाये, जहाँ लिखने-पढ़ने की उसकी लालसा पूरी हो सके। लेकिन शहरी लोगों ने पढ़ी-लिखी लड़की की माँग की थी। सुनयना की प्राइमरी स्कूल तक की पढ़ाई उनके लिए पर्याप्त नहीं थी। बात खारिज हो गयी। अन्ततः बात एक गृहस्थ परिवार के साथ जाकर जुड़ी। बाबा और बाबूजी की राय ही सही साबित हुई। अपने जैसे ही एक परिवार में आठ हज़ार नकद पर सुनयना की शादी तय हो गयी। सुनयना से कुछ नहीं पूछा गया। उससे क्या पूछा जाये ? उसके जैसी गाँव की लड़कियाँ तो खूँटे की गाय हैं। एक जगह से खोलकर दूसरी जगह बाँध दो।

शादी से पहले माँ ने सुनयना को कुछ खास उपदेश अनेक बार दिये कि पति की बात मान लेना, कि उनके मन में रहना, कि वे मार भी दें तो सह जाना। सास-ससुर को देवता समझना। उनकी सेवा करना। घर से बाहर न निकलना। माथे पर घूँघट बराबर रखना। उसी घर को अपना समझना। सुबह के एकदम तड़के उठ जाना। समय पर सबको खाना-नाश्ता देना। सबकी बातों का खयाल रखना। रात को सबसे आखिर में सोना और हाँ, सोने से पहले सास के पाँव में तेल ज़रूर लगाना, आदि।

शादी होने तक सुनयना यह समझ गयी कि उसकी जैसी लड़कियों का जन्म किसलिए हुआ है ? गाँव में सुनयना ने देखा था कि पुत्र-जन्म के अवसर पर सोहर गाये जाते हैं, लेकिन पुत्री-जन्म पर कुछ नहीं गाये जाते। उसने अपनी माँ से रहस्य जानने की जिज्ञासा प्रकट की थी। तब उसकी माँ ने बताया था कि पुत्र-जन्म शुभ माना जाता है, पुत्री-जन्म अशुभ। जिस औरत को सिर्फ लड़कियाँ ही होती हैं, उसे अभागिन समझा जाता है। सोहर मंगल-गीत है। शुभ के अवसर पर ही गाया जाता है।

अपनी चारपाई पर पड़ी-पड़ी सुनयना सोच रही है—यह शुभ, अशुभ का निर्धारण किसने किया है ? होश सँभालने के बाद से अब तक सुनयना इस सवाल पर अनेक बार सोच चुकी है। अब तक इस सवाल का उत्तर अगर किसी ने उसे दिया है तो मामा ने। उसके मामा विचित्र जीव हैं। गाँव में रहकर भी अपने गाँव के लोगों से बिलकुल पृथक्। शहर की नौकरी से रिटायर होकर अपनी शेष ज़िन्दगी गाँव में गुज़ार रहे हैं। सुनयना के जानते उसके मामा अपने

गाँव के पहले व्यक्ति हैं, जो अपनी पत्नी को बराबरी का दर्जा देते हैं। उनका दाम्पत्य जीवन देखकर सुनयना दंग रह गयी है। दोनों पति-पत्नी के बीच इतना प्रेम… इतनी खुशी… ! लेकिन गाँव में उनकी इस नीति की बड़ी आलोचना है। लोग कहते हैं—"मेहर को माथे पर चढ़ा लिया है… मउगड़ा है… औरत तो मर्द के पाँव की जूती होती है… उसे बराबरी का दर्जा क्या देना… अगर नाक नहीं होती तो औरतें मैला खातीं… धर्मशास्त्र से लेकर रामायण तक में औरत का दर्जा मर्द के नीचे ही दिया गया है…"

लेकिन मामा बताते हैं, यह मर्दों की चाल है। पुरुष ने औरतों पर शासन चलाने के लिए अपने पक्ष में धर्मशास्त्र की रचना की है, अन्यथा औरतें मर्दों से किसी मायने में कम नहीं, उदाहरण के रूप में मामा बताते हैं कि शहरों में जहाँ औरतों को मर्दों की तुलना में आगे बढ़ने का मौका मिला है, उन्होंने हर क्षेत्र में मर्दों की बराबरी की और उनसे भी आगे बढ़-चढ़कर दिखाया है। कल-कारखानों में काम करने, स्कूल-कालेजों में पढ़ाने, राजनीतिक नेता बनकर देश पर शासन चलाने आदि में पुरुषों के मुकाबले औरतों ने अपनी योग्यता और क्षमता का भरपूर परिचय दिया है। लेकिन उनकी संख्या नहीं के बराबर ही है। क्योंकि यह देश शहरों का नहीं, गाँवों का है। शहर की मुट्ठी-भर औरतों को औरत न बनकर मानव बनकर जीने का अवसर प्राप्त हो गया है, लेकिन गाँव की औरतों (मध्यमवर्गीय किसान परिवार की औरतों) को तो इस परिवर्तित यथार्थ की जानकारी तक नहीं। वे तो यह सुनकर दंग रह जाती हैं कि औरतें भी पढ़-लिखकर मर्दों की तरह शासन चलाती हैं…

अपने मामा के साथ दशहरा घूमने के लिए शहर जाने का अवसर सुनयना को सिर्फ एक बार मिला है। शहर में जाकर सुनयना की आँखें खुली-की-खुली रह गयी थीं। पहली बार उसने देखा था कि शहर की औरतें मर्दों के साथ सड़कों पर चल रही हैं—एकदम बेझिझक। खुलकर हँस-बोल रही हैं। तनिक लाज और संकोच नहीं। माथे पर घूँघट भी नहीं। दुकानों पर खरीद-फरोख्त कर रही हैं। रिक्शे में जा रही हैं। औरत होने के चलते तनिक भी घबराहट नहीं। उनका पहनावा भी एक तरह का न होकर विभिन्न तरह का था। कहीं-कहीं तो औरत और मर्द के बीच फर्क भी मालूम नहीं पड़ता। लेकिन दशहरे की भीड़ में गाँव की औरतें अलग से ही पहचान में आ रही थीं—सहमी, सकुची, लजायी, मर्दों के सामने भीगी बिल्ली बनी हुईं। इसके अतिरिक्त शहर में कल-कारखाने, रेलगाड़ी, मोटर-कार, जीप, स्कूटर, विकास की ओर भागती दुनिया। मामा उसे एक-एक चीज़ के बारे में बताते और विज्ञान के मानव से

परिचित कराते । टेलीफोन, टेलीविज़न, हवाई जहाज़... उस दिन सुनयना के मन में सबकुछ जानने-समझने और विकसित दुनिया के साथ आगे बढ़ने की कितनी प्रबल इच्छा जाग उठी थी । लेकिन उस जैसी नारी के नसीब में यह सब कहाँ सम्भव ? उसकी दुनिया तो रसोईघर, धान की ढेकी, पति की मार, सास की गाली इसी के बीच कैद है । बाहर क्या हो रहा है, उस जैसी नारी को क्या पता ? अपनी अब तक की ज़िन्दगी में तो वह मायके से लेकर ससुराल तक एक ही धुरी पर चक्कर काट रही है ।

ससुराल में एक बार ज़्यादतियों से तंग आकर सुनयना ने अपने मामा को बुलाया था । शायद मामा आकर कोई रास्ता निकाल दें । लेकिन कुछ नहीं हुआ । उसका पत्र पाकर मामा आये थे । उन्होंने उसके पति और सास-ससुर को समझाने की पूरी कोशिश की । लेकिन उन्होंने मामा की एक न सुनी । उल्टे गाली-बात देकर मामा को घर से निकाल दिया । कहा—"फिर दुबारा हमारे दरवाज़े मत आना... हमारी पतोहू है... हम उसके साथ चाहे जैसा व्यवहार करें... तुम बोलनेवाले कौन होते हो ?"

सुनयना से मामा का अपमान सहा नहीं गया । वह बोल पड़ी—"शादी का अर्थ बेचना नहीं होता... मैं मनुष्य हूँ, कोई बस्तु नहीं कि जो जैसे चाहे इस्तेमाल करे..."

लेकिन इस विरोध के उत्तर में उसके ऊपर डण्डों की मार पड़ी । उसे चुप करा दिया गया । उसके मामा उसके माँ-बाप से जाकर मिले और सुनयना को ससुराल से बुलाकर मायके में रखने के लिए कहा । लेकिन सुनयना के बाबा और बाबूजी मामा पर बिगड़ पड़े—"जवान बेटी को घर में रखने के लिए ही शादी नहीं किया है... गाँव-घर हँसने लगेगा । लड़ाई-झगड़ा किसके परिवार में नहीं होता... धीरे-धीरे सब ठीक हो जायेगा... उसे वहीं रचने-बसने दिया जाये..."

सुनयना को अच्छी तरह याद है, दुलहन बनकर जब वह इस घर में आयी थी तो उसके रूप और जवानी के प्रभाव में आकर पति ने प्रारम्भ में उसकी आवभगत शुरू की थी । लेकिन वह देख रही थी, पहले से बने एक पिंजड़े में उसे धीरे-धीरे फिट किया जा रहा है । सास-ससुर, ननद, देवर सबको उससे अपेक्षाएँ थीं । अमुक के लिए उसे यह करना है । अमुक के लिए उसे वह करना है । लेकिन उसके लिए किसी को कोई खास चिन्ता नहीं । वह क्या चाहती है, किसी ने जानने की कभी कोशिश नहीं की । किसी घर की बहू उस घर के बँधे

हुए विचारों से अलग स्वतंत्र विचार रख सकती है, यह तो कोई सोच भी नहीं सकता है।

सुनयना का पति बेहिसाब खैनी खाता है और बीड़ी पीता है। बीड़ी पीने की वजह से ही उसके मुँह से बराबर दुर्गन्ध आती रहती है। अपने ससुराल के प्रारम्भिक दिनों में एक दिन सुनयना ने पति को बड़े प्रेम से समझाया था—खैनी और बीड़ी गन्दी चीज़ें हैं। इन्हें छोड़ दीजिए। मेरे मामा कहते हैं, इनसे विभिन्न प्रकार की बीमारियाँ पैदा होती हैं। बीड़ी पीने की वजह से ही आपके मुँह से बदबू आती रहती है।"

लेकिन यह क्या ? सुनयना की बात की बहुत तीखी प्रतिक्रिया उसके पति के ऊपर हुई थी। वह ग़ुस्से में बोला था—"मेरे मुँह से बदबू आती है और तुम्हारे मुँह से चन्दन की वास ! औरत तो नरक होती है, नरक !"

सुनयना ने पति को समझाने और शान्त करने की बहुत कोशिश की, लेकिन उसका गुस्सा जो भड़का तो फिर भड़कता ही चला गया। अभी तक गाँव में खैनी-बीड़ी को किसी ने भी दुर्गुन नहीं कहा था। खेत, खलिहान, मड़ई, बगीचा, बैठकें, हर जगह अपने जैसे लोगों के बीच खैनी-बीड़ी का मुक्त प्रयोग होते उसने देखा था। घर में भी माँ-बाप ने कभी इस पर रोक नहीं लगायी थी। लेकिन…!

बात बढ़ते-बढ़ते सारे घर में फैल गयी। सभी लोग जान गये। फिर तो सास और ननद ने सुनयना को खूब धिक्कारा—"छिः-छः ! कैसी औरत है…मर्द का मुँह सूँघती है…इसका लक्षण ठीक नहीं…भला औरतें मर्द का मुँह सूँघती हैं…यह तो रंडियों का लक्षण है…गाँव में किसका मर्द खैनी-बीड़ी नही खाता-पीता ?"

लेकिन सुनयना ने सबकी बात को सुनकर भी अनसुनी कर दिया। उसने तो अपने मामा के दाम्पत्य-जीवन को आदर्श बनाया था। सोचा, प्रेम से दुबारा फिर समझायेगी। शायद बार-बार समझाने से पति उसकी बात मान जायें। लेकिन उसके पति तो पहले से ही खफा थे। सुनयना के मुँह से दुबारा बदबू और दुर्गन्ध की बात सुनते ही वे उसे मार बैठे। और फिर जब एक बार हाथ खुल गया तो बराबर खुलता ही चला गया। तब से आज तक सुनयना अनेक बार पीटी जा चुकी है।

मायके में तो सुनयना कभी-कभार गाँव में भी निकल जाती थी। टोला-पड़ोस के घरों में घूम आती थी। लेकिन ससुराल में आकर तो एक घर के अन्दर उसे कैद हो जाना पड़ा है। उसके ऊपर सख्त नियंत्रण है कि घर के अंदर

वह सारा काम करे। लेकिन बाहर झाँकने की कोशिश न करे। कमरे की खिड़की भी कभी न खोले। लोगों की यह धारणा कि जिसकी बहू जितने लम्बे समय तक बहुरिया बनकर घर के अन्दर छिपी रह सकेगी, वह उतनी ही अधिक इज्ज़तवाली समझी जायेगी। लोगों की नज़र में उसके घर की प्रतिष्ठा भी बढ़ेगी कि इतने दिनों बाद भी अमुक की घरवाली का कोई पाँव भी नहीं देख सका। लेकिन खुले विचारों वाली सुनयना के लिए यह बन्धन असह्य है। घर से बाहर की दुनिया को देखने-समझने के लिए उसका मन छटपटा उठता है। एक दिन जब उससे रहा नहीं गया तो कमरे की खिड़की खोलकर गली में खेलते बच्चों को देखने लगी। लेकिन उसकी ननद ने यह देख लिया। उसने जाकर सास से कहा। सास ने पति से। फिर उसके ऊपर मार पड़ी—''कुल्टा है... बदचलन है... किसी से फँसी है... खिड़की खोलकर उसी को बुला रही है... आदि-आदि।

सुनयना के ऊपर जब मार पड़ती तो उसे अजीब महसूस होता। पति कभी हाथों से, कभी जूते से, कभी डण्डे से मारने लगता। मारने से पहले तनिक भी सोच-विचार नहीं करता कि जिस पत्नी के साथ वह हर रात सोता है, उसी को निर्दयता से क्यों पीटता है? जो उसकी धर्मपत्नी है, जीवन-संगिनी है, उसके साथ प्रेम से विचार-विमर्श कर किसी भी समस्या को सुलझा लेता। लेकिन उसके पति की व्याख्या यह है कि 'औरतें लतियानेवाली जाति होती है, बतियानेवाली नहीं।'

जिस किसी दिन भी सुनयना को मार पड़ती है, उसे दो-तीन दिनों तक खाने-पीने की इच्छा नहीं करती। भूख मर जाती है। इतनी ज़्यादती! इतना शोषण!! इतना अत्याचार!!! लेकिन मार के बाद उसे रोने-कलपने के लिए भी इत्मीनान से छोड़ नहीं दिया जाता है। सास उसके पास आकर समझाती हैं—''पति की मार पर 'इरखा' नहीं करनी चाहिए। पति की मार तो 'सुहाग-भाग' होता है। गाँव में कौन मर्द अपनी पत्नी को नहीं पीटता? लेकिन सभी तुम्हारी तरह खाना-पीना और काम-धाम छोड़कर तो नहीं बैठ जातीं... जो मारता है, वही दुलारता है...''

सुनयना को भी अपने मायके की कुछ बहुओं की याद आती। उसने देखा था, मर्द निर्दयता से उन्हें पीटते थे। लेकिन मर्द द्वारा पीटे जाने के कुछ ही देर बाद वे मर्द के पाँव में जाकर तेल मलने लगती थीं। पिटे जाने के प्रति कोई रोष नहीं। कोई विद्रोह नहीं। सुनयना सोचती है कि कितना अच्छा होता अगर उसका मन भी उन बहुओं की तरह नपुंसक समझौता करना सीख लेता। लेकिन चाहकर भी वह अपने मन को इस मुद्दे पर राज़ी नहीं कर पाती है।

ज़ोर-ज़बरदस्ती के माध्यम से उसके तन पर लोग अधिकार जमा लेते हैं। लेकिन उसका मन सड़े-गले इन दकियानूसी विचारों और घृणित परम्पराओं के खिलाफ निरन्तर सुलगता रहता है।

मार खाने के बाद भी सुनयना को बैठकर रोने नहीं दिया जाता है। उसकी सास उसे ज़बरन काम में जुटा देती है। अपनी सास के बारे में जब सुनयना यह सोचती है कि एक नारी होकर एक नारी पर वह इतना ज़ुल्म क्यों ढाती है, तब उसे अपने मामा की एक बात याद आती है। उसके मामा कहते थे कि जिसके साथ जिस तरह का शोषण किया जाता है, अधिकार पाने पर वह आदमी उसी तरह का शोषण शुरू कर देता है। सुनयना को लगता है कि प्रारम्भ में उसकी सास को ज़रूर उसी के संदर्भ से गुज़रना पड़ा होगा, तभी वह उसके साथ इतनी निर्दयता बरतती है।

मार-गाली, तिरस्कार-अपमान सबकुछ सहकर भी सुनयना ने प्रारम्भ में यह चाहा था कि पति को समझा-बुझाकर अनुकूल स्थिति बना ले। जब वह इन स्थितियों में घिर गयी है, इनसे छुटकारा नहीं, तब इनके बीच जीने लायक एक रास्ता निकाल लेना ही बेहतर है। यही सोचकर बहुत अनुनय-विनय के साथ वह पति को मामा के दाम्पत्य जीवन के बारे में बताने लगी थी। लेकिन बात आगे बढ़ते-बढ़ते बराबर उनके अपने दाम्पत्य जीवन पर आ जाती। फिर पति-पत्नी के समान अधिकार पर। लेकिन समता की बात आते ही उसका पति आग-बबूला हो उठता। इसके बाद कुछ भी सुनने को वह तैयार नहीं होता। बकने लगता—''पति-पत्नी के अधिकारों की समता कैसी ? तुम्हारे सिवा तो इस गाँव में किसी और के मुँह से हमने ये बात सुनी ही नहीं ··· यह तो बिगड़ियों का लक्षण है ··· औरत बराबर मर्द के नीचे रही है, नीचे रहेगी ··· एक मर्द अनेक औरतों को रख सकता है, लेकिन एक औरत अनेक मर्दों को नहीं रख सकती ··· किसी मर्द के सम्पर्क से औरत अपवित्र हो जाती है, लेकिन मर्द मे दोष नहीं लगता ··· पुरानों में सती प्रथा के बारे में लिखा है ··· मर्द के मर जाने के बाद औरतें सती होती थीं ··· लेकिन किसी औरत के मर जाने के बाद कोई मर्द आज तक तो सती नहीं हुआ है ··· यह सब फालतू बातें बतियाकर मेरा दिमाग मत खराब करो ··· तुम्हें खाना, कपड़ा मिल रहा है न ? बस, औरत को और क्या चाहिए ?''

लेकिन एक दिन सुनयना के मुँह से जवाब निकल गया—''औरत कोई जानवर तो नहीं होती कि उसे खाना-कपड़ा दे देने से ही काम समाप्त हो गया ··· ?''

सुनयना की बात तीर की तरह उसके पति को जा चुभी। कड़वा यथार्थ चुभता ही है। एक क्षण के लिए वह निरुत्तर हो गया। फिर सुनयना को उसने दोनों हाथों से पीटना शुरू कर दिया–''साली, ज़बान लड़ाती है···एक भी बात ज़मीन पर नहीं गिरने देती···तड़ाक से जवाब दे देती है··· बोल, कि अब से जवाब नहीं देगी? जो कहूँगा, उसे मानेगी? भला बिना पीटे औरत जात रास्ते पर आती है···''–और उसका पति तब तक उसे पीटता रहा था जब तक उसने यह कबूल नहीं कर लिया कि वह अब दुबारा जबान नहीं लड़ायेगी। इसके बाद तो पति को समझाने और जीने के लिए कोई रास्ता निकालने की बात ही खत्म हो गयी। पति को पत्नी समझा नहीं सकती है। पति की तुलना में उसका स्थान बहुत नीचे है। पति सही कहे या गलत, पत्नी को तड़ाक से जवाब नहीं देना है, ज़बान लड़ाना हो जायेगा। पति की बात मानना ही पत्नी का धर्म है। बराबरी की बात सोचना तो कुकर्म है। पति ही सबकुछ है। पति परमेश्वर है···

रात के तीन पहर गुज़र जाते हैं। अतीत के चुभते नुकीले कोने सुनयना को सालते रहते हैं। करवट बदलती है सुनयना। बदन पर पड़े डण्डों का दर्द ताज़ा हो जाता है। जिस तरह की घुटन-भरी ज़िन्दगी जी रही थी सुनयना, वह ज़िन्दगी तो अपने-आपमें कष्टदायक थी ही। लेकिन शादी के दस साल बीत जाने के बाद अचानक अपमान, तिरस्कार, उपेक्षा और प्रताड़ना की एक और भयावह पीड़ादायक दुनिया के बीच वह आ घिरी। पति के साथ रहते सुनयना को दस साल बीत गये थे, लेकिन कोई बच्चा नहीं हुआ था। घर-परिवार और गाँव के लिए यह मामूली बात नहीं थी। बच्चा अब होगा···अब होगा···यह देखते हुए एक दशक गुज़र गया। उसके बाद फिर किसी को आशा नहीं रही। दस वर्ष कम नहीं होते। सास ने ऐलान कर दिया–''बाँझ है···बहिला है···इसे बच्चा नहीं होगा···यह हमारे पूरे खानदान को चौपट करने आयी है···अब इस पर आस लगाना ठीक नहीं···अब बेटे की दूसरी शादी करनी होगी···''

और सुनयना के पति की दूसरी शादी की बात ज़ोर पकड़ने लगी थी। घर का पूरा माहौल बदल गया था। अब सुनयना का पति रात में उसके पास सोने भी नहीं आता था। दालान की कोठरी में ही सो जाता था। हालाँकि उसके आने और न आने के बीच सुनयना के लिए कोई फर्क नहीं पड़ा था। रात में सुनयना के साथ सोकर ही वह सुनयना को कौन-सा सुख दे देता था?

गाँव-जवार, परिचित-मित्र और रिश्ते-नातों में सुनयना के पति की दूसरी शादी की बात चलने लगी थी। यह सूचना सुनयना के मायकेवालों को भी मिली थी। एक क्षण के लिए उन्हें तकलीफ ज़रूर हुई थी लेकिन गाँव-घर द्वारा यह

कहे जाने के बाद कि दस साल तक जब बच्चा नहीं हुआ तब तो आदमी दूसरी शादी करेगा ही, वे महटिया गये। गाँव में आये-दिन वंश चलाने के लिए दूसरी शादियाँ होती ही हैं। यह कोई नयी बात तो थी नहीं। लेकिन पत्र लिखकर मामा ने सुझाव दिया कि किसी अच्छे डाक्टर से दिखा लेना ठीक होगा। पत्र में मामा ने तीन-चार वैसे पति-पत्नियों का उदाहरण दिया था जिन्हें प्रारम्भ में बच्चे नहीं हो रहे थे। लेकिन डाक्टरी इलाज के बाद बच्चे हुए थे।

मामा की बात मानने के लिए सास तैयार नहीं थीं। पति को भी मामा की बात पसंद नहीं। सुनयना मामा की बात को अच्छी तरह समझती थी। लेकिन उसकी बात का तो घर में कोई महत्व ही नहीं था। पता नहीं, उसके ससुर के दिमाग में मामा की बात कैसे घर कर गयी थी ? फिर उन्होंने समझा-बुझाकर सुनयना के पति को राजी कर दिया। सुनयना के ससुर के कहने के चलते ही सुनयना का पति उसे लेकर डाक्टर के पास गया, अन्यथा डाक्टर के पास जाने की उसकी अपनी इच्छा कतई नहीं। उस जैसे लोगों की धारणा तो यह है कि अगर डाक्टर ही बच्चा दे देगा तब फिर ईश्वर किस चिड़िया का नाम है··· अरे 'डाक्टरी वाक्टरी' सब कमाने का धंधा है···होता वही है जो ईश्वर चाहता है···ईश्वर ने जिस औरत को बाँझ बना दिया, डाक्टर की क्या मजाल कि उसे पुत्रवती बना दे··· सुनयना के ससुर की मानसिकता भी अपने बेटे और पत्नी की तरह की ही मानसिकता थी। लेकिन इस बार जाने कैसे मामा की बात पर अमल करने के लिए उन्होंने आदेश दे दिया था। शायद सुनयना की स्थिति पर तरस खाकर। घर में वही तो एक थे जो कभी-कभी सुनयना पर द्रवित हो जाते थे।

डाक्टर से जाँच कराने के बाद एक बिलकुल नयी स्थिति सामने आ गयी थी, जिसकी किसी ने कल्पना भी नहीं की थी। डाक्टर के अनुसार सुनयना ठीक थी। उसमें कोई कमी नहीं। सुनयना के पति के वीर्य में ही दोष साबित हुआ। वह बच्चा पैदा करने में अक्षम पाया गया।

एकाएक सुनयना के पति को तो जैसे काठ मार गया। डाक्टर के सामने उसकी बोलती ही बंद हो गयी। लेकिन घर आने पर उसने सुनयना को खूब लताड़ा—"साली ने डाक्टर के पास ले जाकर बेइज्ज़त किया···साला डाक्टर क्या कहेगा ? भला मर्द में दोष होता है···बाँझ तो औरतें होती हैं···"

सास और ननद ने भी डाक्टर की बात को कोई महत्व नहीं दिया, बल्कि डाक्टर के पास ले जाने के लिए सुनयना को ही खरी-खोटी सुनायी। टोला-पड़ोस और गाँव के अधिकांश लोगों ने भी डाक्टर की बात मिथ्या बता

दूसरी शादी करने की सलाह दी। इसके बाद दो-तीन दिनों के लिए स्थगित हुई दूसरी शादी की चर्चा फिर चल निकली।

सुनयना को अजीब लगता। पति बच्चा पैदा करने में अक्षम है, फिर भी दूसरी पत्नी उतारने की तैयारी में लगा है। औरतें कितनी सस्ती हो गयी हैं ! यह कैसा ग्रामीण समाज है जहाँ पुरुषों के दोष पर विचार ही नहीं किया जाता ! सुनयना को लग रहा था कि डाक्टर द्वारा उसके पति को अक्षम साबित किये जाने के बाद शायद कोई लड़कीवाला अपनी बेटी उसके साथ न ब्याहे। लेकिन सुनयना की सोचावट गलत साबित हुई। डाक्टर की घोषणा को अभी एक महीना भी नहीं हुआ था कि सुनयना के पति की दूसरी शादी एक जगह तय हो गयी। लेकिन फिर एक करिश्मा हो गया। सुनयना के मामा ने लड़कीवालों को सारी स्थिति समझा, शादी करने से मना कर दिया। लेकिन यह जानकारी मिलते ही सुनयना की जमकर पिटाई हुई। मामा के ऊपर पैदा हुआ क्रोध सुनयना पर उतारा गया। मामा के नाम के साथ सुनयना के नाम को जोड़कर उसकी सास भद्दी-भद्दी गालियाँ देतीं। उन लोगों को लगता कि सुनयना ने ही चुपके से पत्र लिखकर या किसी के माध्यम से कहवाकर तय हुई शादी कटवाई है। लेकिन सुनयना कुछ नहीं बोलती। मार-गाली सहते-सहते तो वह अभ्यस्त हो गयी थी। सुनयना की यातनाओं से भरी निराश ज़िन्दगी में पहली बार आशा की कोई किरण जागी थी। मामा के प्रति उसके मन में अपार श्रद्धा पैदा हो गयी थी। कोई तो इस दुनिया में है जो उसे समझ रहा है। उसे न्याय दिलाने के लिए लड़ रहा है। लेकिन नक्कारखाने में तूती की आवाज़ का महत्व ही क्या? एक जगह से शादी कटी, दस जगह से रिश्ते आने लगे। मामा के समझाने के बाद भी एक लड़कीवाला नहीं माना। उसका कहना था--"लड़की को खाना-कपड़ा मिलेगा··· और क्या चाहिए··· बच्चे देना तो ईश्वर के हाथ की बात है··· आदमी की क्या औकात?"

और सुनयना के पति की दूसरी शादी हो गयी। शादी के अवसर पर अगर सुनयना से किसी काम में देर हो जाती या उदास होकर गुमसुम वह कहीं बैठी रहती तो यह कहकर उसे पीटा जाता कि शुभ के अवसर पर वह अपशकुन मना रही है। इस शादी को देखकर जल रही है। खानदान चौपट करने पर तुली हुई है।

आज ही सुनयना के पति की नयी पत्नी आयी है। उसके आगमन के उपलक्ष्य में सुनयना को आज फिर मार पड़ी है। सुनयना का दोष यही था कि नयी बहुरिया के आने पर उसकी आँखों में आँसू आ गये थे, यह सोचकर कि

बेचारी की किस्मत फूट गयी ··· लेकिन उसकी आँखों में आँसू देखकर घर में कुहराम मच गया—"नयी बहुरिया के आने पर आँसू बहांकर अपशकुन कर रही है ··· चुड़ैल ··· बाँझिन ··· खनगिन ··· !" और पति ने एक कमरे में ले जाकर दो-तीन डण्डे कसकर जमा दिये ।

सुनयना सोचती है, निरन्तर बदतर होती जा रही इस ज़िन्दगी से छुटकारा पाने के लिए वह क्या करे ? हालाँकि इस सवाल पर वह अनेक बार सोच चुकी है । कभी उसकी इच्छा होती है कि वह आत्महत्या कर ले—छत में साड़ी फँसाकर फन्दा बना गर्दन में डाल ले या आँगन के कुएँ में कूद जाये । रात में कई बार उठकर वह कुएँ के पास आ चुकी है । लेकिन हर बार उसे लगता है कि यह कोई उचित रास्ता नहीं है । मामा कहते हैं, आत्महत्या जीत नहीं, हार होती है ।

बचपन में अपने गाँव में औरतों द्वारा आये-दिन की जानेवाली आत्महत्या को देखकर सुनयना अपने बाबा से पूछती थी कि सिर्फ औरतें ही आत्महत्या क्यों करती हैं ? तब उसके बाबा जवाब देते थे कि औरतें मूर्ख होती हैं । लेकिन अब सुनयना सचाई से अवगत हो गयी है । जिस मानसिक और शारीरिक यातना के बीच वह जी रही है, उसमें किसी औरत द्वारा आत्महत्या कर लेना कोई आश्चर्य नहीं ।

ससुराल के इस यातना-गृह से मुक्ति पाने के लिए सुनयना मायके में जाकर रहना चाहती है । लेकिन मायकेवाले इसके पक्ष में नहीं । शादी की हुई जवान लड़की को अपने यहाँ रखने में मायकेवाले अपनी बेइज्ज़ती महसूस करते हैं—गाँव क्या कहेगा ? और सुनयना मामा के यहाँ जाकर रहना चाहती है तो ससुरालवाले अड़ंगा लगा देते हैं—"जिस-तिसके यहाँ अपनी बहू को नहीं जाने देंगे ··· अपने यहाँ काटकर गाड़ देंगे, लेकिन दूसरे के यहाँ भेजकर अपनी बेइज्ज़ती नहीं करायेंगे ··· अगर कुछ हुआ तो सारा गाँव यही कहेगा कि अमुक की पत्नी के साथ यह हुआ ··· !"

लेकिन सुनयना ने सोच लिया है, अब और अधिक दिनों तक वह प्रतीक्षा नहीं करेगी, एक रात यहाँ से भागकर मामा के यहाँ चली जायेगी । मामा का गाँव उसने देखा है । मामा के पाँव पकड़कर वह कहेगी कि अब उसे कहीं न भेजें । भले ही वह दाई का काम करेगी, लेकिन अब ससुराल में नहीं जायेगी । उसे विश्वास है, मामा अवश्य उसकी मदद करेंगे ।

सोचते-सोचते सुबह हो जाती है । वह अपनी खटिया पर चुपचाप पड़ी रहती है । उठने की इच्छा नहीं होती उसकी । उसे अब दिन पसंद नहीं । रात ही

उसके लिए अच्छी है कि वह अपनी यातनाओं के बारे में शांति से सोच तो लेती है।

लेकिन यह क्या ? सुहागरात मनाकर उसका पति अपने कमरे से निकलकर उसके दरवाज़े आ खड़ा हुआ है। सुनयना पर नज़र पड़ते ही उसके पति की आँखें लाल-लाल हो जाती हैं। वह गुस्से में कहता है, "दो डण्डा मार क्या दिया, कोप-भवन में पड़ गयी हो··· इतना दिन चढ़ गया लेकिन अभी तक चूल्हा नहीं जला··· जल्दी चलकर चूल्हा जलाओ··· नयी बहुरिया आयी है। अभी वह खाना नहीं बनायेगी।"

सुनयना खटिया से उठकर चुपचाप चल देती है। उसकी इच्छा होती है कि कह दे—"अब और अधिक दिनों तक तुम्हारा ज़ुल्म नहीं सह पाऊँगी।"

लेकिन नहीं कह पाती है। अपनी इस योजना को गोपनीय ही रखती है। मामा कहते हैं, संकटग्रस्त क्षणों में बहुत सारी योजनाओं को गोपनीय रखकर ही मंज़िल तक पहुँचा जा सकता है।

हरिहर काका

हरिहर काका के यहाँ से मैं अभी-अभी लौटा हूँ। कल भी उनके यहाँ गया था। लेकिन न तो वह कल ही कुछ कह सके और न आज ही। दोनों दिन उनके पास मैं देर तक बैठा रहा। लेकिन उन्होंने कोई बातचीत नहीं की। जब उनकी तबीयत के बारे में पूछा तब उन्होंने माथा उठाकर एक बार मुझे देखा। फिर माथा झुकाया तो दुबारा मेरी ओर नहीं देखा। हालाँकि उनकी एक ही नजर बहुत कुछ कह गयी। जिन यन्त्रणाओं के बीच वह घिरे थे और जिस मनःस्थिति में जी रहे थे, उसमें आँखें ही बहुत कुछ कह देती हैं। मुँह खोलने की जरूरत नहीं पड़ती।

हरिहर काका की जिन्दगी से मैं बहुत गहरे में जुड़ा हूँ। अपने गाँव में जिन चन्द लोगों को मैं सम्मान देता हूँ, उनमें हरिहर काका भी एक हैं। हरिहर काका के प्रति मेरी आसक्ति के अनेक व्यावहारिक और वैचारिक कारण हैं। उनमें प्रमुख कारण दो हैं। एक तो यह कि हरिहर काका मेरे पड़ोस में रहते हैं और दूसरा कारण यह कि मेरी माँ बताती है, हरिहर काका बचपन में मुझे बहुत दुलार करते थे। अपने कन्धे पर बैठाकर घुमाया करते थे। एक पिता अपने बच्चे को जितना प्यार करता है, उससे कहीं ज्यादा प्यार हरिहर काका मुझे करते थे। और जब मैं सयाना हुआ तब मेरी पहली दोस्ती हरिहर काका के साथ ही हुई। हरिहर काका ने भी जैसे मुझसे दोस्ती के लिए ही इतनी उम्र तक प्रतीक्षा की थी। माँ बताती है कि मुझसे पहले गाँव में किसी अन्य से इतनी गहरी दोस्ती हरिहर काका की नहीं हुई थी। वह मुझसे कुछ भी नहीं छिपाते थे। खूब खुलकर बातें करते थे। लेकिन फिलहाल मुझसे भी कुछ कहना उन्होंने बन्द कर दिया है। उनकी इस स्थिति ने मुझे चिन्तित कर दिया है। जैसे कोई नाव बीच मझधार में फँसी हो और उस पर सवार लोग चिल्लाकर भी अपनी रक्षा न कर सकते हों, क्योंकि उनकी चिल्लाहट दूर तक फैले सागर के बीच उठती-गिरती लहरों में विलीन हो जाने के अतिरिक्त कर ही क्या सकती है?

मौन होकर जल-समाधि लेने के अतिरिक्त कोई दूसरा विकल्प नहीं। लेकिन मन इसे मानने को कतई तैयार नहीं। जीने की लालसा की वजह से बेचैनी और छटपटाहट बढ़ गयी हो, कुछ ऐसी ही स्थिति के बीच हरिहर काका घिर गये हैं।

हरिहर काका के बारे में मैं सोचता हूँ तो मुझे लगता है कि वह यह समझ नहीं पा रहे हैं कि कहें तो क्या कहें? अब कोई ऐसी बात नहीं जिसे कहकर वह हल्का हो सकें। कोई ऐसी उक्ति नहीं जिसे कहकर वह मुक्ति पा सकें। हरिहर काका की स्थिति में मैं भी होता तो निश्चय ही इस गूँगेपन का शिकार हो जाता। माँ कहती है, गूँगेपन का शिकार आदमी दो तरह से होता है। एक जन्मजात और दूसरा परिस्थिति प्रदत्त। यह दूसरा गूँगापन आदमी के लिए ज्यादा भयावह और पीड़ादायक होता है। बहुत कुछ कहने के लिए आदमी भीतर से उबलता रहता है। अन्तर में आँधी चलती रहती है। बवण्डर उठते रहते हैं। लेकिन मुँह से बोल नहीं फूटते। मुँह पर तो बाहर से ताला लगा दिया रहता है···।

हरिहर काका इस स्थिति में कैसे आ फँसे? यह कौन-सी स्थिति है? इसके लिए कौन जिम्मेवार है? यह सब बताने से पहले अपने गाँव का और खासकर अपने गाँव की ठाकुरबारी का संक्षिप्त परिचय मैं आपको दे देना उचित समझता हूँ, क्योंकि उसके बिना तो यह कहानी अधूरी ही रह जायेगी।

मेरा गाँव कस्बाई शहर आरा से चालीस किलोमीटर की दूरी पर है। हसनबाजार बस स्टैण्ड के पास। मेरे गाँव में सभी जातियों के लोग नहीं रहते हैं। जो हैं, उनमें बड़ी जाति के ब्राह्मण, भूमिहार, राजपूत और कायस्थ तथा छोटी जाति के डोम, चमार, रजवार, कहार, नाई, बढ़ई, मुसहर, लोहार आदि हैं। हालाँकि बहुलता मेरे गाँव में बड़ी जाति के लोगों की है। उनकी तुलना में छोटी जाति के लोगों की संख्या एक-तिहाई से अधिक नहीं। मेरे गाँव की कुल आबादी लगभग ढाई-तीन हजार की होगी। मेरे गाँव में तीन प्रमुख स्थान हैं। पहला, गाँव के पश्चिम किनारे का बड़ा-सा तालाब। दूसरा, गाँव के मध्य स्थित बरगद का पुराना वृक्ष और तीसरा, गाँव के पूरब में ठाकुरजी का विशाल मन्दिर, जिसे गाँव के लोग ठाकुरबारी कहते हैं।

मेरे गाँव में इस ठाकुरबारी की स्थापना कब हुई, इसकी ठीक-ठीक जानकारी किसी को नहीं। इस सम्बन्ध में गाँव में जो पुरानी कहानी प्रचलित है, वह यह कि वर्षों पहले जब यह गाँव पूरी तरह बसा भी नहीं था, कहीं से एक सन्त आकर इस स्थान पर झोंपड़ी बना रहने लगे थे। वह सुबह-शाम यहाँ ठाकुरजी की पूजा करते थे। गाँव के लोगों से माँगकर खा लेते थे और गाँव के

लोगों के अन्दर पूजा-पाठ की भावना जाग्रत करते थे। बाद में लोगों ने आपस में चन्दा करके यहाँ ठाकुरजी का एक छोटा-सा मन्दिर बनवा दिया। फिर जैसे-जैसे यह गाँव बसता गया और इसकी आबादी बढ़ती गयी, वैसे-वैसे इस मन्दिर के कलेवर में भी विस्तार होता गया। लोग ठाकुरजी को मनौती मनाते कि पुत्र हो, मुकदमे में विजय हो, लड़की की शादी अच्छे घर में तय हो, लड़के को नौकरी मिल जाये। फिर इसमें जिनको सफलता मिलती, वह खुशी में ठाकुरजी के ऊपर रुपये, जेवर, अनाज चढ़ाते। अधिक खुशी होती तो ठाकुरजी के नाम अपने खेत का एक छोटा-सा टुकड़ा लिख देते। यह परम्परा तब से आज तक जारी है। गाँव में अधिकांश लोगों को इस बात का पक्का विश्वास है कि उन्हें अच्छी फसल होती है तो ठाकुरजी की कृपा से। मुकदमे में उनकी जीत हुई तो ठाकुरजी के चलते। लड़की की शादी इसीलिए जल्दी तय हो गयी, क्योंकि ठाकुरजी को मनौती मनायी गयी थी। लोगों के इस विश्वास का ही यह परिणाम है कि गाँव की अन्य चीजों की तुलना में ठाकुरबारी का विकास हजार गुना अधिक हुआ है। अब तो यह गाँव ठाकुरबारी से ही पहचाना जाता है। यह ठाकुरबारी न सिर्फ मेरे गाँव की एक बड़ी और विशाल ठाकुरबारी है, बल्कि पूरे इलाके में इसकी जोड़ की दूसरी ठाकुरबारी नहीं।

ठाकुरबारी के नाम पर बीस बीघे खेत हैं। मेरे गाँव के और आसपास के धार्मिक लोगों की एक समिति बनी है, जो ठाकुरबारी की देख-रेख और संचालन के लिए प्रत्येक तीन साल पर एक महन्थ और एक पुजारी की नियुक्ति करती है।

ठाकुरबारी का काम लोगों के अन्दर ठाकुरजी के प्रति भक्तिभावना पैदा करना तथा धर्म से विमुख हो रहे लोगों को रास्ते पर लाना है। ठाकुरबारी में भजन-कीर्त्तन की आवाज बराबर गूँजती रहती है। मेरा गाँव जब भी बाढ़ या सूखे की चपेट में आता है, ठाकुरबारी के अहाते में तम्बू टँग जाता है। फिर गाँव के लोग और ठाकुरबारी के साधु-सन्त सम्मिलित रूप से अखण्ड हरिकीर्त्तन शुरू कर देते हैं। इसके अतिरिक्त गाँव में किसी भी पर्व-त्योहार की शुरुआत ठाकुरबारी से ही होती है। होली में सबसे पहले गुलाल ठाकुरजी को ही चढ़ाया जाता है। दीवाली का पहला दीप ठाकुरबारी में ही जलता है। जन्म, शादी और जनेऊ के अवसर पर अन्नवस्त्र की पहली भेंट ठाकुरजी के नाम की जाती है। ठाकुरबारी के ब्राह्मण-साधु व्रत-कथाओं के दिन घर-घर घूमकर कथावाचन करते हैं। लोगों के खलिहान में जब फसल की दवनी होकर अनाज की 'ढेरी'

तैयार हो जाती है, तब ठाकुरजी के नाम 'अगउम' निकालकर ही लोग अनाज अपने घर ले जाते हैं।

ठाकुरबारी के साथ मेरे गाँव के अधिकांश लोगों का सम्बन्ध बहुत ही घनिष्ठ है—मन और तन दोनों स्तर पर। कृषि-कार्य से अपना बचा हुआ समय वे ठाकुरबारी में ही बिताते हैं। ठाकुरबारी में साधु-सन्तों का प्रवचन सुन और ठाकुरजी का दर्शन कर वे अपना यह जीवन सार्थक मानने लगते हैं। उन्हें यह महसूस होता है कि ठाकुरबारी में प्रवेश करते ही वे पवित्र हो जाते हैं। उनके पिछले सारे पाप अपने आप खत्म हो जाते हैं।

परिस्थितिवश इधर हरिहर काका ने ठाकुरबारी में जाना बन्द कर दिया है। हालाँकि पहले वह अक्सर ही ठाकुरबारी में जाते थे। मन बहलाने के लिए कभी-कभी मैं भी ठाकुरबारी में जाता हूँ। लेकिन वहाँ के साधु-सन्त मुझे फूटी आँखों नहीं सुहाते। काम-धाम करने में उनकी कोई रुचि नहीं। ठाकुरजी को भोग लगाने के नाम पर दोनों जून हलवा-पूड़ी खाते हैं और आराम से पड़े रहते हैं। उन्हें अगर कुछ आता है, तो सिर्फ बात बनाना आता है। भोले-भाले ग्रामीणों को अपनी बातों में वह उलझाये रहते हैं और अपनी इन्हीं फालतू बातों को 'धार्मिक चर्चा' और 'प्रवचन' की संज्ञा देते हैं। ऐसे कामचोर और देहचोर लोगों का महत्त्व मेरी नजर में दो कौड़ी का नहीं। मैंने देखा है, जिन लोगों की शादी नहीं हुई और जो काम करना नहीं चाहते हैं, वैसे ही लोग बाल-दाढ़ी बढ़ाकर साधु हो जाते हैं। फिर आराम से किसी मठ या मन्दिर में बैठकर तरह-तरह के व्यंजनों का भोग लगाते हैं। साथ ही सामाजिक दृष्टि से सम्मान के पात्र भी बने रहते हैं। मैं घोर आस्तिक हूँ। ईश्वर की सत्ता में मेरा पक्का विश्वास है। लेकिन ईश्वर के नाम पर अपना पेट पोसनेवाले ऐसे ढोंगी-पाखण्डी साधु कभी मेरे विश्वासपात्र नहीं बन सकते।

इस विषय पर हरिहर काका के साथ भी मैं कई बार बातें कर चुका हूँ। लेकिन उन्होंने हर बार यह कहकर मुझे चुप करा दिया है कि ऐसा नहीं कहना चाहिए। साधु-सन्तों को ऐसा कहने से दोष लगता है। हालाँकि मैंने महसूस किया है कि हरिहर काका के मन के किसी कोने में मेरी बात जँचती अवश्य है। लेकिन आधुनिक शिक्षा से वंचित परम्परा और संस्कार में आकण्ठ डूबे हरिहर काका इतनी जल्दी मेरी बात मानते भी तो कैसे? उसके लिए तो पर्याप्त समय की जरूरत है…।

हरिहर काका चार भाई हैं। सबकी शादी हो चुकी है। हरिहर काका को छोड़कर सबके बाल-बच्चे हैं। बड़े और छोटे भाई के लड़के काफी सयाने हो गये हैं। दो की शादियाँ हो गयी हैं। उनमें से एक पढ़-लिखकर शहर के किसी दफ्तर में क्लर्की करने लगा है। लेकिन हरिहर काका की अपनी देह से कोई औलाद नहीं। भाइयों में हरिहर काका का नम्बर दूसरा है। औलाद के लिए उन्होंने दो शादियाँ कीं। लम्बे समय तक प्रतीक्षारत रहे। लेकिन बिना बच्चा जने उनकी दोनों पत्नियाँ स्वर्ग सिधार गयीं। लोगों ने तीसरी शादी करने की सलाह दी। लेकिन अपनी गिरती हुई उम्र और धार्मिक संस्कारों की वजह से हरिहर काका ने इन्कार कर दिया। भाई के बच्चे हैं, फिर उन्हें निरबंसिया कहने की किसकी मजाल ? वह इत्मीनान और प्रेम से अपने भाइयों के परिवार के साथ रहने लगे।

हरिहर काका के परिवार के नाम पर कुल साठ बीघे खेत हैं। प्रत्येक भाई के ऊपर पन्द्रह बीघे पड़ेंगे। कृषि-कार्य पर ये लोग निर्भर हैं। शायद इसीलिए अब तक संयुक्त परिवार के रूप में ही रहते आ रहे हैं।

हरिहर काका की दोनों पत्नियों की मृत्यु के बाद उनके तीनों भाइयों ने अपनी-अपनी पत्नियों को यह सीख दी थी कि वह हरिहर काका की अच्छी तरह सेवा करें। समय पर उन्हें नाश्ता-खाना दें। किसी बात की उन्हें तकलीफ न होने दें। लेकिन औरतों को तो फकत अपने मर्दों और हमसेजियों के सिवाय कोई नजर ही नहीं आता। प्रारम्भ में तो कुछ दिनों तक वे हरिहर काका की खोज-खबर लेती रहीं। फिर उन्हें कौन पूछनेवाला ? 'ठहर-चौका' लगाकर पंखा झलते हुए अपने मर्दों को अच्छे-अच्छे व्यंजन खिलातीं। हरिहर काका के आगे तो बची-खुची चीजें आतीं। कभी-कभी तो रूखा-सूखा खाकर ही हरिहर काका को सन्तोष करना पड़ता। इस पर भी औरतें पीठ-पीछे भुनभुनातीं-फुसफुसातीं, जैसे हरिहर काका को वे दोनों जून खाना क्या खिलाती हैं, उपकार करती हैं।

हरिहर काका की तबीयत अगर कभी खराब हो जाती तो वह मुसीबत में पड़ जाते। इतने बड़े परिवार के रहते हुए भी कोई उन्हें पानी देनेवाला तक नहीं। सभी अपने कामों में मशगूल। बच्चे या तो पढ़-लिख रहे होते या धमाचौकड़ी मचाते। मर्द खेतों पर गये रहते। वह तो औरतों पर निर्भर थे कि उनकी औरतें हरिहर काका की सेवा-टहल करती होंगी। लेकिन औरतें तो हरिहर काका का हाल पूछने भी नहीं आतीं। दालान के कमरे में अकेले पड़े हरिहर काका को स्वयं उठकर अपनी जरूरतों की पूर्ति करनी पड़ती। ऐसे वक्त

अपनी पत्नियों को याद कर-करके हरिहर काका की आँखें भर आतीं। उनकी पत्नियाँ थीं तो इस घर में उनकी कितनी इज्जत थी। कभी अपने से लेकर एक गिलास पानी भी उन्होंने नहीं पिया था। हरिहर काका को लगता कि कहने के लिए इतना बड़ा परिवार है। अपनी जोरू के अतिरिक्त दुनिया में कोई अपना नहीं। भाइयों के परिवार के प्रति हरिहर काका के मोहभंग की शुरूआत इन्हीं क्षणों में हुई थी। और फिर, एक दिन तो विस्फोट ही हो गया! बर्दाश्त करते-करते उस दिन हरिहर काका की सहन-शक्ति जवाब दे गयी। उस दिन शहर में क्लर्की करनेवाले हरिहर काका के भतीजे का एक दोस्त उनके गाँव आया था। उसी के आगमन के उपलक्ष्य में हरिहर काका के यहाँ दो-तीन तरह की सब्जी, बजके, चटनी, रायता आदि बने थे। बीमारी से उठे हरिहर काका का मन स्वादिष्ट भोजन के लिए बेचैन था। मन-ही-मन उन्होंने अपने भतीजे के दोस्त की सराहना की जिसके बहाने उन्हें अच्छी चीजें खाने को मिलनेवाली थीं। लेकिन बातें बिल्कुल विपरीत हुईं। सबों ने खाना खा लिया। हरिहर काका को कोई पूछने तक नहीं आया। उनके तीनों भाई खाना खाकर खलिहान में चले गये। दवनी हो रही थी। वे इस बात के प्रति निश्चिन्त थे कि उनकी पत्नियों ने तो हरिहर काका को पहले ही खिला दिया होगा।

अन्त में हरिहर काका ने स्वयं दालान के कमरे से निकल हवेली में प्रवेश किया। तब उनके छोटे भाई की पत्नी ने रूखा-सूखा खाना लाकर उनके सामने परोस दिया—भात, मट्ठा और अचार। बस, हरिहर काका के बदन में तो जैसे आग लग गयी। थाली उठाकर उन्होंने बीच आँगन में फेंक दी। झन्न की तेज आवाज के साथ आँगन में थाली गिरी। भात बिखर गया। विभिन्न घरों में बैठी हरिहर काका के भाई की पत्नियाँ, लड़कियाँ, बहुएँ सब एक ही साथ बाहर निकल आयीं। और हरिहर काका गरजते हुए हवेली से दालान की ओर चल पड़े, 'समझ रही हो कि मुफ्त में खिलाती हो, तो अपने मन से यह बात निकाल देना। मेरे हिस्से के खेत की पैदावार इसी घर में आती है। उसमें तो मैं दो-चार नौकर रख लूँ, आराम से खाऊँ, तब भी कमी नहीं होगी। मैं अनाथ और बेसहारा नहीं हूँ। मेरे धन पर तो तुम सब मौज कर रही हो। लेकिन अब मैं तुम सबों को बताऊँगा'··· आदि।

हरिहर काका जिस वक्त यह सब बोल रहे थे, उस वक्त ठाकुरबारी के पुजारीजी उनके दालान पर ही विराजमान थे। वार्षिक हुमाध के लिए वह घी और शकील लेने आये थे। लौटकर उन्होंने महन्थजी को विस्तार के साथ सारी बात बतायी। महन्थजी के कान तो जैसे वर्षों से ऐसे ही संवाद की प्रतीक्षा में

प्यासे हों। उनके कान खड़े हो गये। वह दिन उन्हें बहुत शुभ महसूस हुआ। उस दिन को उन्होंने ऐसे ही गुजर जाने देना उचित नहीं समझा। तत्क्षण टीका-तिलक लगा, कन्धे पर रामनामी लिखी चादर डाल ठाकुरबारी से चल पड़े। संयोग अच्छा था। हरिहर काका के दालान तक उन्हें नहीं जाना पड़ा। रास्ते में ही हरिहर काका उन्हें मिल गये। गुस्से में घर से निकल वह खलिहान की ओर जा रहे थे। लेकिन महन्थजी ने उन्हें खलिहान की ओर नहीं जाने दिया। वापस अपने साथ ठाकुरबारी पर लेते आये। फिर एकान्त कमरे में उन्हें बैठा, खूब प्रेम से समझाने लगे–"हरिहर! यहाँ कोई किसी का नहीं है। सब माया का बन्धन है। तू तो धार्मिक प्रवृत्ति का आदमी है। मैं समझ नहीं पा रहा हूँ कि तुम इस बन्धन में कैसे फँस गये हो? ईश्वर में भक्ति लगाओ। उसके सिवाय कोई तुम्हारा अपना नहीं। पत्नी, बेटे, भाई-बन्धु सब स्वार्थ के साथी हैं। जिस दिन उन्हें लगेगा कि तुमसे उनका स्वार्थ सधनेवाला नहीं, उस दिन वे तुम्हें पूछेंगे तक नहीं। इसीलिए ज्ञानी, सन्त, महात्मा ईश्वर के सिवाय किसी और में प्रेम नहीं लगाते।…तुम्हारे हिस्से में पन्द्रह बीघे खेत हैं। उसी के चलते तुम्हारे भाई के परिवार तुम्हें पकड़े हुए हैं। तुम एक दिन कहकर तो देख लो कि अपना खेत उन्हें न देकर दूसरे को लिख दोगे, कि वह तुमसे बोलना बन्द कर देंगे। खून का रिश्ता खत्म हो जायेगा। तुम्हारे भले के लिए मैं बहुत दिनों से सोच रहा था। लेकिन संकोचवश नहीं कह रहा था। आज कह देता हूँ, तुम अपने हिस्से का खेत ठाकुरजी के नाम पर लिख दो। सीधे बैकुण्ठ को प्राप्त करोगे। तीनों लोक में तुम्हारी कीर्ति जगमगा उठेगी। जब तक चाँद-सूरज रहेंगे, तब तक लोग तुम्हें याद करेंगे। ठाकुरजी के नाम पर जमीन लिख देना, तुम्हारे जीवन का महादान होगा। साधु-सन्त तुम्हारे पाँव पखारेंगे। सभी तुम्हारा यशोगान करेंगे। तुम्हारा यह जीवन सार्थक हो जायेगा। अपनी शेष जिन्दगी तुम इसी ठाकुरबारी में गुजारना, तुम्हें किसी चीज की कमी नहीं होगी। एक माँगोगे तो चार हाजिर की जायेंगी। हम तुम्हें सिर-आँखों पर उठाकर रखेंगे। ठाकुरजी के साथ-साथ तुम्हारी आरती भी लगायेंगे। भाई का परिवार तुम्हारे लिए कुछ नहीं करेगा। पता नहीं पूर्व जन्म में तुमने कौन-सा पाप ऐसा किया था कि तुम्हारी दोनों पत्नियाँ अकाल मृत्यु को प्राप्त हुईं। तुमने औलाद का मुँह तक नहीं देखा। अपना यह जनम तुम अकारथ न जाने दो। ईश्वर को एक भर दोगे तो दस भर पाओगे। मैं अपने लिए तो तुमसे माँग नहीं रहा हूँ। तुम्हारा यह लोक और परलोक दोनों बन जाये, इसकी राह मैं तुम्हें बता रहा हूँ…।"

हरिहर काका देर तक महन्थजी की बातें सुनते रहे। महन्थजी की बातें उनके मन में बैठती जा रही थीं। ठीक ही तो कह रहे हैं महन्थजी। कौन किसका है? पन्द्रह बीघे खेत की फसल भाइयों के परिवार को देते हैं तब तो कोई पूछता नहीं, अगर कुछ न दें तब क्या हालत होगी? उनके जीवन में तो यह स्थिति है? मरने के बाद कौन उन्हें याद करेगा? सीधे-सीधे उनके खेत हड़प जायेंगे। ठाकुरजी के नाम पर लिख देंगे तो पुश्तों तक लोग उन्हें याद करेंगे। अब तक के जीवन में तो ईश्वर के लिए उन्होंने कुछ नहीं किया। अन्तिम समय तो यह बड़ा पुण्य कमा लें। लेकिन यह सोचते हुए भी हरिहर काका का मुँह खुल नहीं रहा था। भाई का परिवार तो अपना ही होता है। उनको न देकर ठाकुरबारी में दे देना उनके साथ धोखा और विश्वासघात होगा…।

अपनी बात समाप्त कर महन्थजी प्रतिक्रिया जानने के लिए हरिहर काका की ओर देखने लगे। हरिहर काका ने मुँह से तो कुछ नहीं कहा। लेकिन उनके चेहरे के परिवर्तित भाव महन्थजी की अनुभवी आँखों से छिपे न रह सके। अपनी सफलता पर महन्थजी को बहुत खुशी हुई। उन्होंने सही जगह वार किया है। इसके बाद उसी वक्त ठाकुरबारी के दो सेवकों को बुलाकर महन्थजी ने यह आदेश दिया कि एक साफ-सुथरे कमरे में पलँग पर बिस्तरा लगाकर हरिहर काका के आराम करने का इन्तजाम करें। फिर तो महन्थजी के कहने में जितना समय लगा था, उससे कम समय में ही, सेवकों ने हरिहर काका के मना करने के बावजूद उन्हें एक सुन्दर कमरे में पलँग पर जा लिटाया। और महन्थजी! उन्होंने पुजारीजी को यह समझा दिया कि हरिहर काका के लिए विशेष रूप से भोजन की व्यवस्था करें। हरिहर काका को एक विशेष उद्देश्य से महन्थजी ले गये थे, इसीलिए ठाकुरबारी में चहल-पहल शुरू हो गयी।

इधर शाम को हरिहर काका के भाई जब खलिहान से लौटे तब उन्हें इस दुर्घटना का पता चला। पहले तो अपनी पत्नियों पर वह खूब बरसे। फिर एक जगह बैठकर चिन्तामग्न हो गये। हालाँकि गाँव के किसी व्यक्ति ने भी उनसे कुछ नहीं कहा था। महन्थजी ने हरिहर काका को क्या-क्या समझाया है, इसकी भी जानकारी उन्हें नहीं थी। लेकिन इसके बावजूद उनका मन शंकालु और बेचैन हो गया। दरअसल, बहुत सारी बातें ऐसी होती हैं जिनकी जानकारी बिना बताये ही लोगों को मिल जाती है।

शाम गहराते-गहराते हरिहर काका के तीनों भाई ठाकुरबारी पहुँचे। उन्होंने हरिहर काका को वापस घर चलने के लिए कहा। इससे पहले कि हरिहर काका कुछ कहते, महन्थजी बीच में आ गये, "आज हरिहर को यहीं

रहने दो… बीमारी से उठा है। इसका मन अशान्त है। ईश्वर के दरबार में रहेगा तो शान्ति मिलेगी…।''

लेकिन हरिहर काका के भाई उन्हें घर ले चलने के लिए जिद करने लगे। इस पर ठाकुरबारी के साधु-सन्त उन्हें समझाने लगे। वहाँ उपस्थित गाँव के लोगों ने भी कहा कि एक रात ठाकुरबारी में रह जायेंगे तो क्या हो जायेगा? अन्ततः हरिहर काका के भाइयों को निराश हो वहाँ से लौटना पड़ा।

रात में हरिहर काका को भोग लगाने के लिए जो मिष्ठान्न और व्यंजन मिले, वैसा पहले हरिहर काका ने कभी नहीं खाया था। घी चूते मालपुए, रस बुनिया, लड्डू, छेने की तरकारी, दही, खीर…। पुजारीजी ने स्वयं अपने हाथों से खाना परोसा था। पास में बैठे महन्थजी धर्म-चर्चा से हरिहर काका के मन में शान्ति पहुँचा रहे थे। एक ही रात में ठाकुरबारी में हरिहर काका ने जो सुख-शान्ति और सन्तोष पाया, वह अपने अब तक के जीवन में उन्होंने कभी नहीं पाया था।

इधर दूसरी तरफ हरिहर काका के तीनों भाई रात-भर सो नहीं सके। भावी आशंका उनके मन को मथती रही। पन्द्रह बीघे खेत! इस गाँव की उपजाऊ जमीन! दो लाख से अधिक की सम्पत्ति! अगर हाथ से निकल गयी तो फिर वह कहीं के न रहेंगे।

सुबह तड़के ही तीनों भाई पुनः ठाकुरबारी पहुँचे। हरिहर काका के पाँव पकड़ रोने लगे। अपनी पत्नियों की गलती के लिए माफी माँगी, तथा उन्हें दण्ड देने की बात कही। साथ ही खून के रिश्ते की माया फैलायी। हरिहर काका का दिल पसीज गया। वह पुनः वापस घर लौट आये।

लेकिन यह क्या? इस बार अपने घर पर जो बदलाव उन्होंने लक्ष्य किया, उसने उन्हें सुखद आश्चर्य में डाल दिया। घर के छोटे-बड़े सब उन्हें सिर-आँखों पर उठाने को तैयार। भाइयों की पत्नियों ने उनके पैर पर माथा पटक गलती के लिए क्षमायाचना की। फिर उनकी आवभगत और जो खातिर शुरू हुई, वैसी खातिर किसी के यहाँ मेहमान आने पर भी नहीं होती होगी। उनकी रुचि और इच्छा के मुताबिक दोनों जून खाना-नाश्ता तैयार। पाँच महिलाएँ उनकी सेवा में मुस्तैद—तीन भाइयों की पत्नियाँ और दो उनकी बहुएँ। हरिहर काका आराम से दालान में पड़े रहते। जिस किसी चीज की इच्छा होती, आवाज लगाते ही हाजिर! हालाँकि हरिहर काका अब तक यह समझ गये थे कि यह सब महन्थजी के चलते ही हो रहा है, इसलिए महन्थजी के प्रति उनके मन में आदर और श्रद्धा के भाव निरन्तर बढ़ते ही जा रहे थे।

बहुत बार ऐसा होता है कि बिना किसी के कुछ बताये गाँव के लोग असली तथ्य से स्वयं वाकिफ हो जाते हैं। हरिहर काका की इस घटना के साथ ऐसा ही हुआ। दरअसल, लोगों की जुबान से घटनाओं की जुबान ज्यादा पैनी और असरदार होती है। घटनाएँ स्वयं ही बहुत कुछ कह देती हैं, लोगों के कहने की जरूरत नहीं रहती। न तो गाँव के लोगों से महन्थजी ने ही कुछ कहा था और न हरिहर काका के भाइयों ने ही। इसके बावजूद गाँव के लोग सच्चाई से अवगत हो गये थे। फिर तो गाँव की बैठकों में बातों का जो सिलसिला चल निकला उसका कहीं कोई अन्त नहीं! हर जगह हरिहर काका का प्रसंग शुरू। कुछ लोग कहते कि हरिहर को अपनी जमीन ठाकुरजी के नाम से लिख देनी चाहिए। इससे उत्तम और कुछ नहीं। जब अपनी देह से कोई औलाद नहीं तो अपनी जायदाद ईश्वर को ही सौंप देनी चाहिए। इससे कीर्ति भी अचल बनी रहती है। लेकिन इसके विपरीत कुछ लोगों की मान्यता यह कि भाई का परिवार तो अपना ही होता है। सारे परिवार की आशा टिकी रहती है। अपनी जायदाद उन्हें न देना उनके साथ अन्याय करना होगा। खून के रिश्ते के बीच दीवार बनानी होगी।

जितने मुँह, उतनी बातें। ऐसा जबर्दस्त मसला पहले कभी गाँव को नहीं मिला था, इसीलिए गाँव के लोग मौन होना नहीं चाहते थे। अपने-अपने तरीके से समाधान ढूँढ़ रहे थे और प्रतीक्षा कर रहे थे कि कुछ घटित हो। हालाँकि इसी क्रम में बातें गर्माहट भरी भी होने लगी थीं। लोग प्रत्यक्ष और परोक्ष रूप से दो वर्गों में बँटने लगे थे। कई बैठकों में दोनों वर्गों के बीच आपस में तू-तू और मैं-मैं भी होने लगी थी। एक वर्ग के लोग चाहते थे कि हरिहर काका अपने हिस्से की जमीन ठाकुरजी के नाम लिख दें। तब यह ठाकुरबारी न सिर्फ इलाके की ही सबसे बड़ी ठाकुरबारी होगी, बल्कि पूरे राज्य में इसका मुकाबला कोई दूसरी ठाकुरबारी नहीं कर सकेगी। इस वर्ग के लोग धार्मिक संस्कारों के लोग हैं। साथ ही किसी-न-किसी रूप में ठाकुरबारी से जुड़े हैं। असल में सुबह-शाम जब ठाकुरजी को भोग लगाया जाता है तब साधु-सन्तों के साथ गाँव के कुछ पेटू और चटोर किस्म के लोग प्रसाद पाने के लिए वहाँ जुट जाते हैं। ये लोग इसी वर्ग के हिमायती हैं। दूसरे वर्ग में गाँव के प्रगतिशील विचारोंवाले लोग तथा वैसे किसान हैं, जिनके यहाँ हरिहर काका जैसे औरत-मर्द पल रहे होते हैं। पूरे गाँव का वातावरण तनावपूर्ण हो गया था और लोग कुछ घटित होने की प्रतीक्षा करने लगे थे।

इधर भावी आशंकाओं को मद्देनजर रखते हुए हरिहर काका के भाई उनसे यह निवेदन करने लगे थे कि अपनी जमीन वे उन्हें लिख दें। इस गाँव में उनके

सिवाय उनका और अपना है ही कौन ? इस विषय पर हरिहर काका ने एकान्त में मुझसे काफी देर तक बात की । अन्ततः हम इस निष्कर्ष पर पहुँचे कि जीतेजी अपनी जायदाद का स्वामी किसी और को बनाना ठीक नहीं होगा । चाहे वह अपना भाई या मन्दिर का महन्थ ही क्यों न हो ? उदाहरण के रूप में हमारे सामने अपने गाँव और इलाके में कुछ ऐसे लोग नजर आये, जिन्होंने अपनी जिन्दगी में ही अपनी जायदाद अपने उत्तराधिकारियों या किसी अन्य को लिख दी थी, लेकिन इसके बाद उनका जीवन कुत्ते का जीवन हो गया । कोई उन्हें पूछनेवाला नहीं । हरिहर काका बिल्कुल अनपढ़ व्यक्ति हैं, फिर भी इस बदलाव को उन्होंने समझ लिया और यह निश्चय किया कि जीतेजी किसी को जमीन नहीं लिखेंगे । अपने भाइयों को समझा दिया, मर जाऊँगा तो अपने आप मेरी जमीन तुम्हें मिल जायेगी । जमीन लेकर तो जाऊँगा नहीं । इसीलिए लिखवाने की क्या जरूरत ?

उधर महन्थजी भी हरिहर काका की टोह में रहने लगे । जहाँ कहीं हरिहर काका को एकान्त में पाते, कह उठते, ''विलम्ब न करो हरिहर । शुभ काम में देर नहीं करते । चलकर ठाकुरजी के नाम जमीन बय कर दो । फिर पूरी जिन्दगी ठाकुरबारी में राज करो । मरोगे तो तुम्हारी आत्मा को ले जाने के लिए स्वर्ग से विमान आयेगा । देवलोक को प्राप्त करोगे··· ।''

लेकिन हरिहर काका न 'हाँ' कहते और न 'ना' । 'ना' कहकर हरिहर काका महन्थजी को दुखी करना नहीं चाहते थे, क्योंकि भाई के परिवार से जो सुख-सुविधाएँ उन्हें मिल रही थीं, वह महन्थजी की कृपा से ही । और 'हाँ' तो उन्हें कहना है नहीं, क्योंकि अपनी जिन्दगी में अपनी जमीन उन्हें किसी को नहीं लिखनी । इस मुद्दे पर वे जागरूक हो गये थे ।

पर बीतते समय के अनुसार महन्थजी की चिन्ताएँ बढ़ती जा रही थीं । जाल में फँसी चिड़िया पकड़ से बाहर हो गयी थी, महन्थजी इस बात को सह नहीं पा रहे थे । महन्थजी को लग रहा था कि हरिहर धर्म-संकट में पड़ गया है । एक ओर वह चाहता है कि ठाकुरजी को लिख दूँ, किन्तु दूसरी ओर भाई के परिवार के माया-मोह में बँध जाता है । इस स्थिति में हरिहर का अपहरण कर जबर्दस्ती उससे लिखवाने के अतिरिक्त दूसरा कोई विकल्प नहीं । बाद में हरिहर स्वयं राजी हो जायेगा ।

महन्थजी लड़ाकू और दबंग प्रकृति के आदमी हैं । दो खून करके दस साल जेल की सजा काट चुके हैं । जेल से छूटने के बाद साधु हो गये हैं । अपनी योजना को कार्य-रूप में परिणत करने के लिए वह जी-जान से जुट गये । हालाँकि यह

सब गोपनीयता का निर्वाह करते हुए ही वह कर रहे थे । हरिहर काका के भाइयों को इसकी भनक तक नहीं थी ।

बात अभी हाल की ही है। आधी रात के आसपास ठाकुरबारी के साधु-सन्त और उनके पक्षधर भाला, गँड़ासा और बन्दूक से लैस एकाएक हरिहर काका के दालान पर आ धमके । हरिहर काका के भाई इस अप्रत्याशित हमले के लिए तैयार नहीं थे । इससे पहले कि वे जवाबी कार्रवाई करें और गुहार लगाकर अपने लोगों को जुटायें, तब तक आक्रमणकारी हरिहर काका को पीठ पर लादकर चम्पत हो गये ।

मेरे गाँव में किसी ने ऐसी घटना नहीं देखी थी । न गाँव के इतिहास में सुनी ही थी । सारा गाँव जाग गया । हरिहर काका के भाई के शुभचिन्तक तो उनके यहाँ जुटने लगे, लेकिन अन्य लोग अपने दालान और मकान की छतों पर एकत्रित होकर आहट लेने और बातचीत करने लगे ।

हरिहर काका के भाई तैयार होकर अपने लोगों के साथ हरिहर काका को ढूँढ़ने निकल पड़े । अपने प्रति उत्पन्न मतित्व से उन्हें लगा कि यह महन्थ का काम है । वह मय दल-बल सहित ठाकुरबारी जा पहुँचे । लेकिन वहाँ उन्हें बिल्कुल खामोशी और शान्ति नजर आयी । रोज की भाँति ठाकुरबारी का मुख्य फाटक बन्द था । वहाँ के वातावरण में उन्हें रात का सन्नाटा और सूनापन व्याप्त मिला । उन्हें लगा, यह काम महन्थ का नहीं, बाहर के डाकुओं का है । अब हरजाने की मोटी रकम लेकर वह हरिहर काका को मुक्त करेंगे ।

हरिहर काका की खोज में उनके लोग अब किसी दूसरी दिशा की ओर प्रस्थान करते कि इसी समय ठाकुरबारी के अन्दर से बातचीत करने की सम्मिलित, किन्तु धीमी आवाज सुनायी पड़ी । अचानक सबके कान खड़े हो गये । फिर एक क्षण में ही उन्हें यह लग गया कि हरिहर काका इसी में हैं । अब क्या सोचना ? ठाकुरबारी का फाटक वह पीटने और चिल्लाने लगे । बस, इसी समय ठाकुरबारी की छत से रोड़े और पत्थर उनके ऊपर गिरने लगे। वे तितर-बितर होने लगे । जवाब के लिए उन्होंने अपने हथियार सँभाले । लेकिन उनके हथियार सँभालने से पहले ही ठाकुरबारी के कमरों की खिड़कियों से फायरिंग शुरू हो गयी । हरिहर काका के भाइयों की जमात के एक मजबूत नौजवान के पैर में गोली लग गयी । वह गिर गया । उसके गिरते ही हरिहर काका के भाइयों के पक्षधर भाग चले । अब सिर्फ हरिहर काका के तीनों भाई बच गये । अपने तीनों के बूते इस युद्ध को जीतना उन्हें सम्भव नहीं जान पड़ा । इसीलिए वह कस्बे के पुलिस थाना की ओर दौड़ पड़े ।

इधर ठाकुरबारी के भीतर महन्थ और उनके कुछ चन्द विश्वासी साधु सादे और लिखे कागजों पर हरिहर काका के अँगूठे के निशान जबरन ले रहे थे। हरिहर काका पढ़े-लिखे हैं नहीं इसीलिए अँगूठे के निशान के माध्यम से ही उनकी मिल्कियत ली जा रही थी। हरिहर काका तो महन्थ के इस व्यवहार से जैसे आसमान से जमीन में आ गये थे। उन्होंने तो सपने में भी नहीं सोचा था कि महन्थजी इस रूप में भी आयेंगे। जिस महन्थ को वह आदरणीय एवं श्रद्धेय समझते थे, वह महन्थ अब उन्हें घृणित, दुराचारी और पापी नजर आने लगा था। अब वह उस महन्थ की सूरत भी देखना नहीं चाहते थे। अब अपने भाइयों का परिवार महन्थ की तुलना में उन्हें ज्यादा पवित्र, नेक और अच्छा लगने लगा था। अपना खून अपना ही होता है। गैर खून कभी अपना नहीं हो सकता। हरिहर काका ठाकुरबारी से अपने घर पहुँचने के लिए बेचैन थे। लेकिन लोग उन्हें पकड़े हुए थे। और महन्थजी उन्हें समझा रहे थे, "तुम्हारे भले के लिए ही यह सब किया गया हरिहर। अभी तुम्हें लगेगा कि हम लोगों ने तुम्हारे साथ जोर-जबर्दस्ती की। लेकिन बाद में तुम समझ जाओगे कि जिस धर्म-संकट में तुम पड़े थे, उससे उबारने के लिए यही एकमात्र रास्ता था...!"

एक ओर ठाकुरबारी के भीतर जबरन अँगूठे का निशान लेने और पकड़कर समझाने का कार्य चल रहा था तो दूसरी ओर हरिहर काका के तीनों भाई सुबह होने से पहले ही पुलिस की जीप के साथ ठाकुरबारी आ पहुँचे। जीप में हरिहर काका के तीनों भाई, एक दरोगा और पुलिस के आठ जवान उतरे। पुलिस इन्चार्ज ने ठाकुरबारी के फाटक पर आवाज लगायी। दस्तक दी। लेकिन अन्दर से कोई जवाब नहीं। अब पुलिस के जवानों ने ठाकुरबारी के चारों तरफ घेरा डालना शुरू किया। ठाकुरबारी अगर छोटी रहती तो पुलिस के ज़वान आसानी से उसे घेर लेते। लेकिन विशालकाय ठाकुरबारी को पुलिस के सीमित जवान घेर सकने में असमर्थ साबित हो रहे थे। फिर भी जितना सम्भव हो सका, उस रूप में उन्होंने घेरा डाल दिया और अपना-अपना मोर्चा सँभाल सुबह की प्रतीक्षा करने लगे।

हरिहर काका के भाइयों ने सोचा था कि इस बार पुनः जब वह पुलिस के साथ ठाकुरबारी पहुँचेंगे तो ठाकुरबारी के भीतर से हमले होंगे और डाकू रूपी साधु-सन्त रँगे हाथों पकड़ लिए जायेंगे। लेकिन ऐसा कुछ भी नहीं हुआ। ठाकुरबारी के अन्दर से एक रोड़ा भी बाहर नहीं आया। शायद पुलिस को आते हुए उन्होंने देख लिया था।

सुबह होने में अभी कुछ देर थी, इसलिए पुलिस-इन्चार्ज रह-रहकर

ठाकुरबारी का फाटक खोलने तथा साधु-सन्तों को आत्मसमर्पण करने के लिए आवाज लगा रहे थे। साथ ही पुलिस वर्ग की ओर से हवाई फायर भी किये जा रहे थे। लेकिन ठाकुरबारी की ओर से कोई जवाब नहीं आ रहा था।

फिर अचानक सुबह के एकदम तड़के एक वृद्ध साधु ने ठाकुरबारी का फाटक खोल दिया। उस साधु की उम्र अस्सी वर्ष से अधिक की होगी। वह लाठी के सहारे काँपते हुए खड़ा था। पुलिस-इन्चार्ज ने अपने कुछ जवानों के साथ उस वृद्ध साधु के पास पहुँच हरिहर काका तथा ठाकुरबारी के महन्थ, पुजारी एवं अन्य साधुओं के बारे में पूछा। लेकिन उसने कुछ भी बताने से इन्कार कर दिया। पुलिस-इन्चार्ज ने कई बार उससे पूछा। डाँट लगायी। धमकियाँ दीं। लेकिन हर बार वह एक ही वाक्य कहता, 'मुझे कुछ मालूम नहीं।' ऐसे वक्त पुलिस के लोग मार-पीट का सहारा लेकर भी बात उगलवाते हैं। लेकिन उस साधु की वय देखकर पुलिस-इन्चार्ज को महटिया जाना पड़ा। उस साधु के कदम तो स्वयं मृत्यु के समीप पहुँच रहे थे। इस स्थिति में उसके ऊपर हल्का-सा प्रहार करके ही उसकी मृत्यु का दोष पुलिस के लोग अपने ऊपर क्यों लें?

पुलिस-इन्चार्ज के नेतृत्व में पुलिस के जवान ठाकुरबारी की तलाशी लेने लगे। लेकिन न तो ठाकुरबारी के नीचे के कमरों में ही कोई पाया गया और न छत के कमरों में ही। पुलिस के जवानों ने खूब छानबीन की। लेकिन उस वृद्ध साधु के अलावा कोई दूसरा ठाकुरबारी में नहीं मिला।

हरिहर काका के भाई अब एक ही साथ चिन्तित, परेशान और दुखद आश्चर्य से घिर गये। ठाकुरबारी के महन्थ और साधु-सन्त हरिहर काका को लेकर कहाँ भाग गये? अब क्या होगा? काफी पैसे खर्च कर हरिहर काका के भाई पुलिस को ले आये थे। पुलिस के साथ आने के बाद वह अन्दर-ही-अन्दर गर्व महसूस कर रहे थे। उन्हें लग रहा था कि अब हरिहर काका को वे आसानी से अपने घर ले जायेंगे तथा साधु-सन्तों को गिरफ्तार करवा जेल भिजवा देंगे। लेकिन दोनों में से एक भी नहीं हुआ।

ठाकुरबारी के जो कमरे खुले थे, उनकी तलाशी सबसे पहले की गयी थी। बाद में जिन कमरों की चिटकिनी बन्द थी, उन्हें भी खोलकर देखा गया था। लेकिन एक कमरे के बाहर बड़ा-सा ताला लटक रहा था। पुलिस के जवान और हरिहर काका के भाई सब वहीं एकत्र हो गये थे। उस कमरे की कुंजी की माँग वृद्ध साधु से की गयी तो उसने साफ कह दिया, "मेरे पास नहीं।"

जब उसससे पूछा गया, 'इस कमरे में क्या है ?' तब उसने जवाब दिया, 'अनाज है ।'

पुलिस-इन्चार्ज अभी यह सोच ही रहे थे कि इस कमरे का ताला तोड़कर देखा जाये या छोड़ दिया जाये कि अचानक उस कमरे के दरवाजे को भीतर से किसी ने धक्का देना शुरू किया ।

पुलिस के जवान सावधान हो गये । साथ ही उस कमरे का ताला तोड़ना भी उन्होंने आरम्भ कर दिया । कमरे के भीतर से धक्का लगाया जा रहा है, जरूर कोई खास बात है । रहस्योद्घाटन के लिए सब बेचैन हो गये ।

ताला तोड़कर कमरे का दरवाजा खोला गया तब कमरे के भीतर हरिहर काका को जिस स्थिति में उनके भाइयों ने पाया, उसे देखकर उनका खून खौल उठा । उस वक्त अगर महन्थ, पुजारी या अन्य नौजवान साधु उन्हें नजर आ जाते तो वे जीतेजी उन्हें नहीं छोड़ते ।

हरिहर काका के हाथ और पाँव तो बाँध ही दिये गये थे, उनके मुँह में भी कपड़ा ठूँसकर बाँध दिया गया था । पुलिस के आने की आहट पा हरिहर काका जमीन पर लुढ़कते हुए दरवाजे तक आये थे और पैर से दरवाजे पर धक्का लगाया था ।

हरिहर काका को बन्धन-मुक्त किया गया और उनके मुँह से कपड़े निकाले गये । अब हरिहर काका ने ठाकुरबारी के महन्थ, पुजारी और साधुओं की काली करतूतों का पर्दाफाश करना शुरू किया कि वह साधु नहीं, डाकू, हत्यारे और कसाई हैं कि उन्हें इस रूप से कमरे में बन्द कर गुप्त दरवाजे से भाग गये । कि उन्होंने कई सादे और लिखे हुए कागजों पर जबरन उनके अँगूठे के निशान लिये··· आदि ।

हरिहर काका ने देर तक अपने बयान दर्ज कराये । उनके शब्द-शब्द से साधुओं के प्रति नफरत और घृणा व्यक्त हो रही थी । जीवन में कभी किसी के खिलाफ उन्होंने इतना नहीं कहा होगा, जितना ठाकुरबारी के महन्थ, पुजारी और साधुओं के बारे में उन्होंने कहा । पुलिस ने विधिवत् अपना कोरम पूरा किया··· !

अब हरिहर काका पुनः अपने भाइयों के परिवार के साथ रहने लगे थे । इस बार उन्हें दालान पर नहीं, घर के अन्दर रखा गया था—किसी बहुमूल्य वस्तु की तरह सँजोकर, छिपाकर । हरिहर काका की सुरक्षा की पूरी व्यवस्था उनके भाइयों ने कर डाली थी । रिश्ते-नाते में जितने 'सूरमा' थे, सबको बुला लिया

गया था। जायज और नाजायज तरीके से प्राप्त किये गये हथियार जुटा लिये गये थे। हरिहर काका के ऊपर चौबीसों घण्टे पहरे दिये जाने लगे थे। अगर किसी आवश्यक कार्यवश हरिहर काका घर से गाँव में निकलते तो चार-पाँच की संख्या में हथियारों से लैस लोग उनके आगे-पीछे चलते रहते। रात में हरिहर काका को चारों तरफ से घेरकर लोग सोते। हरिहर काका के भाइयों ने ड्यूटी बाँट ली थी। आधे लोग सोते तो आधे लोग जागकर पहरा देते रहते।

इधर ठाकुरबारी का दृश्य भी बदल गया था। एक-से-एक खूँखार साधु ठाकुरबारी में आ गये थे। किसी के हाथ में त्रिशूल नजर आता तो किसी के कन्धे पर फरसा। उन्हें देखकर ही डर लगता। गाँव के बच्चों ने तो ठाकुरबारी की ओर जाना ही बन्द कर दिया। महन्थ ने विभिन्न मठों, मन्दिरों और ठाकुरबारियों के कुख्यात साधुओं को बुला लिया था।

मैं आपको बता चुका हूँ, हरिहर काका को लेकर मेरा गाँव प्रारम्भ से ही दो वर्गों में बँट गया था। इस नयी घटना को लेकर दोनों ओर से प्रतिक्रियाएँ व्यक्त की जाने लगी थीं। एक ओर के लोगों का कहना था कि अब साधुओं और डाकुओं में कोई अन्तर नहीं। छिः-छिः, साधु होकर यह कर्म! महन्थ ने साधु-सन्तों का नाम डुबो दिया। अब लोगों की नजर में न तो ठाकुरबारी की पवित्रता रह गयी और न महत्त्व ही···।

लेकिन दूसरी तरफ के लोग कहते कि बहुत अच्छा हुआ है। धर्म के विकास और परमार्थ के लिए कभी-कभी चोर-डाकू का रूप भी धारण करना पड़ता है। इसमें दोष नहीं लगता। महन्थजी ने तो अपने निजी स्वार्थ के लिए यह सब किया नही। एक पवित्र उद्देश्य को लेकर उन्होंने किया है। साथ ही हरिहर का संकेत भी तो उन्हें मिला था। हरिहर की आन्तरिक इच्छा उन्होंने लक्ष्य कर ली थी···।

और इधर तीसरी तरफ हरिहर काका एक सीधे-सादे और भोले किसान की अपेक्षा चतुर और ज्ञानी हो चले थे। अपनी इतनी लम्बी उम्र गुजारने के बाद भी जो ज्ञान हरिहर काका को प्राप्त नहीं हुआ था वह अपने आप इधर की घटनाओं से प्राप्त हो गया था। हरिहर काका महसूस करने लगे थे कि उनके भाई अचानक उनको जो आदर-सम्मान और सुरक्षा प्रदान करने लगे हैं उसकी वजह उन लोगों के साथ उनका सगे भाई का सम्बन्ध नहीं, बल्कि उनकी जायदाद है। अन्यथा वे उनको पूछते तक नहीं। इसी गाँव में जायदादहीन भाई को कौन पूछता है? हरिहर काका को अब सब नजर आने लगा था। महन्थ की चिकनी-चुपड़ी बातों के भीतर की सच्चाई भी अब वह जान गये थे। ठाकुरजी

के नाम पर वह अपना और अपने जैसे साधुओं का पेट पालता है। उसे धर्म और परमार्थ से कोई मतलब नहीं। निजी स्वार्थ के लिए साधु होने और पूजा-पाठ करने का ढोंग रचाया है। साधु के बाने में महन्थ, पुजारी और उनके अन्य सहयोगी लोभी-लालची और कुकर्मी हैं। छल, बल, कल, किसी भी तरह धन अर्जित कर बिना परिश्रम किये आराम से रहना चाहते हैं। अपने घृणित इरादों को छिपाने के लिए ठाकुरबारी को इन्होंने माध्यम बनाया है। एक ऐसा माध्यम, जिस पर अविश्वास न किया जा सके। इसीलिए हरिहर काका ने मन-ही-मन तय कर लिया है कि अब महन्थ को वे अपने पास फटकने तक नहीं देंगे। साथ ही अपनी जिन्दगी में अपनी जायदाद भाइयों को भी नहीं लिखेंगे, अन्यथा फिर वह दूध की मक्खी हो जायेंगे। लोग निकालकर फेंक देंगे। कोई उन्हें पूछेगा तक नहीं। बुढ़ापे का दुख बिताये नहीं बीतेगा!

लेकिन हरिहर काका सोच कुछ और रहे थे और वातावरण कुछ दूसरा ही तैयार हो रहा था। ठाकुरबारी से जिस दिन उन्हें वापस लाया गया था, उसी दिन से उनके भाई और रिश्ते-नाते के लोग समझाने लगे थे कि विधिवत् अपनी जायदाद वे अपने भतीजों के नाम लिख दें। वह जब तक ऐसा नहीं करेंगे तब तक महन्थ की गिद्ध-दृष्टि उनके ऊपर लगी रहेगी। सिर पर मँडरा रहे तूफान से मुक्ति पाने के लिए उनके समक्ष अब यही एकमात्र रास्ता है...।

हरिहर काका को उनके अपने कहे जानेवाले लोग घण्टों समझाते। सुबह, दोपहर, शाम, रात-गये तक यही चर्चा। लेकिन हरिहर काका साफ नकार जाते। कहते, "मेरे बाद तो मेरी जायदाद इस परिवार को स्वतः मिल जायेगी, इसीलिए लिखने का कोई अर्थ नहीं। महन्थ ने अँगूठे के जो जबरन निशान लिये हैं, उसके खिलाफ मुकदमा हमने किया ही है...।"

हरिहर काका के भाई जब समझाते-समझाते हार गये तब उन्होंने डाँटना और दबाव देना शुरू किया। लेकिन हरिहर काका इस रास्ते भी राजी नहीं हुए। स्पष्ट कह दिया कि अपनी जिन्दगी में वह नहीं लिखेंगे। बस, एक रात उनके भाइयों ने वही रूप धारण कर लिया, जो रूप महन्थ और उनके सहयोगियों ने धारण किया था। हरिहर काका को अपनी आँखों पर विश्वास नहीं हुआ। उनके वही अपने सगे भाई जो उनकी सेवा और सुरक्षा में तैयार रहते थे, जो उन्हें अपना अभिन्न समझते थे, जो उनकी नींद ही सोते और जागते थे, हथियार लेकर उनके सामने खड़े थे। कह रहे थे, "सीधे मन से कागजों पर जहाँ-जहाँ भी जरूरत है, अँगूठे के निशान बनाते चलो अन्यथा मारकर यहीं घर के अन्दर गाड़ देंगे। गाँव के लोगों को कोइ सूचना तक नहीं मिलने पायेगी।"

अगर पहलेवाली बात होती तो हरिहर काका डर जाते। अज्ञान की स्थिति में ही मनुष्य मृत्यु से डरते हैं। ज्ञान होने के बाद तो आदमी आवश्यकता पड़ने पर मृत्यु को वरण करने के लिए तैयार हो जाता है। हरिहर काका ने सोच लिया कि ये सब एक ही बार उन्हें मार दें, वह ठीक होगा। लेकिन अपनी जमीन लिखकर रमेसर की विधवा की तरह शेष जिन्दगी वे घुट-घुटकर मरें यह ठीक नहीं होगा। रमेसर की विधवा को बहला-फुसलाकर उसके हिस्से की जमीन रमेसर के भाइयों ने लिखवा ली। शुरू में तो उसका खूब आदर-मान किया, लेकिन बुढ़ापे में उसे दोनों जून खाना देते उन्हें अखरने लगा। अन्त में तो उसकी वह दुर्गति हुई कि गाँव के लोग देखकर सिहर जाते। हरिहर काका को लगता है कि अगर रमेसर की विधवा ने अपनी जमीन नहीं लिखी होती तो अन्त समय तक लोग उसके पाँव पखारते होते।

हरिहर काका गुस्से में खड़े हो गये और गरजते हुए कहा, "मैं अकेला हूँ... तुम सब इतने हो! ठीक है, मुझे मार दो... मैं मर जाऊँगा, लेकिन जीतेजी एक धूर जमीन भी तुम्हें नहीं लिखूँगा... तुम सब ठाकुरबारी के महन्थ-पुजारी से तनिक भी कम नहीं...!"

"देखते हैं, कैसे नहीं लिखोगे? लिखना तो तुम्हें है ही, चाहे हँस के लिखो या रो के...।"

हरिहर काका के साथ उनके भाइयों की हाथापाई शुरू हो गयी। हरिहर काका अब उस घर से निकलकर बाहर गाँव में भाग जाना चाहते थे, लेकिन उनके भाइयों ने उन्हें मजबूती से पकड़ लिया था। प्रतिकार करने पर अब वे हरिहर काका के ऊपर प्रहार भी करने लगे थे। अकेले हरिहर काका कई लोगों से जूझ सकने में असमर्थ थे, फलस्वरूप उन्होंने अपनी रक्षा के लिए खूब जोर-जोर से चिल्लाना शुरू कर दिया। अब हरिहर काका के भाइयों को चेत आया कि मुँह तो उन्हें पहले ही बन्द कर देना चाहिए था। उन्होंने तत्क्षण हरिहर काका को पटक उनके मुँह में कपड़ा ठूँस दिया। लेकिन ऐसा करने से पहले ही हरिहर काका की आवाज गाँव में पहुँच गयी थी। टोला-पड़ोस के लोग हरिहर काका के दालान में जुटने लगे थे। ठाकुरबारी के पक्षधरों के माध्यम से तत्काल यह खबर महन्थजी तक भी चली गयी थी। लेकिन वहाँ उपस्थित हरिहर काका के परिवार और रिश्ते-नाते के लोग, गाँव के लोगों को समझा देते कि अपने परिवार का निजी मामला है, इससे दूसरों को क्या मतलब? लेकिन महन्थजी कब माननेवाले थे। उन्होंने तो वह तत्परता और फुर्ती दिखायी कि हरिहर काका के भाइयों ने भी नहीं दिखायी थी। रातों-रात वह पुलिस की जीप

के साथ आ धमके।

पुलिस आने के बाद निजी मामले का सवाल खत्म हो गया। घर-तलाशी शुरू हुई। फिर हरिहर काका को उससे भी बदतर हालत में बरामद किया गया, जिस हालत में ठाकुरबारी से उन्हें बरामद किया गया था।

बन्धन-मुक्त होने और पुलिस की सुरक्षा पाने के बाद हरिहर काका ने बताया कि उनके भाइयों ने उनके साथ बहुत जुल्म-अत्याचार किया है, कि जबरन अनेक कागजों पर उनके अँगूठे के निशान लिये हैं, कि उन्हें खूब मारा-पीटा है, कि उनकी कोई भी दुर्गति बाकी नहीं छोड़ी है, कि अगर और थोड़ी देर तक पुलिस नहीं आती तो वह उन्हें जान से मार देते...।

हरिहर काका के पीठ, माथे और पाँवों पर कई जगह जख्म के निशान उभर आये थे। वह बहुत घबराये हुए-से लग रहे थे। काँप रहे थे। अचानक गिरकर बेहोश हो गये। फिर उनके मुँह पर पानी छींटकर उन्हें होश में लाया गया। हरिहर काका के भाई और भतीजे तो पुलिस आते ही चम्पत हो गये थे। पुलिस की पकड़ में रिश्ते के दो व्यक्ति आये। रिश्ते के शेष लोग भी फरार हो गये थे...।

हरिहर काका के साथ घटी घटनाओं में यह अब तक की सबसे अन्तिम घटना है। इस घटना के बाद हरिहर काका अपने परिवार से एकदम अलग रहने लगे हैं। उनकी सुरक्षा के लिए राइफलधारी पुलिस के चार जवान मिले हैं। हालाँकि इसके लिए उनके भाइयों की ओर से तथा महन्थ की ओर से काफी प्रयास किये गये हैं। असल में हरिहर काका के भाइयों को इस बात की चिन्ता थी कि हरिहर काका जब उन लोगों से अलग अकेले रहने लगेंगे, तब ठाकुरबारी के महन्थ अपने लोगों के साथ आकर पुनः उन्हें ले भागेंगे। और यही चिन्ता महन्थजी को भी थी कि हरिहर काका को अकेला और असुरक्षित पा उनके भाई पुनः उन्हें धर दबोचेंगे। इसीलिए जब हरिहर काका ने अपनी सुरक्षा के लिए पुलिस की माँग की तब नेपथ्य में रहकर ही उनके भाइयों और महन्थजी ने पैरवी लगा और पैसे खर्च कर उन्हें पूरी सहायता पहुँचायी। यह उनकी सहायता का ही परिणाम है कि एक व्यक्ति की सुरक्षा के लिए गाँव में पुलिस के चार जवान तैनात कर दिये गये हैं। अपने बूते पर हरिहर काका से यह सम्भव नहीं हो पाता।

जहाँ तक मैं समझता हूँ, फिलहाल हरिहर काका पुलिस की सुरक्षा में रह जरूर रहे हैं, लेकिन वास्तविक सुरक्षा ठाकुरबारी और अपने भाइयों की ओर से ही उन्हें मिल रही है। ठाकुरबारी के साधु-सन्त और हरिहर काका के भाई इस

बात के प्रति पूरी तरह तैनात हैं कि उनमें से कोई या गाँव का कोई अन्य हरिहर काका के साथ जोर-जबर्दस्ती न करने पाये। साथ ही हरिहर काका के प्रति अपना सद्भाव और मधुर व्यवहार प्रकट कर पुनः उनका ध्यान अपनी ओर खींच लेने के लिए दोनों दल के लोग प्रयत्नशील हैं, लेकिन हरिहर काका ने तो जैसे उनकी ओर पलटकर देखने के लिए भी कसम खा ली हो।

हरिहर काका के ससुराल के लोग उनकी पत्नी की मृत्यु के बाद बहुत कम आते थे। नहीं के बराबर। लेकिन यह सुनकर कि हरिहर काका अपने परिवार से अलग रहने लगे हैं, आते हैं और उन्हें अपने साथ ले चलने का प्रस्ताव रखते हैं। पर हरिहर काका से उनकी नीयत छिपी नहीं रह पाती है। हरिहर काका जान जाते हैं कि उन्हें सुख-शान्ति देने के लिए उनके ससुराल के लोग नहीं ले जाना चाह रहे हैं, ये भी धन हड़पने के ही चक्कर में हैं। इसीलिए वह अपने ससुराल के लोगों को बैरंग वापस कर देते हैं। हालाँकि अगर हरिहर काका उनके साथ जाने के लिए तैयार भी हो जाते तब भी वह नहीं जा पाते, क्योंकि ठाकुरबारी के महन्थ-साधु और उनके भाई इस मुद्दे पर पूरी तरह मुश्तैद हैं।

मेरे गाँव में एक नेताजी हैं। वह न तो कोई नौकरी करते हैं और न खेती-गृहस्थी। फिर भी बारहों महीने मौज उड़ाते रहते हैं। राजनीति की जादुई छड़ी उनके पास है। उनका ध्यान हरिहर काका की ओर जाता है। वह तत्काल गाँव के कुछ विशिष्ट लोगों के साथ हरिहर काका के पास पहुँचते हैं और यह प्रस्ताव रखते हैं कि हरिहर काका की जमीन में 'हरिहर उच्च विद्यालय' नाम से एक हाई स्कूल खोला जाये। इससे हरिहर काका का नाम अमर हो जायेगा। उनकी जमीन का सही उपयोग होगा और गाँव के विकास के लिए एक स्कूल मिल जायेगा। लेकिन हरिहर काका के ऊपर तो अब कोई भी दूसरा रंग चढ़नेवाला नहीं था। नेताजी भी निराश होकर लौट आते हैं।

इन दिनों मेरे गाँव की चर्चाओं के केन्द्र हैं हरिहर काका। घर, आँगन, खेत, खलिहान, अलाव, बगीचे, बरगद हर जगह उनकी ही चर्चा। उनकी घटना की तरह विचारणीय और चर्चनीय कोई दूसरी घटना नहीं। गाँव में आये-दिन छोटी-बड़ी घटनाएँ घटती रहती हैं। लेकिन हरिहर काका के प्रसंग के सामने उनका कोई अस्तित्व नहीं। गाँव में जहाँ कहीं और जिन लोगों के बीच हरिहर काका की चर्चा छिड़ती है तो फिर उसका कोई अन्त नहीं। लोग तरह-तरह की सम्भावनाएँ व्यक्त करते हैं—'राम जाने क्या होगा ? दोनों ओर के लोगों ने अँगूठे के निशान ले लिये हैं। लेकिन हरिहर ने अपना बयान दर्ज कराया है कि वे दोनों लोगों में से किसी को अपनी जमीन का उत्तराधिकारी नहीं मानते हैं। दोनों ओर

के लोगों ने जबरन उनके अँगूठे के निशान लिये हैं। इस स्थिति में उनके बाद उनकी जायदाद का हकदार कौन होगा?'

लोगों के बीच बहस छिड़ जाती है। उत्तराधिकारी के कानून पर जो जितना जानता है, उससे दस गुना अधिक उगल देता है। फिर भी कोई समाधान नहीं निकलता। रहस्य खत्म नहीं होता। आशंकाएँ बनी ही रहती हैं। लेकिन लोग आशंकाओं को नजरअन्दाज कर अपनी पक्षधरता शुरू कर देते हैं कि उत्तराधिकार ठाकुरबारी को मिलता तो ठीक रहता। दूसरी ओर के लोग कहते कि हरिहर के भाइयों को मिलता तो ज्यादा अच्छा रहता।

ठाकुरबारी के साधु-सन्त और हरिहर काका के भाइयों ने कब क्या कहा, यह खबर बिजली की तरह एक ही बार समूचे गाँव में फैल जाती है। खबर झूठी है कि सच्ची, इस पर कोई ध्यान नहीं देता। जिसे खबर हाथ लगती है, वह नमक-मिर्च मिला उसे चटककर आगे बढ़ा देता है।

एक खबर आती है कि महन्थजी और हरिहर काका के भाई इस बात के लिए अफसोस कर रहे हैं कि अँगूठे के निशान लेने के बाद उन्होंने हरिहर को खत्म क्यों नहीं कर दिया। बात ही आगे नहीं बढ़ती।

एक दूसरी खबर आती है कि हरिहर काका मरेंगे तो उन्हें अग्नि प्रदान करने के लिए ठाकुरबारी के साधु-सन्तों और हरिहर काका के भाइयों के बीच काफी लड़ाई होगी। दोनों ओर से अग्नि प्रदान करने का निश्चय हो चुका है। इस सन्दर्भ में उनकी लाश हस्तगत करने के लिए खून की नदी बहेगी।

एक तीसरी खबर आती है कि हरिहर काका की मृत्यु के बाद उनकी जमीन पर कब्जा करने के लिए उनके भाई अभी से तैयारी कर रहे हैं। इलाके के मशहूर डाकू बुटन सिंह से उन लोगों ने बातचीत पक्की कर ली है। हरिहर काका के पन्द्रह बीघे खेत में से पाँच बीघे बुटन लेगा और दखल करा देगा। इससे पहले भी इस तरह के दो-तीन मामले बुटन ने निपटाये हैं। पूरे इलाके में उसके नाम की तूती बोलती है। डकैती तो वह करता ही है। भाड़े पर खेत दखल कराना और हत्या करना उसका मुख्य धन्धा है।

एक चौथी खबर आती है कि महन्थजी ने निर्णय ले लिया है, हरिहर की मृत्यु के बाद देश के कोने-कोने से साधुओं और नागाओं को वह बुलायेंगे। धर्म के नाम पर जितनी सहायता उन्हें मिलेगी, उसका दसांश भी हरिहर के भाई नहीं पा सकेंगे। वह क्या खाकर लड़ेंगे? हाथी पर चढ़कर अयोध्या, प्रयाग, हरिद्वार से जब हज़ारों की संख्या में नागा यहाँ पहुँचेंगे, तब फिर किसकी मजाल जो सामने आयेगा? वह इस पूरे गाँव को धूल में मिला देंगे। हरिहर ने ठाकुरजी

के नाम पर अपनी जमीन लिख दी है। अब तो वह ठाकुरजी की सम्पत्ति है।

रहस्यात्मक और भयावनी खबरों से मेरे गाँव का आकाश आच्छादित हो गया है। दिन-प्रतिदिन आतंक का माहौल गहराता जा रहा है। सब के मन में यह बात है कि हरिहर कोई अमृत पीकर तो आये हैं नहीं। एक न एक दिन उन्हें मरना ही है। फिर एक भयंकर तूफान की चपेट में यह गाँव आ जायेगा। उस वक्त क्या होगा, कुछ कहा नहीं जा सकता ? यह कोई छोटी लड़ाई नहीं, एक बड़ी लड़ाई है। जाने-अनजाने पूरा गाँव इसकी चपेट में आयेगा ही···। इसीलिए लोगों के अंदर भय भी है और प्रतीक्षा भी ! एक ऐसी प्रतीक्षा जिसे झुठलाकर भी उसके आगमन को टाला नहीं जा सकता।

और हरिहर काका ! वह तो बिल्कुल मौन हो अपनी जिन्दगी के शेष दिन काट रहे हैं। एक नौकर रख लिया है। वही उन्हें बनाता-खिलाता है। उनके हिस्से की जमीन में जितनी फसल होती है, उससे अगर वह चाहते तो मौज की जिन्दगी बिता सकते थे। लेकिन वह तो गूँगेपन का शिकार हो गये हैं। कोई बात कहो, कुछ पूछो, कोई जवाब नहीं। खुली आँखों से बराबर आकाश को निहारा करते हैं। सारे गाँव के लोग उनके बारे में बहुत कुछ कहते-सुनते हैं। लेकिन उनके पास अब कहने के लिए कोई बात नहीं।

पुलिस के जवान हरिहर काका के खर्चे पर ही खूब मौज-मस्ती से रह रहे हैं। जिसका धन वह रहे उपास, खाने वाले करें विलास। अब तक जो नहीं खाया था, दोनों जून उसका भोग लगा रहे हैं। हरिहर काका की खटिया के पास ही चौकी पर पसर दिन-भर ताश खेलते हैं तथा सामने की गली से गुजरनेवाली गाँव की लड़कियों को घूरा करते हैं।

जी का जंजाल

पूजा से निवृत्त होकर माँ रसोईघर के बरामदे में आ बैठती हैं और छोटी बहू को आवाज लगाती हैं–'समता बहू, खाना तैयार हो गया हो तो देना··· ।'

यह माँ का रोज का नियम है। जाड़ा हो या गर्मी या बरसात, सुबह नित्यक्रिया से निबटकर या तो वह स्नान कर लेती हैं या तबीयत ठीक नहीं रहती तो सिर्फ कपड़े बदल लेती हैं और धूप-दीप जला पूजा करने बैठ जाती हैं। पूरे मन से श्रद्धा-भक्ति के साथ वह देर तक पूजा करती रहती हैं। फिर पूजा की समाप्ति के बाद खाना खाने आ जाती हैं।

माँ के पति वर्षों पहले दिवंगत हो चुके हैं। लेकिन माँ को चार पुत्र हैं–कामता, रमता, भिमता और समता। उनके चारों पुत्र नौकरी करते हैं तथा अपने परिवार के साथ अलग रहते हैं। शहर में भिमता और समता एक ही मकान के दो हिस्सों में हैं तथा कामता और रमता दूसरे शहर में रहते हैं। चारों पुत्रों ने आपस में मिलकर यह पारी निर्धारित कर ली है कि माँ एक पुत्र के यहाँ तीन मास रहेंगी। इस तरह चारों पुत्रों के यहाँ घूमते-घूमते माँ का एक वर्ष बीत जाता है। इस समय छोटे पुत्र समता की पारी चल रही है, इसीलिए माँ यहाँ ठहरी हुई हैं।

समता की बहू माँ के सामने खाना ला रखती है–भात, दाल और बैंगन की सब्जी। खाना देख माँ कहती हैं–'अपने लिए मैंने रोटी बनाने को कहा था बहू!'

जवाब में बहू झनकती है–'बच्चा रो रहा था···रोटी बनाने का समय नहीं मिला···इतना भी बना दिया, यह काफी है···!'

माँ कहती हैं–'मुझे बुखार और सर्दी-खाँसी है···भात कैसे खाऊँ?···और ऊपर से यह बैंगन की सब्जी! यह सब्जी तो मैं खाती नहीं···तुम तो जानती हो, इस सब्जी से मुझे परहेज है···।'

बहू चट से जवाब देती है— 'दूसरी सब्जी कहाँ से लाऊँ ? यही सब्जी थी, बना दी··· ।'

माँ दुःख प्रकट करते हुए कहती हैं—'इसमें तुम्हारा दोष नहीं है बहू···मेरी किस्मत का ही दोष है···किस्मत फूटी नहीं रहती तो पति को गँवाकर यहाँ अकेली क्यों पड़ी रहती···!'

यह सुनते ही बहू आगबबूला हो बरसने लगती है—'यह रोज का आपका रोना है···किस दिन आप बीमार नहीं रहतीं ?···रोज आपके लिए अलग खाना कहाँ से बने ?···जिसके यहाँ आपको अधिक मिलता हो, मिले । हमारी जो औकात है उसी के हिसाब से न हम आपको खिलायेंगे··· आपके लिए कर्ज लेने तो जायेंगे नहीं···किसी की मजबूरी आपको समझनी नहीं, सिर्फ अपने से मतलब है··· ।'

खाना देखकर माँ का मन ऐसे ही दुखी हो गया था, बहू की जली-कटी बातों से उनकी व्यथा और बढ़ जाती है । थाली आगे सरकाकर वह अपने बिस्तर पर आ पड़ती हैं । उनकी आँखों से आँसू बहने लगते हैं ।

वह क्या थीं और क्या हो गयी हैं । कभी पूरे घर की स्वामिनी वही थीं । पति उन्हें गृहलक्ष्मी कहते थे । अपनी रुचियों एवं इच्छाओं के अनुसार ही वह घर चलाती थीं लेकिन आज घर में उनकी स्थिति भिक्षुक की हो गयी है । कहाँ-से-कहाँ आ गयी प्रभु ! किस जनम के पापों का यह फल है··· ।

माँ का मन जब भी पीड़ित होता है, अतीत के दृश्य उनकी आँखों के सामने घूमने लगते हैं, कभी क्रमानुसार तो कभी टुकड़ों-टुकड़ों में बँटकर··· ।

उनके पति अपने माँ-बाप के अकेले थे । माँ ने आकर पति के घर को भर दिया था । यह देखकर पति बहुत खुश रहा करते थे । कहते थे—'अब मेरे बाद भी तुम्हें तकलीफ नहीं होगी । इतना बड़ा परिवार है । सब तुम्हें हाथ पर उठाये रहेंगे··· ।' लेकिन पति के अनुमान को उनके परिवार ने गलत साबित कर दिया है । अगर वह वापस आकर देखते तो उन्हें कितना बड़ा सदमा लगता । कहने के लिए वह इस परिवार की जननी हैं, माँ हैं, लेकिन जिस पेट से इस परिवार को जना है, वह पेट अब उनके लिए पहाड़ हो गया है । एक पुत्र के यहाँ की बात रहती तो वह इसे अपवाद समझतीं । हर पुत्र के यहाँ की यही स्थिति है । जिसके यहाँ उनकी पारी शुरू होती है उसके यहाँ वह बोझ बन जाती हैं । बहुएँ उन्हें ताने देती हैं तथा उपेक्षापूर्वक बासी और अरुचिकर भोजन देते हुए चाहती हैं कि जल्द-से-जल्द उनकी पारी खत्म हो जाये··· । इस दुर्दिन में माँ ने अपनी लड़कियों को भी परख लिया है । उनकी दो लड़कियाँ हैं, दोनों अच्छे घरों में

ब्याही हैं। लड़कियाँ चाहती हैं कि माँ को रखकर अच्छी तरह खिलायें-पिलायें और सेवा करें। लेकिन दामादों को यह बात पसन्द नहीं आती है। वे अपनी पत्नियों को कोसते हैं—'सारा धन अपने बेटों को दे रखा है और अब बेटियों के यहाँ दिन गुजारने आयी हैं…।'

इसके अतिरिक्त लड़कों को भी यह बात पसन्द नहीं आती है कि माँ लड़कियों के यहाँ रहें। भले ही कष्ट सहकर उनके यहाँ मर जायें, लड़कियों के यहाँ रहेंगी तो उनकी शिकायत होगी! साथ ही उनके मन में इस बात की आशंका भी पैदा होने लगती है कि लड़कियों के यहाँ रहने पर चोरी-छिपे माँ उन्हें पिताजी द्वारा रखे रुपयों में से देना शुरू कर देंगी…।

माँ सोचती हैं कि अगर शुरू में ही इस सत्य का ज्ञान उन्हें हो गया होता कि बड़े होने पर उनके बच्चे इस तरह उनसे मुँह मोड़ लेंगे तो उन्हें इतना कष्ट नहीं होता। इस विपत्ति को सहने के लिए वह तैयार रहतीं। लेकिन वह धोखा खा गयी हैं। हालाँकि वह देखती आ रही थीं कि शादी के बाद अधिकांश बच्चे माँ-बाप का ध्यान नहीं रखते हैं लेकिन उन्हें लगता कि उनके बच्चे ऐसे नहीं हो सकते। अपना जी-जान लगाकर वह बच्चों को पाल रही थीं। बच्चों के लिए सारी सुख-सुविधाओं को उन्होंने तिलांजलि दे दी थी। इसीलिए बच्चों की उपेक्षा उन्हें बहुत कचोटती है।

माँ को लगता है कि उनके पति को इस सत्य का भान था, इसीलिए यह कहते हुए कि इतने बच्चे हैं, तुम्हें तकलीफ नहीं होगी, वह माँ के नाम पर रुपये जमा करते जा रहे थे। एक अच्छी-खासी रकम माँ के नाम पर छोड़कर वह मरे हैं। उस रकम से उनका शेष जीवन अच्छी तरह गुजर जायेगा। वह कोई अमरावती पीकर तो आयी नहीं हैं। लेकिन वह मर्द नहीं, औरत हैं। और औरत को लेकर प्राचीन समय से ही यह मान्यता चली आ रही है कि उसे बचपन में पिता के अधीन, जवानी में पति के अधीन तथा बुढ़ापे में पुत्र के अधीन रहना है। इसी मान्यता के चलते अपने नाम पर पति द्वारा रखी पूँजी का इस्तेमाल भी वह चाहते हुए नहीं कर पाती हैं।

उनके लड़कों ने उनके नाम पर रखे रुपयों को लम्बी अवधि के 'फिक्स डिपाजिट स्कीम' के अन्तर्गत रखवा दिया है ताकि वे दुगुने-तिगुने हो सकें तथा अपने चारों भाइयों के नाम से नौमिनेशन करवा लिया है ताकि उनकी मृत्यु के बाद वे आपस में बराबर-बराबर बाँट सकें। पति की साधारण नौकरी से सम्बन्धित पेंशन की जो छोटी रकम मिलती है, वही माँ के पास रहती है। उस छोटी रकम से ही माँ को अपने कपड़े-लत्ते, पूजा-पाठ की सामग्री और दवा

आदि का इन्तजाम करना पड़ता है, जिसे वह मुश्किल से ही कर पाती है...।

माँ को 'फिक्स डिपाजिट' में रुपये रखने की कतई इच्छा न थी। वह चाहती थीं कि रुपये इस रूप में रखें कि जब इच्छा हो, निकालती रहें। लेकिन लड़कों ने उन्हें बाध्य कर दिया। पिताजी के मित्रों एवं सम्बधियों तक से समझवाया। सबने उन्हें यही कहा—'रुपये लेकर आप क्या कीजियेगा? आखिरकार लड़कों के साथ ही आपको रहना है...फिर जैसा कह रहे हैं वैसा ही क्यों नहीं करती हैं? आपको रखने, खिलाने आदि की जिम्मेदारी ये ले ही रहे हैं...बुढ़ापे में आपको और क्या चाहिए? रुपये तो आपके ही नाम पर रखे हैं...फिक्स डिपाजिट के रुपये आप निकाल तो नहीं सकती हैं...लेकिन आवश्यकता पड़ने पर कभी भी तुड़वा सकती हैं या उस पर 'लोन' ले सकती हैं।'

इस तरह वही हुआ जो उनके लड़के चाहते थे। प्राचीन मान्यता के अनुसार बुढ़ापे में लड़कों के अधीन उन्हें रहना ही था। इस सन्दर्भ में उन्हें लगता है कि पति का सोचा हुआ नहीं हुआ। पति ने उनके भविष्य के लिए रुपये रखे थे। ताकि अपनी इच्छा के अनुसार वह खर्च कर सकें। लेकिन लड़कों ने उन्हें अपने भविष्य के लिए रखवा दिया है...।

रोते-रोते माँ के आँसू सूख जाते हैं। लेकिन कोई पोंछने नहीं आता है। अब इन आँसुओं की कीमत ही क्या? कभी इन आँसुओं को देख पति जमीन-आसमान एक कर देते थे। लेकिन बेटों और बहुओं के लिए ये आँसू अब गन्दे जल के सिवा कुछ नहीं रह गये हैं...।

माँ सोचती हैं कि बहुएँ तो दूसरों के घर से आयी हैं, लेकिन बेटे ऐसे कैसे हो गये...? ये वही बेटे हैं जो उनसे तनिक भी अलग रहना नहीं चाहते थे। इन बेटों की वजह से ही वह पति को भी पूरा समय नहीं दे पाती थीं। भिमता और समता जब छोटे थे तो दोनों उनके अगल-बगल सटकर सोते थे। उनसे कुछ बड़े कामता और रमता भी पास ही उनका हाथ पकड़कर या उनकी साड़ी का छोर पकड़कर सोते थे। उनके स्पर्श के बगैर उन्हें नींद ही नहीं आती थी। लेकिन अब तो माँ के पास कभी भूलकर भी बैठने और दुःख-तकलीफ पूछने की उन्हें फुर्सत नहीं मिलती है...।

माँ को प्रवचन में कही गयी स्वामी श्री हरिनारायणजी की बात याद आती है—'यहाँ के रिश्ते स्वार्थ पर आधारित हैं। स्वार्थ पूरा होते या खण्डित होते ही सारे रिश्ते बदल जाते हैं। एकमात्र प्रभु का रिश्ता ही सच्चा होता है।'

माँ को लगता है, स्वामी श्री हरिनारायणजी ठीक ही कहते हैं, बचपन और किशोर अवस्था में उनके बच्चों का उनके बगैर काम चलनेवाला नहीं था,

इसलिए वह उनसे जुड़े थे। लेकिन अब पत्नी से स्वार्थ सधने लगा है, इसीलिए उन्हें छोड़ पत्नी से जुड़ गये हैं··· । इस तथ्य से अवगत होने के बाद वह अपना ज्यादा समय पूजा-पाठ में लगाने लगी हैं। सचमुच प्रभु के सिवाय कोई अपना नहीं। लेकिन इसके बाद भी उनकी पीड़ा खत्म नहीं होती! शायद माँ होने की यह सजा है कि पुत्रों द्वारा मुँह मोड़ लेने के बावजूद उनके प्रति चाहकर भी वह उदासीन नहीं हो पाती हैं। ममत्व की व्यथा से उनका हृदय फटने लगता है··· ।

अचानक बाहर से दरवाजे पर दस्तक होती है। शायद कोई आया है। बहू जाकर दरवाजा खोलती है। माँ आवाज पहचान जाती हैं—समता है। स्कूल की नौकरी से आया है। सुबह का क्लास खत्म हुआ है।

माँ सुनती हैं, इससे पहले कि समता कपड़े आदि बदलकर खाना खाने के लिए हाथ-मुँह धोता, पत्नी उसे उनके विरुद्ध भड़काती है—'फिर आज माँ 'कोप-भवन' में पड़ी हैं··· खाना नहीं खाया··· यह खाना उन्हें पसन्द नहीं··· अब आप ही बताइये, उनके लिए मैं रोज दस प्रकार का खाना कहाँ से बनाऊँ? इनकी पारी आती है तो परेशान करके छोड़ती हैं··· अनेक समस्याओं से हम परेशान हैं··· लेकिन उन्हें तो सिर्फ अपनी सूझती है··· ।'

पत्नी की बात सुन समता सीधे माँ के पास पहुँचता है। माँ ने खाना क्यों नहीं खाया? आज माँ की तबीयत कैसी है? ये सवाल वह नहीं पूछता है। शायद इसकी आवश्यकता ही नहीं समझता! पहुँचते ही उबल पड़ता है—'सचमुच आपने तबाह कर रखा है। इतने कम वेतन में मैं कैसे घर चलाता हूँ, इस पर तो आपने कभी नहीं सोचा··· । आपको तो तरह-तरह का खाना चाहिए।'

माँ कहती हैं—'शोर मत मचाओ समता, मैं तरह-तरह का खाना नहीं माँग रही हूँ··· । मेरी तबीयत ठीक नहीं, इसलिए नहीं खायी।'

इस पर समता कहता है—'यह एक दिन की आपकी बीमारी नहीं, बुढ़ापे की बीमारी है··· । मैं आपसे कई बार कह चुका, अपने नाम पर रखे रुपये तुड़वाकर जो खाने की इच्छा हो बनवा लिया कीजिये। घर में रुपये रहेंगे नहीं तो औरतें क्या बनाकर देंगी? ··· आप रुपये देकर तो देखिए, क्या नहीं बन जाता है? आप किसी से तनिक भी मत डरिए, कोई आपका कुछ नहीं करेगा। आपके रुपये हैं··· जो अभाव में है उसके यहाँ आपको डर-भय छोड़कर खर्च करना चाहिए।'

यह सुनकर माँ कहती हैं—'जा-जा, मुझे न सिखा, तुम सबों को मैंने देख लिया··· तुमको दूँगी तो वे तीनों छोड़ देंगे? कलेजे पर चढ़कर वसूल कर लेंगे। फिर भी जिस दिन देना था, सबों से लुका-छिपाकर तुम्हें बहुत कुछ दिया

है··· और बेटे के यहाँ रुपये देकर माँ खाये और रहे तो इससे तो बढ़िया होगा कि वह किसी कुएँ में डूब मरे।

इस पर समता और नाराज हो उठता है—'इसीलिए आप भोग रही हैं और अभी और भोगियेगा··· किस लड़के की कैसी आमद है, इस पर आपने कभी विचार नहीं किया है।'—और यह कहते हुए वह वहाँ से चला जाता है।

माँ का मन इस बात के लिए तड़प जाता है कि उनके बीमार और दुखी मन की बात भी समता प्रेम से नहीं सुन सका। अगर आत्मीयता से वह उनकी व्यथा सुन लेता और सिर्फ शाब्दिक सान्त्वना भी दे देता तो उनकी आधी बीमारी ठीक हो जाती। लेकिन अब किसी भी लड़के के यहाँ उनकी यह इच्छा पूरी होनेवाली नहीं। फिर भी उनसे यह आस छूटती नहीं। वह प्रतीक्षा करती ही रहती हैं··· अन्तहीन निरर्थक प्रतीक्षा···।

समता की बात से माँ की व्यथा और अधिक बढ़ जाती है। हमेशा की भाँति वह महसूस करती हैं कि सबकी निगाहें उनके नाम पर रखे रुपयों पर ही टिकी हुई हैं। सब यही चाहते हैं कि जिनके यहाँ उनकी पारी चल रही होती है उसके यहाँ वह छिपे-चोरी कुछ रुपये दिया करें। लेकिन दूसरी ओर अपनी निगाह भी चौकन्ना रखते हैं कि माँ किसी को दे तो नहीं रही हैं। सब अकेले-अकेले ही हड़पना चाहते हैं, इसीलिए सबको एक-दूसरे पर शक रहता है। वह सिर्फ नाम के लिए उन रुपयों की स्वामिनी हैं, उसका वास्तविक हिसाब तो वे चारों अपने पास रखते हैं। एक लड़के के यहाँ की पारी खत्म कर जब दूसरे लड़के के यहाँ पहुँचती हैं तो सबसे पहले वह लड़का उनके रुपयों का हिसाब ले लेता है कि कहीं पहले ने फुसलाकर उनका कोई 'फिक्स डिपाजिट' तो नहीं तुड़वा दिया।

माँ को याद है, पति के मरने के बाद अपनी पत्नियों के कहने में आकर ये लड़के जब एक-दूसरे से अलग हुए थे, उस वक्त कामता और रमता अपनी नौकरी में लग चुके थे। भिमता भी एक जगह लग गया था। लेकिन समता बेरोजगार था। उस वक्त उन्होंने तीनों से छिपकर समता की मदद शुरू की थी। भाइयों ने साथ छोड़ दिया। लेकिन माँ होकर वह कैसे साथ छोड़ें? वह समता के परिवार के साथ ही रहतीं और उसके सारे खर्च झेलतीं। अपनी दवा के बहाने एक फिक्स डिपाजिट उन्होंने तुड़वा लिया था। लेकिन इसके लिए तीनों लड़के उनसे खूब लड़ते और उन्हें कोसते। उनके रुपयों पर वे समान अधिकार समझते थे और नहीं चाहते थे कि एक पैसा भी किसी में अधिक खर्च हो···। वह लाख छिपाकर समता के यहाँ खर्च करती थीं, सब जान ही जाते। इस पर वह क्रुद्ध होकर जब उनसे पूछतीं—'तुम सब नौकरी करते हो, वह बेरोजगार है।

बड़ा भाई होने के नाते तुम तीनों को उसकी मदद करनी चाहिए थी... लेकिन तुम सबों को उससे कोई मतलब नहीं। 'बाँटा भाई पड़ोसी' वाली कहावत के अनुसार तुम लोगों ने उसे छोड़ दिया है। लेकिन माँ होकर मैं कैसे छोड़ दूँ?'

इस पर वे कहते—'नौकरी नहीं लगी है तो ट्यूशन आदि करे... संघर्ष करे... बैठकर पिताजी के रखे रुपये खाने से तो समस्या हल नहीं होगी। पिताजी तुम्हारे लिए रुपये रख गये हैं। खर्च हो जायेंगे तो फिर तुम्हें कौन देगा? आज समता तुमसे रुपये ले रहा है... नौकरी लग जायेगी तो आज की तरह पूछेगा? उस वक्त तुम्हारा ज्ञान खुल जायेगा, लेकिन तब पछताकर ही क्या करोगी।'

सचमुच तीनों के कथनानुसार नौकरी लगते ही समता उन्हीं की तरह हो गया। लेकिन अगर वह इस सत्य से पहले ही अवगत होतीं तो क्या समता को छोड़ देतीं? उन्हें लगता है कि भले ही लड़के हृदयहीन हो जायें, माँ हृदयहीन नहीं हो सकती। उससे हुआ ही नहीं जा सकता। शायद माँ और बेटे में यही अन्तर होता है।

उन दिनों से समता से बड़े तीनों लड़कों के मन में यह बात बैठी हुई है कि माँ ने समता के लिए अधिक खर्च किया है। इसके विपरीत समता के मन में यह बात है कि बड़े भाइयों की तुलना में उस पर कुछ खर्च नहीं हुआ है। पहले संयुक्त परिवार था। पिताजी कमाते थे। पढ़ने-लिखने से लेकर नौकरी लगने तक सबकी आवश्यकताएँ पैतृक जायदाद से ही पूरी होती थीं। लेकिन भाइयों ने उसे तब अलग किया जब वह कहीं का नहीं था। इस स्थिति में पैतृक जायदाद का समान उपयोग उसमें कहाँ हो पाया?

उनके नाम पर रखे रुपयों को लेकर आये दिन लड़कों में होनेवाले विवाद को देखते हुए कुछ निकटतम सम्बन्धियों ने उन्हें सुझाव दिया है कि चारों लड़कों में बराबर-बराबर रुपयों को बाँटकर वह इस झमेले से मुक्त हो जायें। लेकिन भिमता और समता इस बात पर राजी होते हुए भी कहते हैं—'ठीक है... लेकिन यह उचित बँटवारा नहीं होगा... माँ-बाप को चाहिए कि हर लड़के को बराबर करके तब बँटवारा करे नहीं तो आर्थिक दृष्टि से जो कमजोर है उसे अधिक दे और जो मजबूत है उसे कम।'

पर कामता और रमता कहते हैं—'कोई अधिक कमाये या कम, माँ-बाप के धन पर सभी भाइयों का बराबर हिस्सा होता है... किसी की किस्मत में दुःख लिखा है तो बेईमानी से सुख तो नहीं मिल जायेगा... माँ भी बेइमानी करेंगी तो नरक में जायेंगी—उनके लिए चारों लड़के समान हैं।'

इस पर क्रोध में आकर वह कई बार पूछ चुकी हैं—'माँ बेईमानी करेगी तो

नरक में जायेगी लेकिन पुत्र बेइमानी कर रहे हैं तो कहाँ जायेंगे ?'

लेकिन उनके ऊपर इस सवाल का असर नहीं पड़ता है । उनकी निगाह तो माँ के नाम पर रखे रुपयों पर टिकी रहती है । स्वर्ग-नरक की दलील भी उनके रुपये हथियाने के लिए ही वे देते हैं ।

इसके अतिरिक्त यह सोचकर भी माँ नहीं बाँटती हैं कि जीते-जी अपना हाथ काट देना ठीक नहीं होगा । उनके नाम पर रुपये हैं तब तो उनकी यह स्थिति है । अगर रुपये नहीं रहेंगे तो बहुएँ पारी पर भी उन्हें नहीं पूछेंगी··· दुत्कार देंगी··· ! लेकिन फिर उन्हें लगता है कि ऐसा वह बेकार ही सोचती हैं । अपनी तरह अनेक विधवा और बूढ़ी औरतों को वह देख रही हैं । सबके नाम पर उनकी तरह रुपये नहीं हैं । फिर भी उनका जीवन उनसे सुखी है । बेटा-पतोह उन्हें मानते और सेवा करते हैं । लेकिन यह सोचने के बावजूद अन्दर से उनका मन रुपये बाँट देने के लिए कभी तैयार नहीं होता है । पति और पुत्र की तरह ही रुपये से आसक्ति भी छूटती नहीं है··· ।

भिमता की मोटरसाइकिलवाली घटना याद आती है तो आज भी उनके कलेजे में एक हूक-सी उठती है । भिमता का कारखाना इस शहर से काफी दूर है । कारखाने के प्रायः सभी कर्मचारी स्कूटर, मोटरसाइकिल आदि से आते-जाते थे । लेकिन भिमता साइकिल से जाता था । धूप में वह जब साइकिल से इतनी लम्बी दूरी तय करके आता तो उसका चेहरा सूखा और मुरझाया हुआ लगता । यह देखकर उनका मातृत्व छटपटा जाता । इस पर भिमता अनुकूल अवसर देख कहता – 'इतने कम वेतन में मोटरसाइकिल कहाँ से लूँ माँ, समझ नहीं पाता हूँ । साइकिल से आते-आते तो लगता है, प्राण निकल जायेंगे··· । पी. एफ. आदि से ऋण लेकर आधे रुपये जुटा सकता हूँ··· अगर आधा आप दे दें तो मोटरसाइकिल ले लेता । यह बात कोई जानता भी नहीं । बाद में पैसे होने पर मैं आपको दे देता ।'

भिमता की यह बात सुन और उसकी स्थिति देख माँ धर्मसंकट में पड़ गयी थीं । कभी मन करता कि दे दें । बेटा जब इतने दुःख में है तो वह रुपये रखकर क्या करेंगी ? लेकिन फिर सोचतीं, जान जाने पर वे तीनों उनकी यह सफाई नहीं सुनेंगे, सब अपनी समस्या को बढ़ा-चढ़ाकर सुनाने लगेंगे । उन्हें तबाह कर देंगे । उनका जीना मुश्किल हो जायेगा··· ।

लेकिन भिमता आग्रह करता रहा और अपनी व्यथा उन्हें सुनाता रहा । साथ ही उसने उनकी खुशामद भी शुरू कर दी । फैक्ट्री से लौटते ही

खोजता—माँ कहाँ हैं ?—और उनके पास जा बैठता । अपनी पत्नी को डाँटकर जबरन माँ की सेवा कराता, स्वयं भी माँ की सेवा में लगा रहता । माँ का ममतामयी निष्कपट, हृदय जल्द ही पिघल गया और ऐसा पिघला कि सबकुछ भूल वह भिमता के साथ चुपके बैंक जा पहुँची और एक फिक्स डिपाजिट तुड़ा उसे दे दिया । मोटरसाइकिल खरीदकर भिमता खुशी से झूम उठा ।

लेकिन जाने कैसे, जल्द ही यह बात सब जान गये ? शायद समता की बहू को खबर मिल गयी थी । फिर तो सब आ जुटे और घर में वह कुहराम मचा, वह महाभारत छिड़ा कि लगता, चारों बेटे आपस में ही कटकर मर जायेंगे । उनकी लड़ाई जब अन्य किसी तरह शान्त नहीं हुई तो हार-थककर उन्होंने जितने रुपये भिमता को दिये थे, उतने-उतने रुपये तीनों को भी दिये । लेकिन इस क्रम में उनके आधे रुपये निकल गये । लड़कों का झगड़ा तो उन्होंने शान्त करा दिया लेकिन अपने रुपयों की हूक से वह खाट पर पड़ गयीं । अभी इतनी जल्दी वह बूढ़ी न होतीं । लेकिन रुपये चले जाने की आह ने उन्हें असामयिक बुढ़ापे का शिकार बना दिया है । तरह-तरह की बीमारियों ने आ दबोचा है । पुत्र-शोक सहा जाता है, धन-शोक नहीं ।

दोपहर ढलने लगती है । माँ ऐसे ही चुपचाप पड़ी रहती हैं । समता बहू दुबारा उन्हें खाने का आग्रह करने के लिए नहीं आती है और न उनका कुशल-समाचार पूछने ही । अगर वह चाहती तो इस बीच उनके लिए दो रोटियाँ पका सकती थी । उन्हें किसी भी सब्जी से उतनी प्रीत नहीं । नमक-तेल के साथ ही वह रोटियाँ खा लेतीं । लेकिन उनको लेकर बहुओं के मन में श्रद्धा और प्रेम हो तब न ! उनके न खाने पर वे मन-ही-मन सोचती हैं कि चलो, एक दिन का खाना तो बचा… ।

अचानक किसी के आने की आहट होती है । फिर भिमता बहू की आवाज सुनायी पड़ती है—'माँ सो गयी हैं क्या ?'

माँ जवाब देती हैं—'नहीं तो… ।'

भिमता बहू उनके करीब चली जाती है । इसी मकान के दूसरे हिस्से में रहती है । माँ के मन में यह विचार उठता है कि यह सुनकर वह बीमार हैं और नहीं खायी हैं, कहीं भिमता बहू उन्हें अपने यहाँ खिलाने ले चलने तो नहीं आयी है । लेकिन यह अनहोनी कैसे हो सकती है ? अपनी पारी पर तो वह अच्छी तरह खिलाती नहीं, दूसरों की पारी पर कैसे खिलायेगी… ? माँ का अनुमान सही साबित होता है । भिमता बहू एक दूसरे उद्देश्य से आयी है । अपनी गोद के बच्चों की ओर संकेत करती हुई कहती है—'बबलू बड़ा तंग कर रहा है माँ… रो

रहा है⋯ अभी घर के सारे काम पड़े हुए हैं⋯ इसे थोड़ी देर आप खेलातीं तो मैं जाकर कई काम निबटा लेती⋯।'

माँ कहती हैं—'मेरी तबीयत ठीक नहीं बहू⋯।' यह सुन भिमता बहू चल देती है। गुस्से में पाँव पटकते जा रही है। दरवाजे से बाहर निकलने के बाद उसकी आवाज माँ को साफ सुनायी पड़ती है—'मेरी पारी नहीं है तो मेरा बच्चा कैसे लेंगी?⋯जिसकी पारी में खाती हैं, उसी का बच्चा जो खेलाती हैं⋯।

माँ का मन क्रोध से भर जाता है। इच्छा होती है कि चिल्लाकर कहें—मैं तुम सबों की नौकरानी नहीं कि बच्चे खिलाऊँगी तो खाना पाऊँगी। ममता और प्रेम की वजह से बच्चों को खेलाती हूँ⋯ और खाना तुम सब मुफ्त में नहीं खिलाती हो, यह बात अपने मन से निकाल देना⋯ बेटों को पाल-पोसकर तुम्हें दे दिया है⋯ पति का सारा धन दे दिया है⋯ मेरे नाम पर जो रुपये हैं, मरने के बाद वह सब भी तुम्हीं लोगों का होगा⋯ इसी एवज में खिलाती हो⋯। लेकिन कह नहीं पाती हैं। शरीर जब कड़ा था तो खूब कहती थीं। एक का दस सुनाती थीं। लेकिन अब तो दो-चार बातें बोलने पर ही गिरकर हाँफने लगती हैं। इस स्थिति में बहुएँ तो चाहती हैं कि लड़ाकर जल्द ही उन्हें खत्म कर दें। लेकिन प्रभु उन्हें बचाये हुए हैं⋯।

माँ शुरू से ही देखती आ रही हैं, थोड़ा-सा भात या दो रोटियाँ वह क्या खाती हैं, बहुएँ चाहती हैं कि रात-दिन उनके बच्चों को गोद में लिये रहें। भिमता बहू और समता बहू इस बात की नाराजगी अपने मन में बराबर पाले रहती हैं कि कामता बहू और रमता बहू के बच्चों की तरह उनके बच्चों को पालने में मददगार साबित नहीं हुई हैं। लेकिन इसमें उनका क्या दोष? उस वक्त शरीर मजबूत था। अब तो अपनी देह ही उनके लिए बोझ हो गयी है, बच्चों को वह कैसे पालें? लेकिन उनकी यह मजबूरी तो बहुओं को समझनी है नहीं⋯।

माँ सोचती हैं कि उनके नाम पर जो रुपये हैं, मरने के बाद ये ही चारों ले लेंगे, तब फिर इस लालच में अच्छी तरह उनकी सेवा क्यों नहीं करते हैं? इस पर उन्हें लगता है कि सभी बेटा-पतोह यह सोचते हैं कि अच्छी तरह सेवा करें या न करें, हिस्सा तो सबको बराबर ही मिलना है।

माँ को याद है, चारों बेटों और चारों बहुओं में कामता की पत्नी और रमता उन्हें विशेष मानते थे। यह देखकर उन्हें भी सन्तोष होता था कि एक बहू और एक बेटा सही निकल गये। बुढ़ापे में उन्हें तकलीफ नहीं होगी। लेकिन बाद में यह सोचकर कि कोई सेवा करे या न करे माँ के नाम के रुपये बराबरा लेंगे, वे दोनों भी उनकी तरह ही हो गये⋯।

इस सन्दर्भ में कई लोगों ने उन्हें सुझाव दिया है और खुद उनके मन में भी यह बात उठती है कि वह किसी एक लड़के के साथ ही रह जायें। चार दरवाजे की नोक-झोंक से उनकी जान भी बच जायेगी। लेकिन यह उनसे हो ही नहीं पाता है। लड़के उनसे मुँह मोड़कर रह लेते हैं। लेकिन लड़कों से मुँह मोड़ना उन्हें अच्छा नहीं लगता। उनका कलेजा टुकड़ा-टुकड़ा होने लगता है। उन्हें लगता है, माँ और बाप में यही अन्तर होता है। अगर बाप होते और उनके नाम पर ये रुपये रहते तो सबों को झटककर मौज की जिन्दगी जीते। लेकिन माँ होने के चलते वह चार दरवाजे का कुत्ता बनी हुई हैं···।

इसके अतिरिक्त इस चिन्ता से भी वह किसी एक लड़के के यहाँ नहीं रहती हैं कि अन्य तीन लड़के उसके दुश्मन हो जायेंगे। उसे सही-सलामत नहीं रहने देंगे। उनके रुपयों पर वे समान अधिकार समझते हैं। उनका मन गुस्से में उबलने लगता है—सेवा करने के लिए कोई नहीं, लेकिन धन-सम्पत्ति बाँटने के लिए सभी हैं। हे भगवान! यह कैसा युग आ गया है।

शाम घिरने लगती है, उन्हें पूछने कोई नहीं आता है। उनके मन में यह बात उठती है कि वह बेकार आस लगाये बैठी हैं। कोई उन्हें मनाने नहीं आयेगा। प्रभु के सिवाय उनका अपना अब है ही कौन? साँझ हो चली है। प्रभु की मूर्ति के सामने उन्हें धूप-दीप जलाना चाहिए···। और यह सोचकर वह उठना ही चाहती हैं कि अचानक भिमता आ जाता है—'अभि तक सोयी हैं क्या माँ?'

वह कहती हैं—'सोयी नहीं हूँ—ऐसे ही पड़ी हूँ।'

भिमता कहता है—'सुना, आज आपने कुछ खाया नहीं—आपकी तबीयत खराब है···।' और भिमता माँ के समीप पहुँच उनके माथे पर हाथ रखता है—'अभी तो आपको हल्का-हल्का बुखार है। आपने मुझे बताया क्यों नहीं?'

माँ के मन में संशय पैदा होता है, आज अचानक भिमता को इस तरह माँ के ऊपर प्रेम क्यों उमड़ आया है, जरूर कोई बात होगी! लेकिन फिर उनका निष्कपट मातृत्व आर्द्र हो जाता है, ऐसी बात नहीं हो सकती···उनका अपना बेटा है···देर-सबेर माँ की याद आयेगी ही···। वह कहती हैं—'क्या बताऊँ, यह तो मेरी रोज की बीमारी है।'

भिमता कहता है—'लेकिन इसमें खाना छोड़ने की तो कोई बात नहीं।'

वह कहती है—'समता बहू ने भात बनाया था···सर्दी-बुखार की वजह से भात नहीं खायी।'

इस पर भिमता कहता है—'तो मेरी पत्नी से कहकर आपने क्यों नहीं

रोटियाँ बनवा लीं··· ।'—और वह आवाज लगाकर अपनी पत्नी को बुलाता है और कहता है—'माँ के लिए सब्जी और पराँठे तैयार कर जल्दी ले आओ ।'

माँ के अन्दर पुनः संशय पैदा होता है । कहीं अपना मकसद साधने के लिए तो भिमता नहीं आ पहुँचा है । लेकिन फिर नदी की तरह उमड़ आया उनका मातृत्व संशय को डुबा देता है ।

भिमता कहता है—'आपका स्वास्थ्य गिरा जा रहा है माँ···आप अपने स्वास्थ्य पर ध्यान क्यों नहीं देती हैं ?'

फिर कहता है—'आप सुबह-शाम टहला कीजिए माँ···बुढ़ापे में गठिया से बचने के लिए टहलना चाहिए ।'

फिर कहता है—'आपका जीना हम लोगों के लिए बहुत आवश्यक है माँ···आप हैं तो लगता है सबकुछ है···आप हम चारों भाइयों के बीच पुल बनी हुई हैं··· ।'

भिमता की बातों से माँ के अन्दर अचानक एक नयी शक्ति का संचार हो जाता है । उन्हें लगता है, वह ठीक हो गयीं···सारी बीमारी भाग गयी··· । कहती हैं—'मैं ठीक हूँ भिमता··· ।'—और वह भली-चंगी औरत की भाँति उठ बैठती हैं ।

थोड़ी देर बाद भिमता की पत्नी गरम-गरम पराँठे और सब्जी लेकर आती है । भिमता स्वयं पानी ले आता है और माँ का हाथ धुलवाकर उन्हें खिलाने लगता है । प्रेम से दिया हुआ खाना खा माँ तृप्त हो जाती हैं । उनके रोम-रोम से और हृदय से भिमता के लिए दुआएँ निकलने लगती हैं । मन-ही-मन वह प्रभु से कहती हैं—भिमता को युग-युग जिआओ प्रभु ! बेटा हो तो भिमता की तरह ।

लेकिन यह क्या ! खाना खाकर अभी वह इतमीनान की साँस ही लेती हैं कि भिमता कहता है—'हाउसिंग बोर्ड की ओर से विज्ञापन निकला है माँ···कुछ हजार रुपये देकर अपना नम्बर लगाना है···शेष रुपये किस्तों में दिये जायेंगे···यह अच्छा अवसर आया है माँ···पता नहीं, फिर कभी इस शहर के लिए निकलेगा या नहीं··· ।'

माँ को अपनी आशंका सही लगने लगती है । उनका मन तिक्त हो जाता है । प्रेम से खाना खिलाकर भिमता ऊपर से जहर देने लगा है । वह चुप ही रहती हैं ।

भिमता कहता है—'कामता भैया और रमता भैया ने वर्षों पहले मकान के लिए नम्बर लगा रखा है···एक-दो साल में उन्हें मकान मिल भी जायेंगे···अपने मकान···लेकिन मेरे पास रुपये नहीं ।'

फिर अपनी बात स्पष्ट करते हुए कहता है—'आप दे देतीं माँ तो मकान के लिए नम्बर लगा देता ··· भैया लोगों की तरह मेरा भी अपना मकान हो जाता ।'

जिस बात का डर था माँ को वह घटित हो ही जाती है । जानतीं तो भिमता के पराँठे न खातीं ··· । कहती हैं—'मोटरसाइकिलवाली बात तुम्हें याद है न भिमता ··· तुमको दूँगी तो वे तीनों छोड़ देंगे क्या ?'

भिमता कहता है—'कामता और रमता भैया के नाम पर तो मकान हो ही रहे हैं माँ ··· इस बार वे हमला करेंगे तो मुहल्ले की पंचायत जुटायी जायेगी ··· एक भाई महल में रहे और एक भाई झोंपड़ी में ··· यह उचित नहीं ··· माँ को अधिकार है कि वह सबको बराबर कर दे ।'

माँ कहती हैं—'भाइयों के झगड़े मुहल्लेवालों से नहीं छूटते ··· वे नहीं मानेंगे ··· और फिर कामता और रमता को मकान मिल रहे हैं, लेकिन समता तो तुम्हारी तरह ही है ··· ।'

भिमता को लगता है कि माँ रास्ते पर आ रही है । वह एक क्षण के लिए माँ के पास से हटकर समता के पास जाता है और उसे समझा-बुझाकर माँ के पास ले आता है । इस बार समता कहता है—'भिमता भैया ठीक ही कह रहे हैं माँ ··· हम दोनों का नम्बर लगवा दीजिए ताकि कामता और समता भैया की तरह हमारे भी अपना मकान हो जाये ··· जब तक आप सहयोग नहीं कीजियेगा, हम अपनी सीमित आय से कुछ नहीं कर पायेंगे ।'

माँ कहती हैं—'तुम्हारी तरह ही उन दोनों की निगाह भी मेरे रुपयों पर है ··· कोई एक-दूसरे की मजबूरी नहीं समझेगा ··· ।'

इस पर भिमता कहता है—'आप इसके लिए चिन्ता मत कीजिए माँ ··· हम लोग उन लोगों से सुलट लेंगे ··· पिछली बार की बात नहीं है ··· आपके न रहने पर भले ही लोग बराबर बाँटेंगे ··· जिन्दगी में तो आप जिसको जो दे दें, उसका हो जायेगा । फिर कोई कुछ नहीं कर पायेगा ··· ।'

माँ कहती हैं—'क्या होगा, मैं सब जानती हूँ । तुम्हारी तरह ही वे दोनों भी कहते हैं । रुपये के लिए वे भी लड़ने को तैयार हैं ··· इसके साथ मेरे पास अब अधिक रुपये हैं ही कहाँ कि मैं दूँ ··· अभी तो मेरा ही जीवन बाकी है ··· ।'

इस पर समता कहता है—'हम शराब पीने और ऐश-आराम में लुटाने के लिए तो रुपये नहीं माँग रहे हैं ··· मकान लेने के लिए माँग रहे हैं ··· माँ-बाप के धन का सदुपयोग तो ऐसे ही कार्यों में होता है ··· साथ ही यह आपका धर्म है कि चारों लड़कों को कम-से-कम आवास के मामले में बराबर कर दें । ··· आपके सिवाय हम और किससे कहने जायें ? भैया लोग तो बात सुनेंगे नहीं ··· आप माँ

हैं··· आपके ही पास न रोना और न विनती करना है।'

माँ को लगता है कि समता और भिमता अब ममत्व प्रदर्शन करते हुए उनके मातृत्व को पिघलाने की कोशिश करेंगे। लेकिन अर्थ के मामले में उन्हें गहरी ठेस लग चुकी है। अपना हाथ काट दें और ऊपर से घर में फिर महाभारत को निमन्त्रण दे दें, यह वह कभी नहीं करेंगी, इसीलिए निष्कर्ष रूप में अपना निर्णय सुना देती हैं–'मैं तुम दोनों से हाथ जोड़ती हूँ, रुपयों का जिक्र मुझसे न करो··· चाहे जहाँ से हो स्वयं जुटाओ, मुझसे रुपये न माँगो···।'

माँ की यह बात सुन भिमता के चेहरे की त्यौरियाँ बदल जाती हैं। कहता है–'मैं जानता था आप नहीं देंगी। स्वार्थी हैं। आपमें न्याय की क्षमता नहीं··· आप सही माँ नहीं···।' और समता को सम्बोधित करते हुए कहता है–'चलो समता, इनसे कहना बेकार है··· यह सिर्फ अपना पेट पालना जानती हैं··· पैदा करके हमें भाग्य के भरोसे छोड़ दिया है···।'–और दोनों वहाँ से दरवाजे पर चले आते हैं। फिर एक ही साथ बैठकर उन्हें कोसने लगते हैं। भिमता कहता है–'ऐसी माँ हमने नहीं देखी, जिसे बाल-बच्चों की नहीं, अपनी ही चिन्ता है···।'

समता कहता है–'आप बेकार इन्हें पूछते हैं··· नहीं खायी थीं··· नाराज होकर पड़ी थीं तो छोड़ देते···।'

भिमता कहता है–'हम दोनों भाइयों को शुरू से ही बड़े भाइयों की तुलना में ये कम मानती हैं···।'

इस पर समता कहता है–'इनकी जगह दूसरी कोई माँ रहती तो ऐसे कार्य के लिए बिन माँगे रुपये दे देती। माँ-बाप तो बाल-बच्चों के लिए ही न रुपये रखते हैं–खासकर आर्थिक दृष्टि से कमजोर बच्चों के लिए···।'

भिमता कहता है–'रुपये रखकर अचार डालेंगी। ऐसी-तैसी इनके रुपयों की···।'

वे देर तक उनके बारे में अनाप-शनाप बकते रहते हैं। उनकी बातें माँ के कलेजे में तीर की तरह लगती हैं। उनका कलेजा छलनी हो जाता है। व्यथा के वेग में उनकी इच्छा होती है कि जाकर बता दें कि उन्होंने उन सबों के लिए क्या किया है और वे उनके लिए क्या कर रहे हैं। उन जैसी माँ के ऋण से वे कई जन्मों में भी उऋण नहीं होंगे···। लेकिन चुपचाप पड़ी रहती हैं। जानती हैं, रुपयों के लोभी उनके पुत्रों पर किसी भी तथ्य का असर होनेवाला नहीं। रात गहरा जाने पर भिमता और समता अपने-अपने घरों में चले जाते हैं। फिर खाना खा अपने-अपने परिवार के साथ सो रहते हैं लेकिन माँ जगी रहती हैं। और अपनी

किस्मत पर रोती रहती हैं। ऐसी औलाद से 'निसन्तानी' और 'निपुत्तर' रहती तो ठीक था। किसी मन्दिर या मठ में जीवन गुजार देती।

माँ की व्यथा इतनी बढ़ जाती है कि बिस्तरे से उठ वह प्रभू की मूर्ति के पास जा बैठती हैं और मौन विलाप करने लगती हैं—'कब और क्या दिखाने के लिए रखे हो प्रभु⋯वहीं ले चलो जहाँ पति गये हैं⋯पुत्रों के घर में अब और नहीं रहा जाता⋯।'

माँ को लगता है कि उनके नाम पर जमा रुपये ही सारे उपद्रवों की जड़ हैं। कभी यह बात उन्हें बहुत अच्छी लगती थी कि पति ने उनके नाम पर रुपये रखकर अच्छा किया है। लेकिन अब उन्हें लगता है, ठीक नहीं किया है। उनकी इच्छा होती है कि सारे रुपये पुत्रों में बाँट दें। न रहेगा बाँस और न बजेगी बाँसुरी। लेकिन फिर यह चिन्ता सताने लगती है कि रुपये देकर तो और असहाय हो जायेंगी। रुपये हैं तब तो उनकी यह स्थिति है, नहीं रहेंगे तो लड़के और बहुएँ बाँह पकड़कर अपने दरवाजे से निकाल देंगे। तब वह क्या करेंगी⋯?

प्रभू की मूर्ति के सामने वह विकल हो माथा पटक रोने लगती हैं—'कुछ समझ में नहीं आ रहा है प्रभु, क्या करूँ? तुम ही कोई रास्ता निकालो।'

जंगल होते शहर

सुबह नित्यक्रिया से निबटकर सिन्हा बाबू अपने ड्राइंगरूम में आ बैठते हैं। अब तक हॉकर अखबार दे जा चुका है। सिन्हा बाबू के ड्राइंगरूम में बैठते ही उनकी पत्नी चाय का प्याला लाकर उनके सामने रख देती हैं। फिर रोज की भाँति सिन्हा बाबू चाय की चुस्कियाँ लेते हुए अखबार पढ़ने लगते हैं।

'दस व्यक्तियों की निर्मम हत्या'—अखबार की प्रथम सूचना पढ़ सिन्हा बाबू चौंक उठते हैं। फिर दूसरा पृष्ठ पलटते हैं—'सरेबाजार एक व्यक्ति को छुरा मारकर खत्म कर दिया गया!' दूसरी सूचना पढ़ वे तिलमिला उठते हैं। फिर तीसरा पृष्ठ पलटते हैं। लेकिन यह क्या? तीसरे पृष्ठ पर भी यही सूचना—'चार झोंपड़ियों में आग लगाकर उसमें रहनेवाले औरत-मर्द और बच्चों को जिंदा जला दिया गया।' अब सिन्हा बाबू को और कोई सूचना पढ़ने की इच्छा नहीं होती। वे अखबार बंद कर देते हैं। उनका मन काफी बेचैन और अशांत हो जाता है। ऐसी ही एक घटना के चलते पिछली दो रातों से सिन्हा बाबू सो नहीं पाए हैं। उस पर ये ताजी सूचनाएँ!

बात अभी परसों ही की है। सिन्हा बाबू के कॉलेज के उनके साथी प्राध्यापक रामलाल को क्लास लेकर बाहर निकलते ही दो छात्रों ने छुरा भोंककर उनकी जीवनलीला समाप्त कर दी। चूँकि सिन्हा बाबू ने इस घटना को अपनी आँखों से देखा था, इसीलिए दो रातों तक यह दृश्य उनकी आँखों के सामने घूमता रहा। वे चाहकर भी सो नहीं पाए।

सिन्हा बाबू सोचते हैं कि मारनेवालों का हृदय कैसा होता है? कैसे वे चुटकी बजाकर किसी की जीवनलीला समाप्त कर देते हैं? सिन्हा बाबू तो हत्या का नाम सुनकर ही काँप उठते हैं। उनके मन में बराबर यह सवाल उठता रहता है कि क्या मारनेवाले लोग, जिस व्यक्ति को मारना होता है, उसके बारे में सोच-विचार नहीं करते हैं? हर आदमी के साथ एक दुनिया जुड़ी हुई होती है, जो उसके गुजरते ही उजड़ जाती है। इसीलिए कोई भी आदमी अकेला नहीं

होता। किसी की भी हत्या अकेली हत्या नहीं होती। उसके साथ एक पूरी दुनिया हताहत होती है।

सिन्हा बाबू सोचते हैं कि काश, किसी को मारने से पहले हत्यारे उसके बारे में यह जानने की कोशिश करते कि उसके अंदर कैसी-कैसी योजनाएँ हैं ? अपने जीवन में वह क्या-क्या करना चाहता है ? किने-किन कामों में उसने हाथ लगा दिया है ··· तो शायद वे नहीं मारते, लेकिन यह सब जानने की कोशिश वे कभी नहीं करते। इस हत्या से उसकी योजनाएँ, उसकी इच्छाएँ और उसके कार्य सब अधूरे पड़ जाते हैं। सिन्हा बाबू को लगता है कि हत्या निहायत निंदनीय और क्रूर कर्म है।

सिन्हा बाबू ने पाया है कि कभी-कभी जिस विचार को लेकर किसी की हत्या की जाती है, वह व्यक्ति उस विचार के साथ-साथ दूसरी तरफ बहुत अच्छे विचारों से भी जुड़ा होता है, लेकिन मारनेवालों का ध्यान एकतरफा ही रहता है।

उन्हें लगता है कि अपने दुश्मन पर विजय पाने के लिए जन-संगठनों के माध्यम से उसके ऊपर दबाव डालना, उसकी सामाजिक नाकेबंदी करना तथा अपने आचरण और सिद्धांत के माध्यम से अपनी बात मनवा लेने के लिए उसे मजबूर करना ही सर्वोत्तम मार्ग है। अपने दुश्मन पर विजय पाने के लिए धोखे से उसकी पीठ में छुरा भोंकना या रात में जब वह गहरी नींद सोता है, तब उसकी गर्दन काट लेना बिलकुल निकृष्ट मार्ग है। इस रास्ते सफलता भी नहीं मिलती। इस रास्ते सिर्फ दुश्मन की लाश पर ही विजय पायी जा सकती है; उसके विचारों, कार्यों और योजनाओं को कहीं से भी परिवर्तित नहीं किया जा सकता।

सिन्हा बाबू हत्यारों के बारे में सोचने और हत्या के औचित्य पर विचार करने के बाद अपने साथी रामलाल को याद करने लगते हैं। रामलाल उनके कॉलेज का सबसे सीधा-सादा और सज्जन प्राध्यापक था। स्टॉफ-रूम में कभी किसी के साथ उसकी तू-तू मैं-मैं नहीं हुई थी। छात्रों के साथ भी उसका व्यवहार बहुत उदार और नम्र होता था। कॉलेज-प्रांगण में उस जैसे प्राध्यापक की हत्या होगी, इसकी कल्पना तो किसी ने नहीं की थी, लेकिन ··· !

रामलाल की हत्या परसों हुई, लेकिन सिन्हा बाबू अभी तक उसके यहाँ मातमपुर्सी में भाग लेने नहीं जा सके। सच तो यह है कि सिन्हा बाबू को रामलाल के अनाथ और बिलखते परिवार से सामना करने का साहस ही नहीं हो पा रहा है। लेकिन उन्होंने सोच लिया है, आज वे उसके यहाँ अवश्य जायेंगे। सिन्हा बाबू को लगता है कि रामलाल की हत्या के पीछे अनेक कारण हो सकते

हैं। यह भी हो सकता है कि उनकी जानकारी के बाहर कभी किसी प्राध्यापक से रामलाल की तकरार हुई हो और उसी प्राध्यापक ने गुण्डे छात्रों द्वारा उन्हें मरवा दिया हो। आजकल अनेक प्राध्यापक गुण्डे छात्रों को पालते ही हैं। या यह भी हो सकता है कि रामलाल ने गुण्डानुमा किसी छात्र को वर्ग में डाँटा हो या परीक्षा में नकल करने से रोका हो, फिर उसी छात्र ने अवसर पाकर उनके ऊपर वार कर दिया हो। या इसके अतिरिक्त शहर के किसी झगड़े को लेकर ही यह घटना हुई हो। मकान मालिक से उनकी झड़प भी हो गयी थी। कहीं उस झड़प के परिणामस्वरूप ही वह घटना न घटी हो। कुछ भी हो सकता है। आज हत्या के लिए किसी बड़ी बात का होना ही तो जरूरी नहीं।

सिन्हा बाबू चिन्ताओं में डूबकर सोचते जा रहे थे। वे अभी और सोचते कि उनकी पत्नी सामने आकर बोल उठती हैं, "आज कॉलेज नहीं जाना है क्या? दस बजे गये, आप चुपचाप बैठे हैं…"

सिन्हा बाबू घड़ी की ओर देखते हैं—सचमुच दस बज रहे हैं। दस पचास पर उनकी एक क्लास है। सिन्हा बाबू को अपने ऊपर आश्चर्य होता है, इतनी देर तक उन्हें समय का ख्याल क्यों नहीं रहा? इससे पहले कि वे कुछ बोलें, उनकी पत्नी पुनः बोल उठती हैं, "चेहरा इतना उदास क्यों लग रहा है? तबीयत ठीक नहीं है क्या? चाय भी आधी रखी हुई है…"

अपने माथे का पसीना पोंछते हुए पत्नी से कहते हैं, "कपड़े दो। कॉलेज जाना है।"

पत्नी पूछती हैं, "खाना नहीं खायेंगे क्या?"

वे जवाब देते हैं, "खाने की इच्छा नहीं।"

पत्नी कहती है, "तबीयत ठीक नहीं है तो डॉक्टर से दिखा लीजिए। पिछले दो दिनों से तो यही कह रहे हैं… आज बिना खाये आपको नहीं जाने दूँगी…" और पत्नी उठ जाती हैं, सिन्हा बाबू के सामने जबरन खाना ला परोसती हैं। न चाहते हुए भी सिन्हा बाबू को दो-चार कौर निगलना ही पड़ता है। फिर वे कॉलेज की ओर चल देते हैं।

सिन्हा बाबू दस बजकर तीस मिनट पर कॉलेज पहुँच जाते हैं। क्लास लेने में अभी बीस मिनट बाकी हैं इसलिए वे स्टॉफरूम की ओर चल देते हैं। आज का अखबार वे साथ लेते आये हैं। सोचा है, मित्रों के साथ जमकर बातें होंगी। आज देश की स्थिति कैसी हो गयी है? हत्याएँ किस कदर तेजी से हो रही हैं? जनजीवन कितना असुरक्षित हो गया है… आदि।

सिन्हा बाबू के स्टॉफरूम में प्रवेश करते ही उनके साथी प्राध्यापक मुस्कराकर उनका स्वागत करते हैं। कुछ जो उनसे जूनियर हैं उन्हें प्रणाम करते हैं और कुछ सीनियर हैं, जिन्हें सिन्हा बाबू नमस्कार बोलते हैं। फिर एक कुर्सी खींचकर वे बैठ जाते हैं। सिन्हा बाबू के आगमन से पहले स्टॉफरूम में किसी बात का सिलसिला जारी था, लेकिन उनके आ जाने से एकाएक रुक गया था। इससे पहले कि पुनः वह सिलसिला जारी हो, सिन्हा बाबू सबों को चौंका देते हैं, ''आज का अखबार देखा आप लोगों ने ?''

''नहीं तो, ...क्या बात है ...क्या बात है ?'' चारों तरफ से मित्रगण सिन्हा बाबू को आश्चर्यचकित नेत्रों से देखने लगते हैं। सिन्हा बाबू कहते हैं, ''नहीं देखा है तो देखिए...'' और अखबार सामने रखकर पलटते हुए बताते हैं कि प्रथम पृष्ठ से लेकर अन्तिम पृष्ठ तक सिर्फ हत्याओं की सूचनाएँ ही छपी हैं, कि देश की हालत क्या हो गयी है, कि जनजीवन कितना...!

लेकिन इससे पहले कि सिन्हा बाबू अपनी बात पूरी करते, उनके मित्र ठहाके लगाने लगते हैं, ''आप भी गजब करते हैं सिन्हा बाबू ! हम लोगों ने सोचा था कि कॉलेज से सम्बन्धित कोई सूचना होगी...वेतनवृद्धि के लिए कोई प्रस्ताव पारित हुआ होगा। लेकिन...!''

सिन्हा बाबू गम्भीर हो जाते हैं। कहते हैं, ''यह कोई साधारण सूचना नहीं। हँसकर इसे नहीं टाला जा सकता...''

मित्र कहते हैं, ''तो कौन-सी नयी सूचना है ? आये-दिन तो यह सब होता ही रहता है...''

सिन्हा बाबू समझाते हैं, ''हम प्राध्यापकों-बुद्धिजीवियों को इस विषय पर विचार करना चाहिए...देश को इस स्थिति से मुक्ति दिलाने के लिए सोचना चाहिए...''

सिन्हा बाबू की इस बात पर उनकी बगल में बैठा गुप्ता कहता है, ''जो हो रहा है, उसे होने दो सिन्हा ! बहुत अच्छा हो रहा है। जब खून सड़कों पर बहेगा तब इस देश में कुछ होगा...''

सिन्हा बाबू कहते हैं, ''नहीं यह कोई समाधान नहीं। यह गलत रास्ता है,'' और समर्थन के लिए मित्रों की ओर ताकते हैं, लेकिन मित्र कुछ कहते नहीं। सिन्हा बाबू की स्थिति को लक्ष्य कर पुनः एक जोरदार ठहाका लगाते हैं। ठहाके के बीच से कुछ शब्द सिन्हा बाबू के कानों में आ पड़ते हैं—'सिन्हा सेन्टीमेण्टल है...खून-खराबी बरदाश्त नहीं कर पाता...'

सिन्हा बाबू को अजीब लगता है। इन सूचनाओं से ये लोग तिलमिलाते

क्यों नहीं ? चारों तरफ हत्याएँ हो रही हैं और इनके चेहरे पर कोई शिकन तक नहीं। अभी परसों ही रामलाल की हत्या हुई, लेकिन एक मामूली शोक-समारोह का आयोजन कर सब सहज हो गये। कितनी जल्दी एक भयंकर वारदात को भूल गये। इनको देखने से लगता ही नहीं कि कहीं कोई अप्रिय घटना घटी हो। पता नहीं, ये किस धातु के बने हैं ? सिन्हा बाबू को यह समझ नहीं आ रहा है कि आदमी द्वारा आदमी की निर्मम हत्या होते देखकर भी लोग सहज कैसे बने रहते हैं ? सिन्हा बाबू सोचते हैं कि उन्हें भी सबकुछ भूलकर सहज हो जाना चाहिए। लेकिन लाख कोशिशों के बावजूद वे सहज नहीं हो पाते हैं।

दस पचास की घण्टी बजती है। चपरासी से रजिस्टर ले सिन्हा बाबू क्लास की ओर चल देते हैं। आज हिन्दी ऑनर्स की क्लास है। उपन्यास पढ़ाना है, लेकिन पढ़ाने की उनकी तनिक भी इच्छा नहीं। उनकी इच्छा तो एकान्त में घण्टों बैठकर यह सोचने की है कि यह सब क्या हो रहा है ? क्यों हो रहा है ?

क्लास में प्रवेश करने के बाद सिन्हा बाबू हाजिरी लेना प्रारम्भ कर देते हैं। उनके आगमन पर वर्ग के कुछ विद्यार्थी बैठे ही रहते हैं, लेकिन कुछ उनके स्वागत में खड़े हो जाते हैं। लेकिन रोज की भाँति विद्यार्थियों को बैठने को न कह वे हाजिरी लेने में मशगूल हो जाते हैं। दरअसल इसका खयाल ही उन्हें नहीं रहता है। एक क्षण बाद जब विद्यार्थियों की ओर उनका ध्यान जाता है तब अपने ऊपर लज्जित होते हुए कहते हैं, "बैठिए, बैठिए… अब तक आप लोग खड़े हैं… बैठने के लिए कहना मैं भूल ही गया था।"

पढ़ाई शुरू करने से पहले अचानक उनके मुँह से यह सवाल निकल जाता है, "आप लोगों ने आज का अखबार देखा है ?"

विद्यार्थी पूछते हैं, "क्या बात है सर ?… क्या बात है सर ?"

सिन्हा बाबू पुनः अपना सवाल दोहराते हैं, "आप लोगों में से किसी विद्यार्थी ने भी आज का अखबार नहीं देखा ?"

"मैंने देखा है, सर !" एक लड़का खड़ा होकर कहता है।

"कैसी भयंकर खबरें छपी हैं ?" सिन्हा बाबू पूछते हैं।

"कोई खास खबर तो नहीं छपी है, सर !" विद्यार्थी उत्तर देता है। इस पर सिन्हा बाबू झल्लाते हुए कहते हैं, "कैसे आप लोग पढ़ते हैं ? अखबार के प्रथम पृष्ठ से लेकर अन्तिम पृष्ठ तक देश के विभिन्न भागों में होनेवाली हत्याओं की खबरें छपी हैं !"

इस पर एक विद्यार्थी खड़ा होकर कहता है, "तो कोई नयी खबर कहाँ छपी है सर ? इस तरह की सूचनाएँ तो आये दिन छपती रहती हैं…"

''नहीं ... यह कहकर इस भयंकर समस्या को नहीं टाला जा सकता ... आप लोगों को विभिन्न पत्र-पत्रिकाएँ और अखबार पढ़ने चाहिए ... देश की समस्याओं के बारे में सोचना चाहिए ... सिर्फ पाठ्य-पुस्तकें पढ़ने से ही काम चलने का नहीं ... कॉलेज से निकलने के बाद आप विभिन्न क्षेत्रों में जायेंगे ... देश को सँवारने की जिम्मेदारी आपके ऊपर है ...'' सिन्हा बाबू कुछ क्षणों तक छात्रों को उपदेश देते रहते हैं। फिर उन्हें लगता है कि छात्र प्रिंसिपल से शिकायत करेंगे कि सिन्हा पढ़ाते नहीं, सिर्फ उपदेश देते हैं, राजनीति सिखाते हैं, या यह भी हो सकता है कि किसी गुण्डानुमा छात्र को उनकी बात बुरी लगे। उसे लगे कि उसको लक्ष्य करके ही उन्होंने ऐसा कहा है। फिर इसका अंजाम बहुत बुरा हो सकता है। और सिन्हा बाबू उपदेश देना बन्द कर, पढ़ाने लगते हैं। लेकिन अन्दर से इच्छा न होते हुए भी बाहर से पढ़ाना कितना कष्टदायक हो सकता है, इसका अनुभव आज सिन्हा बाबू को हो रहा है। वे छात्रों को उपन्यास के तत्त्व और प्रकार पढ़ा रहे हैं लेकिन उनके अन्तर में तरह-तरह के सवाल एक-दूसरे से टकरा रहे हैं। अगर क्लास से बाहर निकलने पर कोई छात्र उनकी पीठ में छुरा भोंक दे तब ? हत्या करना अब कोई बड़ी बात तो रह नहीं गयी है। इस विषय पर अपने मित्र-प्राध्यापकों से लेकर छात्रों तक के अभिमत वे जान चुके हैं।

सिन्हा बाबू पढ़ाते जा रहे हैं। उनका मन पूरी तरह अशान्त है, फिर भी उपन्यास के तत्त्व और प्रकार के ऊपर धाराप्रवाह बोलते जा रहे हैं। दरअसल, कई सालों से वे उपन्यास के तत्त्व और प्रकार पढ़ाते आ रहे हैं। एक ही विषय को बार-बार पढ़ाते-पढ़ाते सारी बातें उन्हें कण्ठस्थ हो गयी हैं, इसीलिए मन के कहीं और उलझने पर भी, उनके लेक्चर में कहीं से कोई व्यवधान उपस्थित नहीं होता।

घण्टी बजती है। सिन्हा बाबू क्लास से बाहर निकल जाते हैं। उनके पीछे क्लास के लड़के भी निकल रहे हैं। सिन्हा बाबू चोरदृष्टि से देख रहे हैं, कहीं उनके पीछे चाकू लेकर तो कोई लड़का नहीं आ रहा है ? रामलाल भी क्लास से निकला था तो क्या जानता था कि उसके पीछे अपनी जेब में लम्बा छुरा छिपाये कोई छात्र आ रहा है ?

सिन्हा बाबू तेज कदम बढ़ाते हुए स्टॉफरूम की ओर चल देते हैं, लेकिन स्टॉफरूम में प्रवेश न कर दरवाजे पर ही चपरासी को रजिस्टर थमा देते हैं और मुड़कर सड़क की ओर चल देते हैं। आज उनकी एक ही क्लास थी।

सड़क पर पहुँचने पर सिन्हा बाबू एक खाली रिक्शे पर जा बैठते हैं और रामलाल के घर की ओर चल देते हैं। मातमपुर्सी में भाग लेने के लिए आज

उन्होंने सोच रखा है। रिक्शे पर वे तरह-तरह की बातें सोचते जा रहे हैं। कहीं बीच में ही रिक्शा रोककर छुरा मारने के लिए कुछ लोग उन्हें आ घेरें तब? कारण कुछ भी बताया जा सकता है। दोष कुछ भी ठहराया जा सकता है। सिन्हा बाबू का बदन एकाएक सिकुड़ जाता है। सिर से पाँव तक वे भयभीत हो जाते हैं। अपने को एकदम बेसहारा और अकेला महसूस करने लगते हैं, हालाँकि पहले वे ऐसा नहीं महसूस करते थे, लेकिन रामलाल की हत्या देखने के बाद उनके अन्दर ये सारे परिवर्तन अपने-आप हो चुके हैं। जिन तर्कों के चलते वे पहले सहज रहते थे, हत्या के यथार्थ से परिचित होने के बाद उनके वे सारे तर्क ढह गये हैं।

रामलाल के घर के समीप रिक्शा रुकवाकर सिन्हा बाबू उतर जाते हैं। यहाँ का वातावरण आज सिन्हा बाबू को बहुत खामोश और सन्नाटे-भरा लगता है। पहले सिन्हा बाबू आते थे तो रामलाल के बच्चों को बराबर कुहराम और चिल्ल-पों मचाते पाते थे। सिन्हा बाबू को लगता है कि रामलाल के नादान बच्चों को जबरन समझदार बना दिया गया है।

सिन्हा बाबू जब रामलाल के ड्राइंगरूम में प्रवेश करते हैं तो पाते हैं कि वहाँ अनेक लोग बैठे हुए हैं, लेकिन सभी खामोश और गमगीन। माथा झुकाए। उनमें से कुछ रामलाल के रिश्तेदार हैं, कुछ मोहल्लेवाले तथा दो-तीन कॉलेज के कर्मचारी भी। एक कोने में रामलाल की पत्नी बैठी हुई है तथा सामने दीवार पर रामलाल का बड़ा-सा चित्र लगा दिया गया है, जिसे ताजे फूलों की माला पहनायी गयी है।

सिन्हा बाबू के आगमन पर एक क्षण के लिए सभी सिर उठाकर उनकी ओर ताकते हैं। कुछ कहने के लिए सभी के अधर फड़फड़ाते हैं, लेकिन कोई कुछ कहता नहीं। शायद कहने के लिए कोई विषय नहीं रहा था। रामलाल की पत्नी भी सूनी आँखों से सिन्हा बाबू को देखती रहती है, जैसे रोते-रोते उसके आँसू सूख गये हों, वह संवेदनशून्य हो गयी हो। फिर एक क्षण बाद अपनी जगह से उठकर वह सिन्हा बाबू के समीप आ जाती है और फूट-फूटकर रोने लगती है, "उनको किसने मारा भाईजी··· उनको किसने मारा··· उन्होंने तो किसी का कुछ भी नहीं बिगाड़ा था···"

सिन्हा बाबू देखते हैं, दो-तीन दिन के अन्दर ही रामलाल की पत्नी की हालत कितनी शोचनीय हो गयी है। उसकी आँखें काफी गहरे तक धँस गयी हैं। चेहरा जर्द पीला हो गया है। बदन सूखकर काँटे-जैसा लगने लगा है।

चूड़ियाँ, आभूषण, सिन्दूर सब उससे छीन लिये गये हैं। वह जार-बेजार हो पागलों की तरह विलाप कर रही है।

रामलाल की पत्नी की हालत देख सिन्हा बाबू का मन व्यथित हो जाता है। रामलाल के जीवन में उसकी पत्नी सिन्हा बाबू को बराबर हरी-भरी और चहकती नजर आती थी। लेकिन हत्यारों ने उसकी पूरी दुनिया ही उजाड़ दी। अगर बीमारी आदि किसी दूसरी वजह से रामलाल की मौत हुई होती तो बात उतनी नहीं खटकती लेकिन आदमी द्वारा आदमी को दिये जानेवाले इस दण्ड से सिन्हा बाबू अन्दर तक दहल जाते हैं। उनका मन रुआँसा होने लगता है। वे चाहते हैं कि रामलाल की पत्नी को समझायें…धीरज बँधायें…सान्त्वना दें…लेकिन इससे पहले कि उनके मुँह से कोई शब्द निकले, रामलाल की तेरह वर्षीय बच्ची गुड़िया घर से निकलकर तेजी से ड्राइंगरूम में आती है और सिन्हा बाबू से लिपटकर जोर-जोर से रोने लगती है, "अब हम कैसे रहेंगे अंकल?…कैसे रहेंगे?"

सिन्हा बाबू अब अपने को रोक नहीं पाते हैं। फूट पड़ते हैं। गुड़िया को बाँहों में भरकर रोने लगते हैं। दो दिनों से जिस डर से वे मातमपुर्सी में नहीं आ पा रहे थे, उसका शिकार उन्हें होना पड़ता है। वे आये थे धीरज बँधाने, सान्त्वना देने, लेकिन रामलाल को याद कर-करके खुद बच्चों की तरह अधीर होकर बिलखने लगते हैं।

रामलाल के ड्राइंगरूम में उपस्थित लोग रामलाल की पत्नी और बच्ची के साथ ही सिन्हा बाबू को भी चुप कराते हैं। ढाढ़स बँधाते हैं। फिर इसी क्रम में बातों का सिलसिला शुरू हो जाता है। एक बुजुर्ग समझाते हैं—'यह शरीर नश्वर है…इसका नाश होना ही है। इससे मोह लगाना उचित नहीं। जो भी इस दुनिया में आया है, उसे जाना ही है। कोई आज जायेगा, कोई कल जायेगा। रामलालजी का समय पूरा हो गया था, इसलिए उनकी हत्या हो गयी। मृत्यु जब आती है तो दोष अपने ऊपर नहीं लेती है, कोई कारण दे देती है अन्यथा वे हजारों छुरे खाकर भी बच जाते।'

फिर लोग हत्याओं के बारे में अपनी जानकारियाँ प्रस्तुत करने लगते हैं। एक आदमी बताता है कि अभी हाल ही में उसके गाँव में एक खाते-पीते अच्छे किसान की गर्दन काट ली गयी। वह किसान अपने खलिहान में गाढ़ी नींद सोया था कि अचानक तीन-चार आदमी कहीं से आये और उस किसान की गर्दन धड़ से अलग कर दी। अगर उस किसान से दुश्मनी थी तो उसे जगाकर जवाब तलब करते। जिस गलती के लिए उसे मारना था, उस गलती को छोड़ देने के

लिए बाध्य करते, लेकिन यह सबकुछ नहीं। जब वह नींद में सोया है तो धोखे से उसका काम तमाम कर दिया।

एक दूसरा आदमी बताता है कि पिछले महीने उसके मोहल्ले में उसके बगल के परिवार के यहाँ चार-पाँच आदमी आये और उस परिवार के बीच से एक सत्रह-अठारह साल के लड़के को खींचकर उसके बूढ़े माँ-बाप और छोटे-छोटे भाई-बहनों के सामने उसके पेट में लम्बा-सा चाकू भोंक दिया। चाकू मारकर वे सब हाथ भाँजते हुए इत्मीनान से चले गये।

फिर एक तीसरा आदमी बताता है कि अभी, इसी मार्च महीने की तीन तारीख को मैं पटना से आ रहा था। अपर इण्डिया एक्सप्रेस में चढ़ा था। बहुत भीड़ थी। जिस डिब्बे में मैं था, उसी डिब्बे में एक सीट पर बैठने के लिए दो व्यक्तियों ने आपस में तकरार की। फिर एक ने दूसरे को छुरे से बुरी तरह घायल कर दिया और अगले स्टेशन पर उतरकर गायब हो गया।

सिन्हा बाबू से अब और नहीं सुना जाता है। उनका माथा फटने लगता है। उन्हें चक्कर आने लगता है। उन्हें लगता है कि अब और देर तक बैठकर यहाँ के लोगों की बातें सुनने के बाद या तो वे पागलों की तरह चिल्लाने लगेंगे या अचेत होकर गिर पड़ेंगे। इसीलिए वे उठ खड़े होते हैं और वहाँ उपस्थित लोगों तथा रामलाल के परिवार से विदा ले चल पड़ते हैं।

रामलाल के मोहल्ले से निकलकर सिन्हा बाबू सड़क की ओर जा रहे हैं। रास्ते में सोचते जाते हैं, आदमी की हालत आज गाजर-मूली की तरह हो गयी है। जब इच्छा हुई, चाकू निकालकर काट दिया। काटने से पहले न किसी तरह का सोच-विचार और काटने के बाद न किसी तरह का पछतावा।

सिन्हा बाबू सड़क पर आ जाते हैं। यह बाजार की सड़क है। सोचते हैं यहाँ से सीधे अपने घर लौट चलें। मन की अशान्ति बहुत बढ़ गयी है। एकान्त कमरे में जाकर पड़ रहेंगे। शायद कुछ शान्ति मिले। लेकिन उन्हें याद आता है, पत्नी को खाँसी हुई है। खाँसी की दवा लाने के लिए पत्नी ने कहा है। उनके मोहल्ले में दवा की कोई दुकान नहीं। जब यहाँ तक आ गये हैं तो दवा लेते चलें।

सिन्हा बाबू सड़क से दस-बीस कदम आगे बढ़कर एक मशहूर दवा की दुकान में प्रवेश करते हैं। फिर अपने यहाँ बराबर इस्तेमाल होनेवाले एक कफ सिरप का नाम बता उसकी माँग करते हैं। लेकिन जब तक दुकानदार उन्हें कफ सिरप दे और वे पैसे चुकायें, तब तक वहाँ होनेवाली बातें सिन्हा बाबू को सुननी

पड़ती हैं। वहाँ दो-चार लोग आपस में इस बात की चर्चा कर रहे होते हैं कि जमशेदपुर और राँची के बाद इस समय मुरादाबाद में खून की होली मनायी जा रही है। हिन्दू और मुसलमान दोनों एक-दूसरे के खून के प्यासे हो गये हैं।

सिन्हा बाबू जल्दी-जल्दी कफ सिरप का पैसा चुका दुकान से बाहर निकल आते हैं। ये सब बातें उन्हें बरदाश्त नहीं हो पाती हैं। लगता है, उनका अन्तस फट जायेगा। लेकिन इससे पहले कि वे अपने घर की ओर मार्च करें, पास ही सड़क के किनारे लोगों की भीड़ उन्हें नजर आती है और हल्ला-गुल्ला सुनायी पड़ता है। फिर मानवसुलभ जिज्ञासा से उनके कदम उस ओर बढ़ जाते हैं। लेकिन सिन्हा बाबू के भाग्य की यह कैसी विडम्बना है कि जिन बातों से वे व्यथित, पीड़ित और परेशान हैं, उसी के जीवन्त रूप से उनका साक्षात्कार हो जाता है। सिन्हा बाबू पाते हैं कि भीड़ के बीच एक व्यक्ति को दोनों ओर से दो आदमियों ने पकड़ रखा है और एक तीसरा आदमी उसके ऊपर छुरे से प्रहार कर रहा है। सिन्हा बाबू अपना आपा खो बैठते हैं। वे वर्तमान स्थिति को एकदम भूल जाते हैं और विक्षिप्त की तरह चिल्ला उठते हैं—'यह अन्याय है...ज्यादती है...हत्या करना अपराध है...जुर्म है...!'

लेकिन यह क्या! सिन्हा बाबू की आवाज सुन भीड़ के कुछ लोग पलटकर उनकी ओर देखते हैं और कहते हैं—'ऐ बूढ़े बाबा! जहाँ जाना हो, वहाँ चुपचाप जाइए...यह गाँव नहीं, शहर है। यहाँ दूसरों के मामलों में नहीं पड़ा जाता, अन्यथा उसको छोड़कर आप पर ही पड़ जायेंगे।'

सिन्हा बाबू अचानक होश में आ जाते हैं। फिर उनके अन्दर भय का संचार होने लगता है। सचमुच उन्हें नहीं बोलना चाहिए। अगर उसे छोड़ वे सब उनके ऊपर ही पड़ जायें तो...! अब सिन्हा बाबू से एक क्षण भी ठहरा नहीं जाता। वे तेज-तेज कदम बढ़ाते हुए वहाँ से चल देते हैं। भीड़ के लोगों की यह बात कि यह गाँव नहीं, शहर है, सिन्हा बाबू के मानस में गूँजती रहती है। क्या शहर की यही संस्कृति होती है? यह तो जंगल की संस्कृति है कि जब सिंह किसी जानवर पर हमला बोलता है तो शेष जानवर वहाँ से भाग जाते हैं।

सड़क पर कुछ दूर चलने के बाद सिन्हा बाबू पाते हैं कि एक पान की दुकान के सामने कुछ लोग खड़े हैं। सिन्हा बाबू हाँफते हुए वहाँ पहुँचते हैं और जल्दबाजी में यह सूचना देते हैं कि यहाँ से थोड़ी ही दूर पर कुछ लोग एक व्यक्ति की हत्या कर रहे हैं, कि उन्हें चलकर उस व्यक्ति को बचाना चाहिए। लेकिन यह क्या! सिन्हा बाबू पाते हैं कि वहाँ खड़े लोगों को आश्चर्य इस बात पर नहीं होता कि कोई हत्या हो रही है, बल्कि उन्हें आश्चर्य सिन्हा बाबू पर ही होता है।

वे सिन्हा बाबू को घूर-घूरकर देखने लगते हैं।

सिन्हा बाबू को अजीब लगता है। अब उन्हें साफ महसूस होता है कि ये सारे लोग उस हत्या में शामिल हैं, अन्यथा यह कैसे सम्भव है कि अनेक लोगों के बीच कुछ लोग किसी की हत्या कर दें।

सिन्हा बाबू वहाँ से चल देते हैं। वे पीछे मुड़कर देखते जाते हैं। अपने पीछे आनेवाला हर आदमी उन्हें हत्यारा लगता है। कहीं उनकी बात सुन हत्यारों के बीच से ही कोई उन्हें मारने तो नहीं आ रहा है? सड़क पर अपने साथ और आगे-पीछे चलनेवाले हर आदमी को सिन्हा बाबू शंकित दृष्टि से देखने लगते हैं। फिर अचानक उन्हें एक जोर का चक्कर आता है और वे गिरते-गिरते बचते हैं। इसके बाद उन्हें लगता है कि वे किसी जंगल से गुजर रहे हैं जहाँ अनेक हिंस्र जानवर भरे हैं। सिन्हा बाबू को लगता है कि अपने नुकीले सींग और दाँत निकाले अनेक हिंस्र पशु उन्हें मारने के लिए दौड़े आ रहे हैं। अब सिन्हा बाबू जोर-ज़ोर से चिल्लाने लगते हैं—'बचाओ!…बचाओ!…वे सब मुझे मारने आ रहे हैं।' और सिन्हा बाबू बीच सड़क पर धड़ाम-से गिर जाते हैं।

वहीं पास के पहचाननेवाले कुछ लोग उन्हें टाँगकर एक रिक्शे पर चढ़ाते हैं और उनके घर ले आते हैं। सिन्हा बाबू की पत्नी उनकी यह हालत देख बदहवासी में यह पूछते हुए दौड़ती हैं—'इनको क्या हो गया?…क्या हो गया?…'

लोग सिन्हा बाबू को रिक्शे से उतारकर उनके ड्राइंगरूम में लिटाते हुए बताते हैं कि सड़क पर चलते हुए अचानक 'बचाओ…बचाओ' चिल्लाकर अपने-आप गिर पड़े।

सिन्हा बाबू की पत्नी रुआँसी होते हुए कहती हैं, "हे भगवान! न जाने इनको यह क्या हो रहा है! इसी तरह दो बार और बचाओ-बचाओ चिल्लाते हुए गिरकर बेहोश हो गये थे। यह इनका तीसरा दौरा है।"

सिन्हा बाबू को टाँगकर ले आनेवाले लोग पूछते हैं, "आपने डॉक्टर को दिखाया था?"

"हाँ! दो-तीन अच्छे डॉक्टरों को इन्हें दिखा चुकी हूँ।"

"क्या डॉक्टर ने मिर्गी की शिकायत बतायी है?"

"नहीं।"

"तब तो ब्लडप्रेशर की बीमारी होगी।"

"नहीं।"

"तब क्या डॉक्टर ने इन्हें हृदय का रोग बताया है ?"

"नहीं, इन्हें हृदय की बीमारी भी नहीं है।"

तब उनमें से एक आदमी कहता है, "इन्हें किसी मनोचिकित्सक को दिखाइए ··· मुझे लगता है, सिन्हा बाबू अपना मानसिक सन्तुलन खो रहे हैं।"

सावित्री दीदी

सावित्री दीदी की मृत्यु का आज तीसरा दिन है । सबकुछ सहज हो गया है । नहीं लग रहा है जैसे घर के किसी सदस्य की मृत्यु हुई है । छोटी बहन दीप्ति ने सावित्री दीदी की ज़िम्मेदारियाँ सँभाल ली हैं । भैया के चेहरे पर दुख की कोई रेखा नहीं । माँ और बाबूजी तो अन्दर-ही-अन्दर खुश लगने लगे हैं । मुझे यह सबकुछ अजीब लग रहा है । इक्कीस सालों तक इस घर के साथ जुड़ी सावित्री दीदी का गुजरना इन्हें क्यों नहीं अखर रहा है ? चाचा की मृत्यु मुझे अच्छी तरह याद है । करीब तीन-चार महीनों तक उनके शोक में घर के लोगों के चेहरे उदास और गमगीन थे । अभी भी, जबकि चाचा को मरे आठ साल हो गये, बाबूजी कभी-कभी आहें भरा करते हैं । चाचा उनका दाहिना हाथ थे । वे जिन्दगी-भर कुँवारे रहे और हमारे घर को सम्पन्न बनाने के लिए खेतों में काम करते-करते चले गये । इसीलिए सावित्री दीदी से उनकी कोई तुलना नहीं । सावित्री दीदी कभी भी बाबूजी का दायाँ हाथ नहीं बन सकती थीं । लेकिन इससे क्या हुआ ? आखिर सावित्री दीदी इस घर की एक सदस्या थीं । खूनी रिश्ते से हम एक-दूसरे से जुड़े थे । अपनी इक्कीस साल तक की उम्र सावित्री दीदी ने इसी घर में पूरी की थी । हर किसी की आवाज़ पर हाज़िर हो जाना, जल्दी-जल्दी घर का सभी काम निबटा लेना तथा अपने द्वारा परिवार के किसी भी सदस्य को नाराज़ न होने देना, ये क्या सावित्री दीदी की कम विशेषताएँ थीं ? सचमुच सावित्री दीदी इस परिवार की जान थीं । इस परिवार के लिए क्या कुछ करने को वे तैयार नहीं रहती थीं । कितनी यातना, कितना अपमान और कैसे-कैसे अत्याचार उन्हें सहने पड़ते थे लेकिन वे कभी विरोध नहीं करती थीं । सबकुछ चुपचाप सह लेती थीं और इस परिवार की खुशियों में लग जाती थीं । सचमुच ऐसी सावित्री दीदी के अभाव को झुठला देना, उनके प्रति सरासर अन्याय ही है ।

मुझे सावित्री दीदी का बचपन याद नहीं है, क्योंकि वे मुझसे बड़ी थीं । लेकिन दीप्ति का बचपन मुझे याद है । बचपन ही क्यों, दीप्ति के जन्मदिन की

भयावहता आज भी मुझे सोचने पर मजबूर कर देती है। उधर दीप्ति का जन्म हुआ था और इधर पूरे घर में मौत की-सी उदासी घिर गयी थी। भैया और बाबूजी आँगन में मुँह लटकाए गहरे सोच में डूब गये थे। तब चाचा भी ज़िन्दा थे। खेत से लौटने पर शाम को उन्हें दीप्ति के जन्म की सूचना मिली थी। मैं समझ रहा था, वे सूचना पाकर प्रसन्न होंगे, क्योंकि मैं उन्हें जीवट का आदमी समझता था। वे हर मौके पर अकसर प्रसन्न ही रहा करते थे। लेकिन यह क्या! दीप्ति के जन्म की सूचना मिलते ही वे हाय करके बैठ गये। उनके मुँह से निकले कुछ शब्द मुझे साफ सुनाई पड़े—'दस हज़ार का घाटा!' और मेरा अनुमान है, सावित्री दीदी के जन्म के दिन भी कमोबेश यही स्थितियाँ गुज़री होंगी।

जन्मदिन से लेकर पाँच-सात साल की उम्र तक सावित्री दीदी का लालन-पालन कैसे हुआ, यह भी मुझे मालूम नहीं। लेकिन दीप्ति ने इसका एहसास भी मुझे करा दिया है। एकदम लावारिस की तरह पड़ी रहती थी दीप्ति। कोई उसे गोद में लेकर दुलार-प्यार से पुचकारता नहीं था। वह घण्टों रोती रहती थी। उसके प्रति किसी को सहानुभूति नहीं। सभी उससे घृणा करते थे। माँ को भी उसकी चिन्ता नहीं रहती थी। सर्दी, बुखार या खाँसी होने पर उसकी कोई दवा नहीं की जाती थी। वह अपने भाग्य के बल जी रही थी, जबकि उससे दो साल छोटे विनोद के जन्म-दिन की खुशियाँ और लालन-पालन के क्रम में बरती जा रही संजीदगियाँ देखते ही बनती थीं। हर वक्त कोई-न-कोई उसे गोदी में टाँगे रहता था। मामूली सर्दी पर भी डाक्टरों के पास भाग-दौड़ शुरू हो जाती थी। लेकिन बेचारी दीप्ति बुखार में जलते, खाँसी से रात-भर खाँसते और बासी तथा जूठा भात खाते किसी तरह जी रही थी। विनोद और दीप्ति के बीच का फर्क मुझे बहुत सालता था। और मैं समझता हूँ, सावित्री दीदी भी दीप्ति के सन्दर्भों से ही गुजरी होंगी। विनोद और दीप्ति के बीच जो फर्क था वही फर्क मेरे और सावित्री दीदी के बीच भी होगा।

जब सावित्री दीदी दस साल की थीं तब मैं आठ साल का था। मुझे उसी समय से सावित्री दीदी अच्छी तरह याद हैं क्योंकि मैं अकसर उन्हीं के साथ खेलता और सोता था। लेकिन उन दिनों सावित्री दीदी बहुत समझदार नहीं थीं। उन्हें अपने और मेरे बीच कोई बहुत बड़ा फर्क नहीं लगता था। बाबूजी जब कभी बाजार से मिठाई लेकर आते और मुझे अधिक दे देते तो सावित्री दीदी तुनक पड़ती थीं। और माँ ऐसे मौके पर दीदी के प्रति झल्लाते और गालियाँ बकते हुए उनके और मेरे बीच के अन्तराल को स्पष्ट कर देती थीं। मुझे माँ के गालीनुमा वाक्य आज भी याद हैं। वे बराबर एक जैसे ही वाक्यों का इस्तेमाल

करतीं । जैसे—'यह लड़का है, तू लड़की है यह भीख माँगकर भी इसी घर में ले आएगा ··· पर तुझे पराये घर में जाना है ··· तेरी बाँह-पहुँचा कोई पकड़ लेगा तो इस घर की इज़्ज़त चली जायेगी और यह तो दूसरे का बाँह-पहुँचा पकड़ेगा ।' और अन्त में माँ जिस वाक्य का जोर देकर प्रयोग करतीं, वह यह कि 'तू दस हज़ार लेगी और इसे दस हज़ार मिलेगा ।'

उन दिनों माँ की बातों का अर्थ मैं नहीं समझता था । शायद शुरू-शुरू में सावित्री दीदी को भी माँ की बातें अजूबी लगती थीं । लेकिन वे जल्द ही सबकुछ समझ गयी थीं । बारह-तेरह लाँघते-लाँघते तो उन्होंने अपने को मुझसे बिल्कुल काट लिया था । तब वे भूलकर भी मेरी बराबरी नहीं करती थीं । मेरे लिए महँगे कपड़े सिलाये जाते थे और उनके लिए सस्ते कमीज़-सलवार आते थे । मेरे लिए अलग से सब्ज़ी बनती थी और वे अचार के साथ भी खा लेती थीं ।

जाने क्यों, आज मुझे सावित्री दीदी बहुत याद आ रही हैं ! लगता है, जब तक इस प्रश्न का उत्तर मुझे नहीं मिल जायेगा कि निर्दोष होते हुए भी सावित्री दीदी को इस तरह की यातना क्यों दी गयी, तब तक सावित्री दीदी मुझे बुरी तरह याद आती रहेंगी और मैं घुटता रहूँगा ।

चौदहवाँ पूरते-पूरते सावित्री दीदी को माँ ने घर की सारी ज़िम्मेदारियाँ थमा दी थीं । सुबह-सवेरे उठकर आँगन और घर बुहारना । फिर रात के जूठे बर्तनों को एक जगह इकट्ठा करके माँजना । फिर चूल्हा जलाकर रसोई बनाना । और इस पर भी समय और स्वाद का पूरा ध्यान रखना । अन्यथा माँ की गालियाँ और तमाचे कभी भी बरस पड़ते थे ।

मैं सोचता हूँ, माँ को सावित्री दीदी के प्रति तनिक भी स्नेह-प्यार क्यों नहीं था ? अपनी कोख से जन्मी सावित्री दीदी के प्रति वे इतना निर्मम कैसे हो गयी थीं ? कड़ाके की सर्दी में भी वे सावित्री दीदी के लिए कोई स्वेटर तथा चादर नहीं खरीदती थीं । उसी झीने पतले सलवार-समीज़ में दाँत किटकिटाते हुए सावित्री दीदी पूरा जाड़ा गुज़ार देती थीं । फिर गर्मी के दिनों में भी वे कम दुख नहीं सहती थीं । हम सबों के लिए मच्छरदानी का इन्तज़ाम हो जाता था और वे ऐसे ही सोती थीं । मुझे याद है, रात-भर सावित्री दीदी करवट बदलते और मच्छरों के काटने से शरीर खुजलाते हुए रात किसी तरह यों ही बिता देती थीं । और बरसात में तो उनका माथा और पोशाक बराबर भीगी ही रहती थी । आँगन में इधर-से-उधर दौड़-दौड़कर सब काम उन्हें करने पड़ते थे । वे अक्सर सर्दी और बुखार से पीड़ित हो जाती थीं । फिर भी उन्हें चैन नहीं । बीमारी की स्थिति में भी माँ उन्हें नहीं छोड़ती थीं । मुझे भली-भाँति याद है, सावित्री दीदी को मैंने

आराम की स्थिति में खाट पर पड़े हुए कभी नहीं पाया था।

माँ, बाबूजी और भैया सावित्री दीदी की बढ़ती हुई उम्र देखकर उन्हीं दिनों मे छाती पीटना शुरू किये थे—'हाय ! दस हज़ार कहाँ से आएगा ? अपनी बिरादरी में इससे कम का लड़का कहीं मिलेगा नहीं। ये लड़कियाँ रसातल भेजने के लिए ही आयी हैं ''' ।' और फिर माँ सावित्री दीदी को सुना-सुनाकर दिन में हज़ारों बार रटतीं—'दस हज़ार लेगी ''' दस हज़ार लेने के लिए ही आयी है ''' इसे सौरी में ही नमक चटाकर मार देना चाहिए था ''' अब हमें कंगाल बनाकर ही यहाँ से जायेगी।'—और सावित्री दीदी माथा झुकाए चुपचाप सुनती रहतीं। मैं सोचता हूँ, क्या माँ सावित्री को बेरहमी से इसीलिए डाँटती और खटाती थीं कि उनकी शादी में जो दस हज़ार खर्च होनेवाले थे, उसमें से कुछ भी वसूल कर सकें ?

लगभग सत्रह की उम्र आते-आते सावित्री दीदी लम्बी और भरी-भरी लगने लगी थीं। उनके शरीर के उभार स्पष्ट परिलक्षित होने लगे थे। माँ ने उन्हें सलवार-समीज़ पहनने के लिए मना कर दिया था। वे साड़ी पहनने लगी थीं। उनके सलवार और समीज़ दीप्ति को दे दिये गये थे। लेकिन सावित्री दीदी के लिए बाज़ार से नयी साड़ी नहीं आती थी। माँ की फटी-पुरानी साड़ी ही उन्हें मिलती थी। एक बार मैंने देखा, सावित्री दीदी बाबूजी की फटी-पुरानी, मैली-कुचैली धोती के टुकड़ों को फींचकर सुखा रही हैं। बाद में मुझे पता चला कि सावित्री दीदी ने उन्हीं टुकड़ों को सीकर अपने लिए ब्रेसियर बना लिया है।

सावित्री दीदी को घर के कामों से बहुत ही कम फुरसत मिलती थी, इसी से वे गाँव में बहुत कम ही निकल पाती थीं। लेकिन जब भी निकलती थीं, दूर से ही पहचान में आ जाती थीं। वे काफी लम्बी, गोरी-चिट्टी और खूब सुन्दर थीं। उनके बाल भी बहुत बड़े-बड़े थे। कभी-कभार नहा-धोकर जब वह छत पर बाल सुखाने जाती थीं तो अद्भुत सुन्दर लगती थीं। मुझे उन पर नाज़ हो जाता था। लेकिन काश ! मैंने उनके लिए कुछ किया होता !

मेरे गाँव से बहुत करीब, यानी दो मील की दूरी पर शंकर भगवान का एक स्थान है। वहाँ साल में दो बार मेला लगता है। सावित्री दीदी को मेला जाने का बहुत शौक था। वे मेला लगने के तीन-चार महीना पहले से ही पैसा जुटाने लगती थीं। दालान पर बैलों को खिलाने के लिए पुआल काटे जाते थे। शाम को दालान बुहारते समय पुआलवाले स्थान पर सावित्री दीदी को कुछ धान मिल जाते थे, जो पुआल कटते समय झड़ गये होते थे। सावित्री दीदी उन्हें एक जगह

इकट्ठा करती थीं। मेला के दिन तक उनके पास एक या दो किलो तक धान जमा हो जाते थे।

एक बार सावित्री दीदी के साथ मैं मेला गया था। मुझे मिठाई खाने के लिए माँ ने दो रुपये दिये थे और सावित्री दीदी को कुछ नहीं। माँ का कहना था कि मिठाई खाने से लड़कियाँ बिगड़ जाती हैं। सावित्री दीदी अपने इकट्ठे किये धान को ही छिपाकर ले गयी थीं। मेले में सावित्री दीदी के धान बेचे गये थे। पूरे धान का वज़न एक किलो हुआ था। लेकिन दुकानदार ने आधे धान को खँखड़ी बताते हुए सिर्फ पाँच आने पैसे ही सावित्री दीदी को दिये थे। उन पैसों में से दो आने का एक गंज़ सस्ता-सा रिबन तथा एक आने की बाल में खोंसनेवाली पिनें सावित्री दीदी ने ली थीं। बचे हुए दो आने के उन्होंने बादाम खरीद लिये थे। लेकिन वह भी अपने लिए नहीं—विनोद और दीप्ति के लिए। मुझसे सहा नहीं गया था। मैंने एक पाव जलेबी खरीदकर सावित्री दीदी को दी थी। वे खा नहीं रही थीं, डर रही थीं कि कहीं माँ को पता चल गया तो? लेकिन जब मैंने कसम खायी कि मैं माँ से नहीं कहूँगा, तब उन्होंने डरते-डरते जलेबी खायी थी।

सावन और भादों के महीने सावित्री दीदी के लिए आन्तरिक रूप से दुखदायी होते थे। लड़कियों के लिए अधिकांश तीज-त्योहार इसी महीने में होते हैं। खूब चटक रंग की मेहँदी हाथों में लगाकर लड़कियाँ पर्व भूखती हैं तथा झूला झूलती हैं। ये दो महीने लड़कियाँ कजरी भी खूब गाती हैं। सावित्री दीदी का स्वर काफी मीठा था। वे अच्छी कजरी गा लेती थीं। लेकिन माँ उन्हें फुर्सत ही नहीं देती थीं। वे तड़पकर रह जाती थीं। एक बार वे माँ की आँख बचाकर पड़ोसवाली शैली के घर झूले पर जाकर कजरी गाने लगी थीं। कजरी की धुन में उन्हें कुछ खयाल ही नहीं रहा था। इधर चूल्हे पर रखी दाल जल गयी थी। बस, शैली के घर से लौटते ही माँ ने उनकी जमकर पिटाई की थी। काफी दिनों तक उनकी पीठ पर ज़ख्म के काले-काले निशान बने रहे थे।

परसों ही सावित्री दीदी की मृत्यु हुई और कल ही दीप्ति ने उनके बक्से को अपने लिये ले लिया। उनका बक्सा बहुत छोटा और पुराना था। माँ की शादी में मामा ने माँ को दिया था, ऐसा माँ कहती थीं। काफी दिनों तक माँ ने उस बक्से को अपने पास रखा था। जब वह बहुत पुराना और टूटने-टूटने को हो चला था तो माँ ने सावित्री दीदी को दे दिया था। एक बार मेरी कलम खो गयी थी और उसे ढूँढ़ते-ढूँढ़ते मैंने सावित्री दीदी के बक्से को खोला था कि कहीं गलती से उसी में तो नहीं धरा गया है, तब मैंने देखा था कि सावित्री दीदी के बक्से में सूई-डोरा, मेला से खरीदे गये रिबन तथा बाल में खोंसनेवाली पिनें और बाबूजी की

फटी-पुरानी धोतियों को मोड़-तोड़कर बनायी गयी दो ब्रेसियरें थीं। शायद सावित्री दीदी की यही सम्पत्ति थी।

वैसे तो सावित्री दीदी के सत्रहवाँ चढ़ते-चढ़ते ही उनके लिए लड़के खोजे जाने लगे थे। लेकिन जब उन्नीस आते-आते भी उनके लिए कोई लड़का नहीं मिला था तो बाबूजी और भैया परेशान हो उठे थे। अब वे एक ही साथ इधर-उधर निकलने लगे थे। अच्छी नौकरी करनेवाले लड़कों के पास वे जा नहीं सकते थे, क्योंकि उन्हें ग्रेजुएट नहीं तो कम-से-कम मैट्रिक पास लड़की अवश्य चाहिए थी और मेरी सावित्री दीदी चिट्ठी-पत्री बाँचना-भर ही जानती थीं। इसी से भैया और बाबूजी अपने स्तर के लोगों को ढूँढ़ने लगे।

ढूँढ़ते-ढूँढ़ते काफी मुश्किल से बाबूजी और भैया एक जगह गये। लड़के के तीन भाई थे। भाइयों में वह सबसे बड़ा था और आई. ए. में पढ़ रहा था। उसके पिता गाँव में खेती करते थे। करीब दस बीघे खेत थे उनके। भैया के सामने गरजकर लड़के के पिता ने कहा, ''हम उन शहरी लोगों में से नहीं हैं जो पका-खाकर ही खत्म हो जाते हैं। हमें डेढ़ सौ मन चावल होता है। ग्यारह हज़ार से कम तिलक किसी हालत में नहीं लेंगे—और वह भी नकद, कैश।'

निराश होकर भैया और बाबूजी लौट आये। फिर दूसरी जगह गये। वहाँ लड़का अपनी विधवा माँ के साथ अकेले था। मैट्रिक में पढ़ रहा था। किवाड़ की ओट से उसकी माँ ने कहा, ''इस एक लड़के पर पन्द्रह बीघे खेत हैं। कागज लेकर आप लोग देख सकते हैं। इसका तेरह हज़ार से कम तिलक मैं नहीं लूँगी।''

फिर एक तीसरी जगह वे गये। लड़का 'दोआह' था। यानी उसकी पहली पत्नी तीन बच्चों को छोड़कर मर गयी थी और वह दूसरी शादी करना चाहता था। उसे भी सात बीघे खेत थे। वह खुद मालिक था। बाबूजी से उसने कहा कि मैं चार हज़ार में ही कर लूँगा। उसकी उम्र करीब चालीस की थी। यानी बाबूजी से वह कुछ ही छोटा था। फिर भी बाबूजी राज़ी हो गये। भैया भी खुश थे। लेकिन तत्काल उन्हें लगा कि गाँव हँसेगा और थूकेगा और गाँव के हँसने-थूकने के डर से ही वे वहाँ से भी लौट आए।

और वे जहाँ से भी लौटकर आते तो आँगन में घण्टों गमगीन बैठे रहते और माँ से एक-एक बात कहते। रसोई में बैठी सावित्री दीदी भी सबकुछ सुनतीं। मैं देखता, बाबूजी और भैया की बातें सुन-सुनकर सावित्री दीदी का चेहरा अजीब उदास और बेबसी-भरा लगने लगता। मैं नहीं चाहता था कि सावित्री दीदी के सामने ये सब बातें हों। लेकिन बाबूजी और भैया तो उन्हें सुना-सुनाकर ही

सबकुछ कहते। इधर माँ, बाबूजी और भैया की बातें सुनकर आगबबूला हो उठती। तरह-तरह की गालियाँ देतीं सावित्री दीदी को—"मर जाना चाहिए इस कुलक्षणी को ··· इसका भतार ही नहीं है इस दुनिया में ··· बाप-भाई इसके चलते दरवाज़े-दरवाज़े मारे फिर रहे हैं ··· इसे ज़हर खा लेना चाहिए ··· जीकर क्या करेगी यह हरामज़ादी जब बाप-भाई को कंगाल ही बना देगी ··· हे भगवान, तू इसे उठा ले ··· तीनों कुल तर जायेगा ··· ।"

और माँ मात्र इतना कहकर ही सावित्री दीदी को नहीं छोड़ देती, बल्कि और अधिक यातना देने लगती। दिन-भर उससे नौकरानियों की तरह खूब काम लेती। मामूली-सी गलती पर भी उसे निर्दयता से पीटती। बाबूजी और भैया से रोज़ उसकी शिकायतें करती तथा उसके नन्हे-नन्हे अरमानों को भी बेरहमी से कुचल देती। आज मैं सोचता हूँ तो मुझे साफ लगता है कि माँ यातना के चरम-बिन्दु पर सावित्री दीदी को पहुँचाकर उन्हें आत्महत्या करने के लिए ही बाध्य कर रही थी।

सावित्री दीदी की एक तसवीर बची है मेरे पास। यह हाल की ही खींची हुई है। इस तसवीर के साथ एक अपमान-भरी घटना जुड़ी है। जाने क्यों, इसे देखते ही वह घटना याद आ जाती है।

एक बी. ए. पास लड़का जिसकी कहीं नौकरी नहीं लगी थी लेकिन जल्द ही लगनेवाली थी, सावित्री दीदी के लिए तय हुआ था। लड़के के पिता दो भाई थे। बड़े भाई गाँव के ही अपर प्राइमरी स्कूल में मास्टर थे और छोटे भाई खेती करते थे। करीब बारह बीघे खेत थे उन्हें और लड़का दोनों भाइयों के बीच अकेला था। आठ हज़ार नकद पर सावित्री दीदी की शादी उससे तय हुई थी। लेकिन एक शर्त थी—लड़का खुद लड़की को देखेगा। लेकिन देखने से पहले लड़की की तसवीर चाहिए थी उसे।

सावित्री दीदी कभी शहर नहीं गयी थीं। लेकिन तसवीर खिचवाने के लिए उन्हें शहर जाना था, सो वे काफी प्रसन्न थीं। उनकी इच्छा मेरे साथ ही शहर जाने की थी। लेकिन भैया ने मुझे नहीं जाने दिया। वे जानते थे, मैं अधिक खर्च कर देता। मजबूरन सावित्री दीदी को भैया के साथ ही जाना पड़ा। उन्होंने शहर में कुछ देखने-सुनने नहीं दिया दीदी को। फुटपाथ के एक साधारण-से स्टूडियो में सावित्री दीदी की तसवीर उतरवाकर लौटती बस से ही वे उन्हें गाँव लेते आये। मैंने देखा था, सावित्री दीदी का चेहरा काफी उदास, उतरा-उतरा और मायूस था।

हाँ, तो मैं तसवीर की बात कह रहा था। उस लड़के को सावित्री दीदी की

तसवीर पसन्द आ गयी। फिर सावित्री दीदी को देखने के लिए लड़के का हमारे यहाँ आना भी निश्चित हो गया। जाने क्यों उस दिन सावित्री दीदी मुझे बहुत सुन्दर लग रही थीं, जिस दिन लड़के को आना था। शायद इसलिए भी कि उस दिन सावित्री दीदी खूब बनी-ठनी थीं। एकदम दुलहन-जैसी लग रही थीं। पहली दफा माँ ने अपनी नयी साड़ी उन्हें पहनने को दी थी।

दोपहर तक लड़का अपने एक मित्र के साथ आ धमका। सावित्री दीदी सिमटने और लजाने लगीं। हम लोगों ने खूब आदर-सत्कार किया लड़के का। उसकी सेवा में कुछ भी कसर उठा नहीं रखी हमने। और फिर घण्टे-भर तक वे दोनों मित्र दीदी को देखते और उनसे सवाल पूछते रहे। लेकिन जाते वक्त दीदी को कुछ नहीं दिया लड़के ने। और हमारे मन में एक खटका बन गया। दूसरे दिन लड़के के यहाँ से लड़की की नापसन्दी की सूचना एक आदमी ले आया और हमारा खटका सच साबित हुआ।

उस रात सावित्री दीदी कमरे में सोयी थीं और मैं उनके कमरे के बाहर ओसारे में। मुझे रात-भर सावित्री दीदी के रोने और सुबकने की आवाज़ सुनायी पड़ती रही थी।

सावित्री दीदी की मृत्यु का कारण कोई नहीं जानता है। बाबूजी और भैया ने पूरे गाँव में हल्ला मचा दिया है कि अचानक रात में उसके पेट में दर्द उठा था और सुबह होते-होते वह मर गयी। शायद दीप्ति और विनोद भी यही जानते हैं। लेकिन मुझे सब पता है, सावित्री दीदी ने आत्महत्या की है।

दरअसल बात यह हुई थी कि काफी दौड़-धूप के बाद सावित्री दीदी की शादी एक जगह पक्की हो गयी थी। लड़का मैट्रिक पास करके प्राथमिक शिक्षक के लिए ट्रेनिंग कर रहा था। वैसे तो लड़के के पाँच भाई थे, लेकिन खेत भी उसे बीस बीघे थे। सात हज़ार नकद में लड़के के पिता राज़ी हो गए थे। लड़का अपनी भाभी के साथ आकर सावित्री दीदी को देख गया था। सावित्री दीदी उसे जँच गयी थीं। उसने सोने की एक अँगूठी और एक अच्छी-सी साड़ी सावित्री दीदी को भेंट की थी। उस दिन सावित्री दीदी की खुशी देखते ही बनती थी। माँ, भैया और बाबूजी भी काफी प्रसन्न थे, लेकिन यह प्रसन्नता सिर्फ एक दिन की ही थी। दूसरे दिन ही बाबूजी और भैया ने हिसाब बैठाया था--सात हज़ार नकद के अलावा इस महँगी में बारात को खिलाने, बर-वधू की पोशाक बनवाने तथा विदाई की रस्म पूरा करने में ढाई हज़ार का खर्च था। यानी टोटल साढ़े नौ हज़ार। अब इतने रुपयों का शीघ्र इन्तज़ाम करना था ताकि बरसात से पहले शादी की जा सके।

मैं यह स्पष्ट कर देना चाहता हूँ कि मेरे परिवार की सम्पत्ति के नाम पर कुल बारह बीघे खेत हैं। ग्यारह बीघा तो टाँड़ ज़मीन है जिसमें सिर्फ धान की फसल ही हो पाती है, लेकिन पुलिया के पासवाली एक बीघा ज़मीन बहुत बढ़िया और गाँव की सबसे मशहूर ज़मीन है। बाबूजी का कहना था कि इसी पुलियावाली ज़मीन को बेच दिया जाए। दस हज़ार में यह बिक जायेगी। लेकिन भैया कह रहे थे कि ग्यारह बीघा टँड़िया में से ही पाँच बीघा टँड़िया को रेहन किया जाए। (रेहन का रेट हमारे यहाँ प्रति बीघे दो हज़ार रुपये है) पर बाबूजी को भैया की बात मंजूर नहीं थी। उनके अनुसार रेहन को कौन छुड़ाता? कोई बाहरी आमदनी है नहीं। इसी से वे पुलियावाली ज़मीन को ही बेचने पर राज़ी हो गये। मुझे भी बाबूजी की ही बात पसन्द आयी। लेकिन भैया ने एकदम अड़ंगा डाल दिया बीच में।

और माँ! वे तो पहले से और हज़ार गुना अधिक यातना देने लगी सावित्री दीदी को। मुझे अच्छी तरह याद है, वे दिन मेरे घर के सबसे अधिक कलहपूर्ण दिन थे। भैया और बाबूजी में पुलिया और टँड़ियावाली ज़मीन को लेकर खूब तोर-मोर होती और इधर माँ आँगन में गुस्से से जलती-भुनती निरंतर कोई-न-कोई भद्दी गाली सावित्री दीदी को देती रहती। कहाँ शादी के नाम पर सावित्री दीदी के मुखड़े पर खुशियाँ टपकनी चाहिए थीं, लेकिन उनका मुखड़ा पीला, उदास और लटका हुआ लगता था और हर रात उनके रोने और सुबकने की आवाज़ मेरे कानों में आती थी।

एक दिन बाबूजी ने पुलियावाली ज़मीन की बात भी एक आदमी से पक्की कर दी। भैया एकदम अपने उग्र रूप में आ गये। खाना-पीना छोड़कर उपवास व्रत धारण कर लिया उन्होंने। और यह घोषणा भी की कि पुलियावाली ज़मीन के हटते ही घर छोड़ दूँगा। पूरे घर में हाहाकार मच गया। ऐसी स्थिति में सावित्री दीदी अजीब लगने लगीं—डरी, सहमी और भयभीत-सी। किसी से भी आँखें मिलाने की शक्ति उनमें नहीं रह गयी थी। शायद वे सबकुछ समझ रही थीं। एकदम सयानी जो हो गयी थीं। जान रही थीं कि यह सबकुछ उन्हीं के चलते हो रहा है।

और तीसरी सुबह बिस्तरे पर सावित्री दीदी नहीं, बल्कि उनकी लाश मिली थी। फटी-फटी आँखें और नीले पड़े उनके शरीर को देर तक देखने की शक्ति नहीं रह गयी थी मुझमें। दौड़ते हुए मैं भैया के कमरे में दिराखे के पास जा पहुँचा था। फसलों के ऊपर कीड़ों को मारने के लिए छिड़कनेवाली एलड्रीन की शीशी खाली थी। मैंने शोर मचा दिया था—''सावित्री दीदी ने एलड्रीन पी लिया है।''

भैया, बाबूजी और माँ ने मेरा मुँह बन्द कर दिया था। फिर चौंकते हुए भैया ने कहा था—"एलड्रीन तो कल मैंने खेतों में छिड़का था।"

"हाँ-हाँ, कल मैंने इसे एलड्रीन ले जाते हुए देखा था।"—बाबूजी ने भी भैया की बात का समर्थन किया। लेकिन मैं जानता हूँ, भैया ने खेतों में एलड्रीन नहीं छिड़का था। वे तो कल दिन-भर दालान में पड़े रहे थे। और बाबूजी! वे तो बाज़ार गये थे। सुबह को गये, शाम को लौटे थे। फिर उन्होंने देखा कैसे? खैर...सावित्री दीदी अब नहीं रहीं। अब वे लौटकर आयेंगी भी नहीं। लेकिन अब मुझे चुप नहीं रहना चाहिए। अब कुछ करना चाहिए, क्योंकि सावित्री दीदी के सन्दर्भों से गुज़रने के लिए मेरी छोटी बहन दीप्ति अभी बाकी है।

थोड़ी देर बाद

दोपहर का समय है, अपने शहर के प्रसिद्ध होटल 'अनामिका', में मैं चाय पीने बैठा हूँ। दरअसल, चाय पीना तो एक बहाना है। सच तो यह है कि यहाँ सुबह, दोपहर, शाम—जब भी समय मिलता है, मैं आ बैठता हूँ और विभिन्न चेहरों का अध्ययन किया करता हूँ।

यहाँ नौकरीपेशा, विद्यार्थी, व्यवसायी, शरीफ, बदमाश—हर तरह के लोग जुटते हैं। इस एक जगह बैठकर मैं अपने नगर के प्रायः सभी वर्गों के लोगों का साक्षात्कार कर पाता हूँ। साथ ही उनकी बातों के माध्यम से नगर की मुख्य चर्चाओं से भी अवगत हो जाता हूँ। इसके अतिरिक्त गाँवों और दूसरे शहरों से आने-जानेवाले लोग भी यहाँ अकसर नजर आ जाते हैं।

होटल 'अनामिका' में नाश्ते और खाने का उत्तम प्रबन्ध है। जब जो नाश्ता चाहें, माँग लें, हाजिर मिलेगा। खाने में सामिष और निरामिष दोनों तरह के भोजन बराबर तैयार। साथ ही ठहरने का इन्तजाम भी। होटल के ऊपर आधुनिक सुविधाओं से पूर्ण छोटे-छोटे अनेक कमरे बने हैं, जो दिन और घण्टे के हिसाब से किराये पर दिये जाते हैं।

रोजाना की तरह होटल के हॉल के एक कोने में मैं बैठा हूँ। बेयरा चाय दे गया है। मैं सिगरेट सुलगा लेता हूँ। चाय के साथ सिगरेट पीना मुझे अच्छा लगता है।

नजर उठाकर देखता हूँ। सामने की मेज के पास अपने कुछ मुवक्किलों के साथ एक वकील साहब जमे हैं। शायद मुवक्किलों के खर्चे पर पुलाव और चिकन करी उड़ा रहे हैं। साथ देने के लिए मुवक्किल चाय पी रहे होते हैं। वकील साहब खाने के दरमियान बीच-बीच में मुवक्किलों से कुछ पूछते जाते हैं। शायद किसी केस के मसविदे की तैयारी चल रही है।

उसके बाद की मेज के अगल-बगल दो सेठनुमा तोंदियल व्यक्ति नजर आ रहे हैं। अपने वृहद आकार-प्रकार के चलते चार आदमियों की जगह को उन दो

ने ही भर दिया है। मसाला डोसा खाते हुए किसी व्यावसायिक गुत्थी को सुलझाते हुए मालूम पड़ते हैं।

उसके बाद की मेज के पास कुछ नये अध्यापकों के साथ एक प्रोफेसर साहब बैठे हैं। कॉफी पीते हुए किसी चर्चा में मशगूल हैं। शायद विश्वविद्यालय की राजनीति पर कुछ बोल रहे हैं। मैं इन्हें जानता हूँ। हिन्दी के बहुत अच्छे शिक्षक हैं। इतनी अच्छी भाषा बोलते हैं कि सुननेवाला मन्त्रमुग्ध बना सुनता रहता है। विश्वविद्यालय में लिखने-पढ़ने का उच्च स्तरीय माहौल बनाने की इन्होंने पूरी कोशिश की। लेकिन राजनीतिक स्रोतों से विश्वविद्यालय में घुस आयी प्रतिगामी शक्तियों ने इन्हें कुछ भी करने नहीं दिया। अब तेज-तर्रार नये प्राध्यापकों के बीच अपने को व्यक्त करके ही सन्तोष कर लेते हैं।

उसके बगल की मेज के सामने सूट-बूट में लैस तीन अफसरनुमा व्यक्ति नजर आ रहे हैं। पता नहीं, वे अफसर हैं या किसी दवा कम्पनी के एजेण्ट या स्मगलर या घुसपैठी, कुछ भी कहा नहीं जा सकता। इस आधुनिक लिबास में छिपकर बहुत लोग जीने लगे हैं। वे तीनों तन्दूरी, मक्खन, दलिया और भुने हुए मुर्गे खा रहे हैं।

उसके पास की मेज के इर्द-गिर्द दो 'दादा' विराजमान हैं। लम्बी-चौड़ी और मजबूत कद-काठी। चेहरे पर बढ़ती दाढ़ी। ऐंठी हुई मूँछें। आँखें लाल किये हुए वे अपनी मेज के बेयरे को डाँट रहे हैं। शायद सामने उपस्थित किसी व्यंजन को 'नखरूस' ठहरा रहे हैं। मुझे लगता है, व्यंजन नखरूस नहीं, वे अपने गुण-धर्म से बेयरे को परिचित करा रहे हैं। व्यंजन का 'नखरूस' होना तो एक बहाना भर है।

मेजें खाली होती जाती हैं। आनेवाले नये-नये लोग उन्हें भरते जाते हैं। मेरी नजर एक मेज से दूसरी मेज़ की ओर फिसलती जाती है। बेयरे दौड़ रहे होते हैं। काँटे और चम्मचों की खनखनाहट और लोगों की बातचीत की सम्मिलित ध्वनि कानों में गूँजती रहती है। पति-पत्नी, प्रेमी-प्रेमिका या नर-मादा के जोड़े सेण्ट की खुशबू लिये आते हैं और हॉल के किनारे के केबिनों में घुस जाते हैं। इस स्थिति में मैं उनका अध्ययन नहीं कर पाता हूँ। केबिन के पर्दों के हिलने-उठने पर सिर्फ उन जोड़ों की रस-भरी आकृति मेरी नजरों के सामने रह-रहकर कौंध जाती है।

अचानक एक लड़का एक लड़की के साथ आता है। हॉल में घुसने के बाद वे दोनों तेजी से केबिनों की ओर बढ़ जाते हैं। लेकिन कोई केबिन खाली नहीं। अब हॉल में अपने अनुकूल कोई दूसरी जगह तलाशने लगते हैं। मेरी मेज से

थोड़ा हटकर दीवार के किनारे सटी एक मेज खाली है। यहाँ कुछ एकान्त है। यह जगह उन दोनों को शायद पसन्द आती है। फिर वे तत्क्षण वहाँ आकर बैठ जाते हैं।

अब वे मेरे करीब हैं। मैं उन्हें अच्छी तरह देख रहा होता हूँ। लड़का गोरा-चिट्टा है। पर्याप्त लम्बा भी। अच्छी बेलबॉटम पैण्ट, रंगीन शर्ट। मोटे सोल का जूता। आँखों पर गॉगल्स। माथे पर करीने से सँवारे गये बाल। ताजी बनी हुई दाढ़ी। गले में सोने की चेन। अँगुलियों में फँसी फिल्टर सिगरेट। लड़का किसी सम्पन्न घराने का लगता है। शायद किसी बड़े अफसर या किसी सेठ के घर का हो।

लेकिन लड़की लड़के के अनुपात में साधारण घर की मालूम पड़ती है। छोटे-छोटे चेक की सूती साड़ी। सूती ब्लाउज। पाँवों में साधारण चप्पल। फीते से बनाया गया बालों का जूड़ा। हाथों में काँच की चूड़ियाँ। लड़की का रंग गहरा साँवला है। लेकिन इन सबके बावजूद उसके चेहरे में अद्‌भुत आकर्षण और बदन में गजब का कसाव है। किशोर वय को पार कर वह युवावस्था में पहुँच आयी है। शायद इसीलिए उसकी मोहकता बढ़ गयी है। उसके हाथों में कॉपियों की एक फाइल है। लगता है, दोनों किसी कॉलेज के विद्यार्थी हैं। कॉलेज से सीधे 'अनामिका' चले आये हैं।

उनकी मेज का बेयरा सामने उपस्थित होकर पूछता है, 'क्या लाऊँ?'

इस पर लड़का लड़की की ओर देखता है। फिर पूछता है, 'क्या मँगाया जाये?'

लड़की कुछ झेंपती है। कहती है, 'मैं सिर्फ चाय ले सकती हूँ... और कुछ नहीं...'

लड़का मनुहार करता है, 'क्यों... कुछ तो आपको लेना ही होगा... जब आप मेरे साथ आयी हैं तो सिर्फ चाय से काम चलनेवाला नहीं...'

और लड़की की स्वीकृति पाये बिना लड़का बेयरे को आदेश देता है, 'पहले दो जगह रसमलाई लाकर दो। फिर बटर लगा टोस्ट और ऑमलेट। इसके बाद कॉफी...'

लड़की लाज से नजरें झुका लेती है। लड़के के इस सम्मान के फलस्वरूप उसका चेहरा रक्तिम हो उठा है। बेयरे के चले जाने के बाद लड़का कहता है, 'आप इतना संकोच क्यों कर रही हैं? मुझे गैर न समझिए...'

इस बार लड़की के चेहरे पर लाज की और रक्तिम रेखाएँ उभर आती हैं। लड़का बात बदलते हुए कहता है, 'आज प्रोफेसर दास की क्लास जम नहीं

पायी। मैं तो पूरी घण्टी सोता रहा था। आज वे पढ़कर नहीं आये थे, इसीलिए अटक-अटककर बोलते थे…'

लड़के की इस बात पर लड़की मुस्कुरा उठती है। कहती है, 'इधर दास साहब अच्छा नहीं पढ़ा रहे हैं। किसी तरह समय गुजार रहे हैं।'

मेरा अनुमान सही साबित होता है। दोनों विद्यार्थी हैं और कॉलेज से ही आ रहे हैं। मुझे लगता है, ये दोनों एक-दूसरे के परिचित जरूर हैं, लेकिन यहाँ इस तरह मिलने के लिए पहली बार आये हैं। इनकी भाव-भंगिमाएँ और बातचीत की अदाएँ मेरी अनुभवी आँखों से छिपी नहीं रह पाती हैं। लड़की शर्मीली है। ऐसी जगहों पर आने की उसकी आदत नहीं। लेकिन लड़का अनुभवी मालूम पड़ता है। शायद दूसरी लड़कियों के साथ पहले भी आ चुका हो। जरूर इस नयी लड़की को यहाँ ले आने के लिए पहल इस लड़के ने ही की होगी।

बेयरा उन दोनों के सामने रसमलाई लाकर रख जाता है। लड़की खाने में भी सकुचाती है। शायद प्रथम अनुभव के चलते। लड़का लड़की की झिझक दूर करता है। लड़की के हाथों में चम्मच पकड़ा, प्लेट की ओर झुकता है। लड़के के इस प्रेमपूर्ण आग्रह को लड़की टाल नहीं पाती। अब दोनों खाने लगते हैं।

लड़का कहता है, 'आप परेशानी में हैं, लेकिन आपने मुझसे कभी नहीं बताया। वो तो आप प्रिंसिपल से कह रही थीं और मैंने सुन लिया, नहीं तो आपकी तकलीफ से अनभिज्ञ ही रहता।'

लड़की कुछ बोलती नहीं है। लेकिन उसके चेहरे पर आत्मीयता के रुआँसे-से भाव छा जाते हैं।

लड़का फिर कहता है, 'आप उस खूसट प्रिंसिपल से क्यों कहने गयी थीं…वह तो कुछ करनेवाला नहीं…उसने क्या कहा है, जरा मैं भी तो सुनूँ! आपकी और उसकी पूरी बातचीत मैं सुन नहीं सका हूँ।'

लड़का प्रश्नसूचक दृष्टि से लड़की की ओर देखने लगता है। जवाब में लड़की कहती है, 'मैं उनसे हेल्प माँगने गयी थी…'पूअर ब्वायज फण्ड' से कुछ पाने के लिए निवेदन कर रही थी, ताकि मेरी पढ़ाई बीच में ही छूटने न पाये। लेकिन उन्होंने हाँ-हूँ करके टाल दिया।'

लड़का कहता है, 'वह आपको कभी नहीं दे सकता। लेकिन अब देखिए, उस फण्ड से मैं आपको कैसे नियमित दिलवाता हूँ। सीधे अँगुली घी नहीं निकलता।'

लड़की के चेहरे पर कृतज्ञता के भाव उभर आते हैं। लड़का उसके लिए संघर्ष करने को तैयार है।

लड़का पूछता है, 'आपके घर में और कौन-कौन हैं?'

जवाब में लड़की कहती है, 'मेरी माँ और एक छोटी बहन।'

लड़का फिर पूछता है, 'जीविका का स्रोत?'

लड़की रुआँसी हो आती है। उसकी आँखें भर आती हैं, 'जीविका का कोई स्रोत नहीं। पिताजी बहुत पहले दिवंगत हो चुके। माँ प्राथमिक विद्यालय में अध्यापिका थीं। वे भी रिटायर हो गयीं। पेंशन के जो चन्द रुपये मिलते हैं, उसी से घर का खर्च चलता है। छोटी बहन पोलियो की मारी है। माँ अब मुझे पढ़ा सकने की स्थिति में नहीं, इसीलिए प्रिंसिपल से हेल्प माँगने गयी थी।'

लड़की की स्थिति पर लड़का दुख प्रकट करता है। फिर कहता है, 'चिन्ता करने की जरूरत नहीं। मैं अब तक आपसे अनभिज्ञ था, इसीलिए कुछ कर नहीं सका। लेकिन अब सब ठीक हो जायेगा। मेरे रहते आपको कभी पढ़ाई छोड़नी नहीं पड़ेगी।'

लड़का अपनी बात को अत्यन्त और विश्वसनीय लहजे में कहता है, ताकि लड़की उस पर तनिक भी अविश्वास न कर सके। मुझे लड़का बहुत चतुर और अतिरिक्त उत्साह में मालूम पड़ता है, लेकिन लड़की अभावों की मारी भोली-भाली है।

लड़का कहता है, 'फिलहाल मैं आपके लिए क्या करूँ? निस्संकोच हो मुझसे कहिए। मुझे हार्दिक खुशी होगी अगर आपके लिए कुछ भी कर सकूँगा।'

लड़की पुनः कृतज्ञता में डूब जाती है। कहती है, 'मेरी माँ के प्रॉविडेण्ट फण्ड के कुछ रुपये सुपरिंटेण्डेण्ट ऑफिस में बाकी हैं। कोई दौड़-धूप करनेवाला नहीं...'

लड़का, लड़की की बात पूरी होने से पहले ही कह उठता है, 'यह काम तो मैं मिनटों में करा दूँगा। मेरे पिताजी डी. एस. पी. हैं। एजुकेशन सुपरिंटेण्डेण्ट मेरे यहाँ रोज ही आते हैं।'

लड़की के चेहरे पर खुशी के भाव उभरने लगते हैं, 'एक ही मुश्त माँ के वे रुपये मिल जाते तो हम लोगों को काफी बल मिल जाता। तब मेरी पढ़ाई भी नहीं छूटने पाती।'

इस पर लड़का अधिकार जताते हुए कहता है, 'मेरे रहते अब पढ़ाई छूटने की बात तो आप मुँह से निकालिये ही मत। प्रॉविडेण्ट फण्ड के रुपये तो समझिये

कि मिल गये । आज या कल, किसी दिन चलकर दिलवा दूँगा । मेरे पिताजी ने उनके बड़े-बड़े काम किये हैं ।'

लड़की कहती है, 'नगरपालिका में लिपिक के लिए मैंने आवेदन दिया है । अगर यह नौकरी मिल जाती तो फिर मैं काफी आगे तक पढ़ती । आर्थिक संकट से सदा के लिए मुक्त हो जाती । माँ और बहन को भी सुख देती ।'

जवाब में लड़का खुशी प्रकट करते हुए कहता है, 'अरे ! नगरपालिका के चेयरमैन तो मेरे मौसाजी हैं । यह काम तो बायें हाथ का खेल है⋯आपने आवेदन किया है, बस हो गया । आज या कल आपको लेकर मौसाजी के दफ्तर में चलूँगा ।'

लड़की के चेहरे पर सुखद आश्चर्य के भाव छा जाते हैं, 'आपने तो मेरी सारी मुश्किलों को आसान कर दिया । लगता था, आर्थिक संकटों के बीच जीना मुश्किल है । लेकिन⋯'

लड़का कहता है, 'आपने मुझे कभी याद ही नहीं किया ?'

जवाब में लड़की कुछ शरमाती है, 'परिचय नहीं था आपसे ।'

लड़का वक्त का फायदा उठाता है, ''आपसे घनिष्ठ होने के लिए मैं काफी समय से प्रयत्नशील था, लेकिन आप बराबर नजर झुकाकर ही कॉलेज आती-जाती थीं । पहले दिन ही आपको देखकर मुझे लगा था कि आप जैसी सुशील और अच्छी लड़की वर्ग में और दूसरी नहीं ।'

लड़की के चेहरे पर शर्म की लाली दौड़ जाती है । लड़के की बातों में वह आ गयी है। लड़का पुनः कहता है, 'अकेले का जीवन कोई जीवन नहीं होता⋯किसी के साथ जीने⋯किसी के लिए जीने में ही जीवन का वास्तविक सुख होता है, अन्यथा समस्याएँ पहाड़ की तरह लगती हैं⋯'

लड़की लजाती, किन्तु अन्दर-ही-अन्दर समर्पित होती और गलती भी जा रही है । उम्र के जिस नाजुक मोड़ पर वह पहुँची है, वहाँ संयम देर तक टिकता भी तो नहीं । मेरा मन आशंकित होने लगता है । लड़के ने लड़की पर काबू पा लिया है । लड़की भाव विभोर हो गयी है । लड़के के प्रति बुरी तरह अनुरक्त । उसकी अभावों से भरी जिन्दगी और नाजुक उम्र ने लड़के को क्षण-भर में ही विजयी बना दिया है ।

मेरी आशंका सही साबित होती है । लड़का लड़की को एक मिनट अकेला छोड़ होटल काउण्टर पर जाता है । फिर ऊपर के एक कमरे की कुंजी ले वापस लौट आता है । मुझे होटल का मैनेजर उस लड़के का परिचित मालूम पड़ता है ।

अब लड़का लड़की को ऊपर चलने के लिए कहता है कि एकान्त में कुछ

बात करेंगे। शुरू में लड़की घबराती है। झिझकती है। लेकिन लड़का अपनी मीठी-मीठी बातों से उसे आसक्त कर ऊपर ले जाने में सफल हो जाता है।

मेरी बेचैनी बहुत बढ़ जाती है। ऐसी बात नहीं कि यह मैं पहली बार देख रहा हूँ। इस होटल में प्रायः रोज ही यह सब देखता हूँ। लेकिन आज की लड़की मुझे बहुत निरीह और बेबस मालूम पड़ती है। यह मुझे हत्या का मामला प्रतीत होता है। बल्कि उससे भी अधिक भयावह और पीड़ादायक।

थोड़ी देर बाद वे दोनों वापस लौट आते हैं। संयोग से अब तक उनकी मेज खाली ही है। कोई वहाँ नहीं आया है। वे पुनः अपनी जगह आ बैठते हैं।

लड़की घबरायी हुई और परेशान नजर आती है। उसका पूरा चेहरा लाल हो गया है। काँपती हुई आवाज में कहती है, 'यह क्या हो गया ?'

लड़का समझाता है, 'आप बेकार घबरा रही हैं··· आज के युग में यह सब वर्जित नहीं !'

लड़की फिर कहती है, 'आपने ठीक नहीं किया··· अब मैं क्या करूँगी ?'

लड़का पुनः समझाता है, 'आपको कुछ भी तो नहीं हुआ··· धीरे-धीरे आप सब समझ जायेंगी··· आश्चर्य, अब तक आप अनभिज्ञ थीं !'

मैं देखता हूँ, दोनों के कपड़ों पर सिकुड़न के चिह्न उभर आये हैं। उनके सजे-सँवरे बाल कुछ बेतरतीब हो गये हैं, जिन्हें हाथ से दोबारा व्यवस्थित करने की उन्होंने कोशिश की है, लेकिन वे पूर्ववत नहीं हुए हैं। बेयरे से कॉफी माँग वे पुनः पीने लगे हैं।

एक क्षण तक दोनों चुप रहते हैं। शायद एक-दूसरे के बोलने की प्रतीक्षा कर रहे हों। फिर कुछ सोचकर लड़की कहती है, 'आज अभी काफी समय है। माँ के प्रॉविडेण्ट फण्ड के लिए सुपरिंटेण्डेण्ट साहब के यहाँ चला जा सकता है।'

लड़के के चेहरे पर शिथिलता नजर आती है। अब वह पहलेवाली ताजगी नहीं। कुछ अनिच्छा से जवाब देता है, 'वहाँ आपके जाने की जरूरत नहीं, मैं मिलकर कहूँगा।'

लड़की फिर कहती है, 'तब आपके मौसाजी के यहाँ ही चला जाये··· उस पद पर शीघ्र ही नियुक्ति होनेवाली है !'

इस पर लड़का कहता है, 'मौसाजी इस समय नहीं हैं। कहीं बाहर गये हैं। आप घबराइये मत, धीरे-धीरे सब हो जायेगा।'

लड़के का स्वर मुझे काफी परिवर्तित मालूम पड़ता है। थोड़ी देर पहले लड़की के सामने अनुनय-विनय करता-सा बोल रहा था। लेकिन अब जान

छुड़ाता-सा प्रतीत हो रहा है। शायद लड़की में उसके लिए अब वह पहलेवाला आकर्षण नहीं रह गया है। उसके इस परिवर्तन से मेरा मन सकते में आ जाता है।

लड़के में आये इस आकस्मिक परिवर्तन को लड़की भी भाँप लेती है। एक क्षण के लिए उसका चेहरा फक पड़ जाता है। दुख और अवसाद की रेखाएँ उभर आती हैं। लेकिन फिर नारीजनित विवेक के जागृत होते ही तत्क्षण वह अपने को संयत कर चेहरा सहज बनाती हुई कहती है, 'पूअर ब्वॉयज फण्ड से मुझे सहायता दिलाने के लिए आप किसको पकड़ियेगा?'

लड़का कहता है, 'इसके बारे में आप मत सोचिए… मैं किसी को भी पकड़कर काम कराऊँगा… हाँ, आप बहुत घबराइये मत…'

लड़की के चेहरे पर बनते-बिगड़ते भावों को देखकर मैं समझ जाता हूँ कि इस भोली-भाली किशोरी के अन्दर अचानक सदियों की समझ समाती जा रही है। लगता है कि उसका मन रोने-रोने को हो आया है। चेहरे पर भाव परिलक्षित होने लगते हैं। लेकिन फिर अपने को जब्त कर जबरन सहज बनने की कोशिश करने लगती है। उसकी हालत मुझे साँप के मुँह में छछूँदर की तरह लगती है।

कॉफी समाप्त करने के बाद दोनों वहाँ से प्रस्थान के लिए उठ खड़े होते हैं। इस बार लड़का पुनः पूरी रुचि के साथ लड़की से आग्रह करता है, 'कल इसी वक्त यहाँ फिर आइयेगा…'

लड़की कहती है, 'कल सुपरिंटेण्डेण्ट साहब और आपके मौसाजी के यहाँ अवश्य चला जायेगा…'

लड़का कहता है, 'देखा जायेगा… लेकिन उसके बारे में आप बहुत चिन्ता न करें—धीरे-धीरे मैं सब ठीक कर दूँगा…'

अब वे दोनों चल देते हैं, उनके जाने के बाद मैं भी वहाँ नहीं रह पाता। होटल से निकल अपने घर की ओर चल देता हूँ। आज का अध्ययन रोज के अध्ययन से ज्यादा तीखा और कड़वा महसूस करता हूँ।

• • •